"国家金融学"系列教材 / 陈云贤 主编

国家金融监管协调

GUOJIA JINRONG JIANGUAN XIETIAO

李广众 等 编著

中山大学出版社
SUN YAT-SEN UNIVERSITY PRESS

·广州·

版权所有　翻印必究

图书在版编目（CIP）数据

国家金融监管协调/李广众等编著. —广州：中山大学出版社，2021.10
（"国家金融学"系列教材/陈云贤主编）
ISBN 978-7-306-07214-6

Ⅰ.①国… Ⅱ.①李… Ⅲ.①金融监管—中国—教材 Ⅳ.①F832.1

中国版本图书馆 CIP 数据核字（2021）第 086028 号

出 版 人：	王天琪
策划编辑：	嵇春霞
责任编辑：	周明恩
封面设计：	曾　婷
责任校对：	张陈卉子
责任技编：	靳晓虹
出版发行：	中山大学出版社
电　　话：	编辑部 020-84110283，84113349，84111997，84110779，84110776
	发行部 020-84111998，84111981，84111160
地　　址：	广州市新港西路 135 号
邮　　编：	510275　传　真：020-84036565
网　　址：	http://www.zsup.com.cn　E-mail: zdcbs@mail.sysu.edu.cn
印 刷 者：	佛山市浩文彩色印刷有限公司
规　　格：	787mm×1092mm　1/16　14.75 印张　260 千字
版次印次：	2021 年 10 月第 1 版　2021 年 10 月第 1 次印刷
定　　价：	56.00 元

如发现本书因印装质量影响阅读，请与出版社发行部联系调换

"国家金融学"系列教材

主　编　陈云贤
副主编　李善民　李广众　黄新飞
编　委　(按姓氏笔画排序)
　　　　王　伟　王彩萍　韦立坚　杨子晖
　　　　李小玲　李广众　张一林　周天芸
　　　　赵慧敏　黄新飞

"国家金融学"系列教材

总　序

  国家金融与国家金融学，是两个需要清晰界定的概念和范畴。在现实中，当我们谈到金融时，大多是指国际金融或公司金融。有关国家金融的文章或书籍要在国外发表或出版，编辑提出的第一个问题往往是它与公共财政有什么区别。在理论上，现有的金融学科大致可划分为：以汇率和利率决定机制为主的国际金融学和货币金融学[①]，以资产价格决定机制为主的公司金融学和投资学[②]——还没有国家金融学。换句话说，现有的金融学研究大多聚焦于技术细节，即使有与国家金融相关的研究，也主要散见于对政策或市场的解读之中，理论性较弱且不成体系。而笔者所探讨的国家金融是聚焦于一国金融发展中最核心、最紧迫的问题，在此层面采取的政策与措施事关一国金融的健康稳定和经济的繁荣发展。因此，此处提出的国家金融学，是以现代金融体系下国家金融的行为及其属性为研究对象，从金融市场的要素、组织、法制、监管、环境和基础设施六个方面来探讨国家金融行为、维护国家金融秩序、提升国家金融竞争力。

  关于现代金融体系，国内外理论界有"三体系论""四要素论"和"五构成论"等不同表述。"三体系论"认为，金融体系可大致划分为三个体系：一是金融的宏观调控和监管体系，二是金融的市场体系，三是金融的机构体系。其中，金融的市场体系包括交易对象、交易主体、交易工

[①] 参见陈雨露主编《国际金融》（精编版），中国人民大学出版社2008年版，前言。
[②] 参见王重润主编《公司金融学》，东南大学出版社2010年版，第1～8页。

具和交易价格。① "四要素论"认为，金融市场由四个要素构成：一是金融市场的参与者，包括政府部门、工商企业、金融机构和个人；二是金融工具，其特征包括偿还性、流动性、风险性和收益性；三是金融市场的组织形式，包括在固定场所内的集中交易方式、分散交易方式和场外交易方式；四是金融市场的管理，包括中央银行及有关监管当局的管理。② "五构成论"认为，金融市场的构成要素有五个：一是金融市场主体，即金融市场的交易者；二是金融市场工具，即金融交易的载体，金融市场工具可以理解为金融市场工具持有人对发行人的债权或权益；三是金融市场中介，通常是指为资金融通提供媒介服务的专业性金融机构或取得专业资格的自然人；四是金融市场组织方式，是指能够使金融市场成为现实的市场并正常运转的制度安排，主要集中在市场形态和价格形成机制两方面；五是金融市场监管，即对金融活动进行监督和调控等。它们在金融体系中共同发挥着作用。③ 与上述的"三体系论""四要素论""五构成论"相比，笔者更强调现代金融体系功能结构的系统性，并在其中探索国家金融行为对一国经济金融稳定和健康发展的影响。

一、国家金融行为是否存在，是个有争议的话题

西方经济学的传统理论认为，政府只能在市场失灵的领域发挥作用，比如需要提供公共物品时或存在经济的外部性和信息不对称时。但我们回望历史又不难看到，现实中的西方国家，尤其是一贯奉行自由主义经济的美国，每到关键时刻，政府都屡屡出手调控。下面仅举几个事例进行说明。

第一例是亚历山大·汉密尔顿（Alexander Hamilton）对美国金融体系的构建。早在美国建国之初，作为第一任财政部部长的汉密尔顿就着力建立国家信用，健全金融体系，完善财税制度，促进工商业发展，从而构建了美国财政金融体系的五大支柱——统一的国债市场、中央银行主导的银行体系、统一的铸币体系（金银复本位制）、以关税和消费税为主体的税

---

① 参见乔治·考夫曼著《现代金融体系——货币、市场和金融机构》（第六版），陈平等译，经济科学出版社2001年版，第3页。
② 参见黄达、张杰编著《金融学》（第四版），中国人民大学出版社2017年版，第286~293页。
③ 参见霍文文主编《市场金融学教程》，复旦大学出版社2005年版，第5~15页。

收体系，以及鼓励制造业发展的财政金融贸易政策。这些举措为美国的现代金融体系奠定了扎实的前期基础。对此，我们需要思考的是，在200多年前，为什么汉密尔顿已经对财政、金融有此思考，并高度强调"整体国家信用"的重要性？为什么他认为美国要成为一个繁荣富强的国家，就必须建立坚固的诸州联盟和强有力的中央政府？

第二例是1933年开始的"罗斯福新政"。其主旨是运用财政手段，结合金融举措，大力兴建基础设施项目，以增加就业、刺激消费和促进生产。其主要举措包括：第一，民间资源保护队计划。该计划侧重吸纳年龄在18岁至25岁之间的身强力壮且失业率偏高的青年人，参与植树护林、防治水患、水土保持、道路建筑、开辟森林防火线和设置森林瞭望塔等工程建设项目。到美国参与第二次世界大战（简称"二战"）之前，先后有200多万名青年参与过这些项目，他们开辟了740多万英亩①国有林区和大量国有公园。第二，设立了以着眼于长期目标的工程为主的公共工程署和民用工程署。民用工程方面，美国兴建了18万个小型工程项目，包括校舍、桥梁、堤坝、下水道系统、邮局和行政机关大楼等公共建筑，先后吸纳了400万人为此工作。后来，美国又继续建立了几个新的工赈机构。其中最著名的是国会拨款50亿美元兴办的工程兴办署和针对青年人的全国青年总署，二者总计雇用人员达2300万，占全国劳动力的一半以上。第三，至"二战"前夕，美国联邦政府支出近180亿美元，修建了近1000座飞机场、12000多个运动场、800多座校舍与医院，创造了大量的就业机会。其中，金门大桥和胡佛水坝至今仍是美国的标志性建筑。

第三例是布雷顿森林会议构建的国际金融体系。1944年7月，布雷顿森林会议在美国新罕布什尔州召开。时任英国代表团团长约翰·梅纳德·凯恩斯（John Maynard Keynes）在会前提出了"二战"后世界金融体系的"三个一"方案，即"一个世界货币""一个世界央行""一个世界清算体系"联盟。而以美国财政部首席经济学家哈里·德克斯特·怀特（Harry Dexter White）为会议主席的美国方面，则按照政治力量优先于经济实力的逻辑，采取政治与外交手段，在多国角力中最终促成了围绕美国政治目标而设立的三个工作委员会，分别讨论国际稳定基金、国际复兴开发银行和其他国际金融合作事宜。日后正式成立的国际货币基金组织、世界银行

---

① 1英亩≈4046.86平方米。

(国际复兴开发银行)和国际清算银行等奠定"二战"后国际金融秩序的组织均发端于此。可以说,这次会议形成了以美国为主的国际金融体系,左右着国际经济的运行。

第四例是通过马歇尔计划构建的以美元为主的国际货币体系。该计划由美国于1948年4月主导启动,欧洲国家成立了"欧洲经济合作组织"与之对接。"二战"后,美国对欧洲国家的援助包括资金、技术、人员等方面,其中资金援助的流向是:美国援助美元给欧洲国家,欧洲各国将美元作为外汇购买美国的物资;除德国外,欧洲国家基本上不偿还援助资金;除德国将援助资金用于私有企业再投资外,欧洲各国多数将其用于填补财政亏空。在这个体系中,美元滞留欧洲,形成"欧洲美元"。于是,国际货币体系在布雷顿森林会议和马歇尔计划的双重作用下,逐渐从"金银复本位制"发展到"金本位制"、"黄金—美元—他国货币"双挂钩(实施固定汇率:35美元=1盎司黄金)、"美元与外国货币固定汇率制"(从1971年8月15日起黄金与美元脱钩)、"美元与外国货币浮动汇率制"(由1976年的《牙买加协定》所确立)。最终,美国运用"石油交易捆绑美元结算"等金融手段,形成了美元在国际货币体系中一家独大的局面,使其成为国际经济中的强势货币。

第五例是美国对2008年次贷危机的应对。美国联邦储备委员会(简称"美联储")、财政部、联邦存款保险公司(Federal Deposit Insurance Corporation,FDIC)、证券交易委员会(Securities and Exchange Commission,SEC)、国会和相关政府部门联手,全力以赴化解金融危机。其主要举措有:第一,美联储作为独立于联邦政府和政党纷争的货币政策执行者,采取传统的激进货币政策和非常规、非传统的货币政策并行的策略,以市场化手段处置金融危机、稳定金融市场;第二,在美联储货币政策无法应对之际,财政部出台"不良资产救助计划"(Troubled Asset Relief Program,TARP),以政府直接投资的方式,援助主要金融机构和部分大型企业;第三,政府还采取了大幅快速减税、扩大赤字化开支等财政政策刺激经济增长;第四,美国国会参、众两院通过立法的方式及时完善法律环境,如政府协调国会参、众两院分别签署通过了《2008年紧急经济稳定法案》《2008年经济振兴法案》《2009年经济振兴法案》《2009年美国复苏与再投资法案》,以及自1929年大萧条以来最重要的金融监管改革法案之一——《多德-弗兰克华尔街改革与消费者保护法案》。可以说,美国采用货币政策、财政政策、监管政策、经济振兴计划及法制保障等多种措施，稳定了金融市场，刺激了经济发展。

第六例是2019年美国的2万亿美元巨额基础设施建设计划。该计划由特朗普政府发起，2019年4月30日美国参议院民主党和共和党就推进2万亿美元巨额基础设施建设计划达成共识，确定以财政手段结合金融举措，启用汽油税作为美国联邦政府投资的主要资金来源，并通过政府和社会资本合作的方式（Public-Private-Partnership，PPP）融资，通过大规模减税带来海外资金的回流和大量发行国债募集巨额资金投资基础设施建设，目标是创造经济增长的新动力。其主要举措包括重建高速公路、桥梁、隧道、机场、学校、医院等基础设施，并让数百万民众参与到这项工作中来；通过大规模的基础设施建设，打造和维持世界上最好的高速公路和航空系统网；等等。

由以上诸例可见，美国政府在历史进程中采取的国家金融行为，不仅包括处置国内的产业经济危机、助力城市经济和民生经济以促进社会发展，而且还包括强势介入国际经济运行，在打造国际金融体系方面有所作为。其他发达国家的此类案例也比比皆是。历史和现实告诉我们，从国家金融学的角度探讨国家金融行为及其属性，研究国家金融战略，做好国家金融布局，维护国家金融稳定，推动国家经济发展，既是一国政府在当代经济发展中面临的客观要求，也是金融理论界需要重视并深入研究的课题。

二、国家金融理论滞后于实践发展

事实上，通过采取国家金融行为以维护国家金融秩序、提升国家金融竞争力的事例，在各国经济实践中已经广泛存在，但对这些案例的理论总结与分析还远远不够。可以说，国家金融理论的发展是极大滞后于经济实践进程的。下面仅举两个案例予以说明。

案例一是美国资产重组托管公司[①]（Resolution Trust Corporation，RTC）与中国四大资产管理公司。

RTC是美国政府为解决20世纪80年代发生的储贷机构危机而专门成

---

① 参见郭雳《RTC：美国的金融资产管理公司（一）》，载《金融法苑》1999年第14期，第47～51页。

立的资产处置机构。1989年8月，美国国会通过《1989年金融机构改革、复兴和实施法案》(*Financial Institutions Reform, Recovery, and Enforcement Act of 1989*)，创立 RTC，对国内出现问题的储贷机构进行重组处置。下面我们从六个方面来介绍 RTC 的具体情况。

(1) RTC 设立的背景。20 世纪 70 年代中后期，美国经济受到经济停滞和通货膨胀的双重冲击。政府对当时主要为低收入家庭买房、建房提供贷款的非银行储蓄机构及其储贷协会放松管制，扩大其业务范围，期望以此刺激经济恢复生机。然而，沉没在投机性房地产贷款与垃圾债券上的大量资金和不良资产使储贷机构严重资不抵债，走向破产的边缘。在这一背景下，RTC 应运而生，对相关储贷机构进行资产重组。RTC 被赋予五大目标：一是重组储贷机构；二是尽量减少重组损失，争取净现值回报最大化；三是充分利用募得资金处置破产的储贷机构；四是尽量减小处置过程中对当地房地产市场和金融市场的影响；五是最大限度地保障中低收入者的住房供应。

(2) RTC 的组织架构。这分为两个阶段：第一阶段是 1989 年 8 月至 1991 年 10 月，RTC 由美国联邦存款保险公司（FDIC）负责管理，财政部部长、美联储主席、住房和城市发展部部长和总统指派的两名私营部门代表组成监察委员会，负责制定 RTC 的运营策略和政策，任命 RTC 的总裁（由 FDIC 总裁兼任）和首席执行官，以开展日常工作。第二阶段是从 1991 年 11 月开始，美国国会通过《重组托管公司再融资、重构与强化法案》(*Resolution Trust Corporation Refinancing, Restructuring, and Improvement Act*)，原监察委员会更名为储贷机构存款人保护监察委员会，在调整相关成员后，确定 RTC 总部设立在华盛顿，在亚特兰大、达拉斯、丹佛和堪萨斯城设立 4 个地区办公室，在全国设立 14 个办事处和 14 个销售中心，RTC 不再受 FDIC 管理。直至 1995 年 12 月 RTC 关闭解散后，其余下工作被重新划回 FDIC 继续运作。

(3) RTC 的资金来源。在实际运营中，RTC 的资金来源由四个方面构成：财政部拨款、资产出售后的回收资金、托管储蓄机构中的存款以及来自重组融资公司（Resolution Funding Corporation）和联邦融资银行（Federal Financing Bank）的借款。

(4) RTC 的运作方式。这主要分为两类：对储贷机构实施援助和重组。援助主要是以现金注入方式帮助相关储贷机构摆脱困境，使其重获持续经营的能力。重组主要包括四个步骤：清算、托管、重组、资产管理与处置。其中，资产管理与处置主要是采用公开拍卖、期权销售、资产证券化等手段。

（5）RTC的资产定价方法。因为RTC处置的资产中近一半是商业和居民住房抵押贷款，其余是储贷机构自有房产、其他贷款及各类证券等，所以RTC在资产估价过程中结合地理位置、资产规模、资产质量、资产期限、偿付标准等因素，主要采用传统的净现值折现方法，同时结合运用推演投资价值（Derived Investment Value，DIV）工具完善估值。为防止不良资产被贱卖，RTC还会根据资产评估价格的一定比例设定保留价格作为投标底线。

（6）RTC的运作成效。从1989年8月至1995年12月底，RTC成功重组了747家储蓄机构。其中，433家被银行并购，222家被其他储蓄机构并购，92家进行了存款偿付，共涉及资产约4206亿美元，重组成本约为875亿美元。RTC的实践为清理破产金融机构、消化不良资产和化解金融危机提供了较为成功的范例。

美国RTC的成功经验也为中国所借鉴。1999年，中国政府在处置亚洲金融危机时，就参考了美国RTC的方式，剥离中国工商银行、中国农业银行、中国银行、中国建设银行四大银行的不良资产，组建了华融资产管理公司、东方资产管理公司、长城资产管理公司和信达资产管理公司来处理不良资产，参与资本市场运作。

可见，在美国、中国都存在这种典型的国家金融行为，但对于这类实践，理论界还缺乏系统性的探讨、总结，对这类问题的研究仍然是碎片化的、外在的，主要侧重于对技术手段的研究。在世界范围内，上述类型的不良资产处置公司应怎样定位，其功能和续存时间如何，这些都是亟待学界研究的课题。

案例二是沃尔克法则（Volcker Rule）与金融风险防范。

为了避免2008年次贷危机重演，2010年7月，美国颁布了《多德－弗兰克华尔街改革与消费者保护法案》，在政府监管机构设置、系统性风险防范、金融业及其产品细分、消费者保护、危机处置等方面设置了一系列监管措施。其中，沃尔克法则是最有影响的改革内容之一。①

---

① 参见姚洛《解读沃尔克法则》，载《中国金融》2010年第16期，第45~46页。

该法则的提出有着特殊的背景。美国的金融监管模式是在历史进程中逐渐形成的,是一个以联邦政府和州政府为依托、以美联储为核心、由各金融行业监管机构共同组成的双层多头金融监管体系。这一体系的弊端在2008年金融危机的爆发和蔓延过程中暴露无遗:一是监管体系无法跟上经济和金融发展的步伐;二是缺乏统一监管,难以防范系统性金融危机;三是监管职能重叠或缺位,造成监管死角;四是缺乏对金融控股公司的有效监管;五是分业监管体系与混业市场经营相背离;等等。保罗·沃尔克(Paul Volcker)对此曾经尖锐地指出,金融机构的混业经营和分业监管的错配是金融危机爆发的一个重大根源。

在这一背景下,沃尔克法则应运而生。其核心是禁止银行从事自营性质的投资业务,同时禁止银行拥有、投资或发起对冲基金和私募基金。其具体措施包括:第一,限制银行的规模,规定单一金融机构在储蓄存款市场上所占份额不得超过10%,从而限制银行通过过度举债进行投资的能力;第二,限制银行利用自身资本进行自营交易,规定银行只能在一级资本的3%以内进行自营投资;第三,限制银行拥有或资助对私募基金和对冲基金的投资,规定银行在每只基金中的投资比例不得超过该基金募集资本的3%;第四,控制资产证券化风险,规定银行销售抵押贷款支持证券等产品至少留存5%的信用风险;等等。

沃尔克法则的目标聚焦于金融市场"去杠杆化"。在该法则之下,国家可以将金融行业的风险进行隔离,简化风险管理的复杂度,提高风险管理和审慎监管的效率。这是一种典型的国家金融行为。在理论上,它涉及对一国的商业银行资产负债管理和投资银行风险收益关系的深化研究;在实践中,它关乎一国金融监管模式的选择和金融经济发展的方向。然而,学界对沃尔克法则的研究或借鉴,多数仍然停留在防范金融风险的技术手段上。

三、国家金融人才短缺,金融学需要细分

国家金融理论滞后于实践发展的直接后果是国家金融人才短缺。其原因主要有三:一是金融学缺乏细分,二是国内外金融学教研主要聚焦于微观金融领域与技术分析,三是国内外金融学学生大多偏重于微观金融的技术手段分析和操作。关于国内金融学研究的现状,我们以两个高校的例子予以说明。

第一例是以"金融"命名的某大学经济学科相关专业人才培养方案中

的课程设置（如图 1 所示）。

金融学专业
投资学专业
财政学专业
金融工程专业
保险学专业
国际经济与贸易专业
经济学专业
经济与金融专业
信用管理专业
经济统计学专业
金融数学专业
互联网金融专业

金融学专业：
金融学
金融市场与金融机构
商业银行经营学
信用担保
国际金融学
投资学
公司金融
金融工程学
金融风险管理等

经济与金融专业：
微观经济学
宏观经济学
金融经济学
投资经济学
区域经济学
产业经济学
计量经济学
金融工程学
商业银行经营学
银行会计
国际金融学
金融市场学

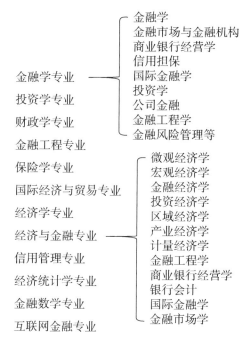

图 1　某金融大学经济学科相关专业人才培养方案中的课程设置

由图 1 的经济学科人才培养方案中的课程设置可知，该大学设置的 12 个经济类专业，涉及宏观金融学科的只有两个：金融学专业和经济与金融专业。前者的 9 门课程中只有国际金融学涉及少量宏观金融的概念，后者的 12 门课程中只有金融经济学与国际金融学涉及一些宏观金融的内容，其余多数为微观金融或部门金融的范畴。

第二例是某综合性大学金融学院金融学专业人才培养方案中的核心课程（如图 2 所示）。

专业核心课程：
货币金融学
公司金融
证券分析与实证分析
金融衍生工具
国际金融
金融机构与市场
投资与资产组合管理

图 2　某综合性大学金融学院金融学专业人才培养方案中的核心课程

由图 2 可知，该综合性大学金融学院金融学专业 7 门核心课程中只有国际金融涉及少量的宏观金融知识，其余均为微观金融或部门操作性金融技术的范畴。

上述两个案例告诉我们，国内的金融学教研基本上没有涉及国家金融层面的理论，缺乏对国家金融行为取向的研究与教学。

那么，国外金融学研究的情况如何呢？我们可以回顾一下 1991 年至 2020 年诺贝尔经济学奖获奖者概况（见表 1）。

表 1　1991 年至 2020 年诺贝尔经济学奖获奖者概况

年　份	获奖者（中译名）	主要贡献
1991	罗纳德·科斯	揭示并澄清了交易费用和产权在经济的制度结构和运行中的重要性
1992	加里·贝克	将微观经济理论扩展到对人类行为及互动的分析上，包括非市场行为
1993	罗伯特·福格尔、道格拉斯·诺斯	运用经济理论和定量方法来解释经济和制度变迁，更新了经济史研究
1994	约翰·海萨尼、小约翰·纳什、莱因哈德·泽尔腾	在非合作博弈的均衡分析理论方面做出了开创性贡献
1995	小罗伯特·卢卡斯	发展并应用了理性预期假说，由此重塑了宏观经济学研究并深化了人们对经济政策的理解
1996	詹姆斯·莫里斯、威廉·维克瑞	对信息不对称条件下的经济激励理论做出了基础性贡献
1997	罗伯特·默顿、迈伦·斯科尔斯	为金融衍生品的定价问题贡献了新方法
1998	阿马蒂亚·森	对福利经济学做出了贡献
1999	罗伯特·蒙代尔	分析了不同汇率制度下的货币政策与财政政策，并分析了最优货币区
2000	詹姆斯·J. 赫克曼、丹尼尔·L. 麦克法登	前者发展了分析选择性抽样的理论和方法，后者发展了分析离散选择的理论和方法

续表1

年份	获奖者（中译名）	主要贡献
2001	乔治·阿克尔洛夫、迈克尔·斯彭斯、约瑟夫·斯蒂格利茨	分析了充满不对称信息的市场
2002	丹尼尔·卡尼曼、弗农·史密斯	前者将心理学的研究成果引入经济学研究中，特别侧重于研究人在不确定情况下进行判断和决策的过程；后者为实验经济学奠定了基础，发展了一整套实验研究方法，并设定了经济学研究实验的可靠标准
2003	罗伯特·恩格尔、克莱夫·格兰杰	前者创立了描述经济时间序列数据时变波动性的方法：自回归条件异方差；后者发现了根据共同趋势分析经济时间序列的方法：协整理论
2004	芬恩·基德兰德、爱德华·普雷斯科特	在动态宏观经济学领域做出了贡献，揭示了经济政策的时间连贯性和商业周期背后的驱动力
2005	罗伯特·奥曼、托马斯·谢林	通过对博弈论的分析，加深了对冲突与合作的理解
2006	埃德蒙·费尔普斯	分析了宏观经济政策中的跨期权衡问题
2007	莱昂尼德·赫维茨、埃里克·马斯金、罗杰·迈尔森	为机制设计理论奠定了基础
2008	保罗·克鲁格曼	分析了贸易模式和经济活动的地域
2009	埃莉诺·奥斯特罗姆、奥利弗·威廉森	分析了经济管理行为，尤其是前者研究了公共资源管理行为，后者分析了公司治理边界行为
2010	彼得·戴蒙德、戴尔·莫滕森、克里斯托弗·皮萨里季斯	分析了存在搜寻摩擦的市场
2011	托马斯·萨金特、克里斯托弗·西姆斯	对宏观经济中的因果关系进行了实证研究

续表 1

年 份	获奖者（中译名）	主要贡献
2012	埃尔文·罗斯、罗伊德·沙普利	在稳定配置理论及市场设计实践上做出了贡献
2013	尤金·法玛、拉尔斯·彼得·汉森、罗伯特·席勒	对资产价格做了实证分析
2014	让·梯若尔	分析了市场力量与监管
2015	安格斯·迪顿	分析了消费、贫困和福利
2016	奥利弗·哈特、本格特·霍姆斯特罗姆	在契约理论上做出了贡献
2017	理查德·H. 塞勒	在行为经济学领域做出了贡献
2018	威廉·诺德豪斯、保罗·罗默	前者将气候变化引入长期宏观经济分析中，后者将技术创新引入长期宏观经济分析中
2019	阿比吉特·巴纳吉、埃丝特·迪弗洛、迈克尔·克雷默	在减轻全球贫困方面探索了实验性做法
2020	保罗·米尔格龙、罗伯特·B. 威尔逊	对拍卖理论的改进和发明了新拍卖形式

[资料来源：《盘点历届诺贝尔经济学奖得主及其贡献（1969—2019）》，见新浪财经网（https://tinance.sina.cn/usstock.mggd.2019-10-14/detail-iicezuev2135028.d.html），2019 年 10 月 14 日。]

在 30 年的时间跨度中，只有少数几位诺贝尔经济学奖获奖学者的研究是关于金融问题的：1997 年获奖的罗伯特·默顿和迈伦·斯科尔斯研究了金融机构新产品的期权定价公式，1999 年获奖的罗伯特·蒙代尔讨论了不同汇率制度下的货币政策与财政政策以及最优货币区，2003 年获奖的罗伯特·恩格尔和克莱夫·格兰杰在计量经济学领域的开拓性贡献为金融分析提供了不可或缺的工具，2013 年获奖的尤金·法玛、拉尔斯·彼得·汉森和罗伯特·席勒的贡献主要是对资产价格进行了实证分析；其余的获奖者则基本上没有直接触及金融问题。而在上述涉及金融问题的诺贝尔经济学奖获奖人中，只有罗伯特·蒙代尔一人在理论上探讨了国际金融问题，其他人则主要侧重于金融资产定价或金融实践的成效。

综上可见，无论是国内还是国外的金融学，都缺乏对国家金融的理论研究，且相关人才匮乏。与之相对的是，世界范围内重大的金融变革与发展，多是由不同国家的金融导向及其行为所推动的。因此，国家金融学研究不但应该引起学界重视，而且应该在一个更广阔的维度获得深化和发展。

笔者呼吁，要培养国家金融人才，就需要对现有的金融学研究和教学进行细分。以美国与中国高校金融学教学中普遍使用的教材为例，美国的常用教材是弗雷德里克·S. 米什金的《货币金融学》[1]，中国则是黄达、张杰编著的《金融学》（第四版）[2]。这两种教材的优点是全面、系统：从货币起源讲到金融中介、金融体系，从金融市场讲到金融机构、金融监管，从中央银行讲到货币政策、外汇市场和国际金融，从金融运行的微观机制讲到资产组合与定价、业务管理与发展，等等。然而，为了满足当今经济发展对国家金融理论研究、实践管理和人才培养的需求，有必要在此类金融学教科书的基础上强化对国家金融学的研究与教学。因此，笔者建议在金融学原理的基础上，将金融学科细分为三类，具体如图3所示。

金融学原理 { 公司金融学 国家金融学 国际金融学 }

图3　金融学科分类

上述分类要求现有的各类大学金融学科在国内层面的教学与研究，不能仅仅局限在金融学基础理论和公司金融学两个领域，还应该包含国家金融学的设置、研究与教学发展。其中，国家金融学属于宏观金融管理范畴，研究并指导国家金融行为，即立足于一国金融发展中最核心、最紧迫的问题，要解决的是国家金融顶层布局、国家金融政策组合、国家金融监管协调、国家金融层级发展、国家金融内外联动、国家金融弯道超车、国家金融科技创新、国家金融风险防范和国家金融国际参与等课题。

公司金融学属微观金融管理范畴，研究并指导公司金融行为，即立足于企业金融行为中急需探讨和解决的问题，如公司治理结构（企业管理）、财税管理（会计学、税法）、公司理财（投资学）、风险管理（审计、评

---

[1] 弗雷德里克·S. 米什金著：《货币金融学》，郑艳文译，中国人民大学出版社2006年版。
[2] 黄达、张杰编著：《金融学》（第四版），中国人民大学出版社2017年版。

估)、战略管理(决策运营)、公司融资(金融中介)、金融工程(产融开发)、法律责任(法学、信息经济学)和国际投资(兼并收购)等课题。

金融学各门学科从不同的定位出发,阐述其主要原理和应用这些原理的数理模型,并在演绎或归纳中探讨、解说案例,最终达到引导学生学习、思考的目标。金融学原理、国家金融学和公司金融学(当然也包括国际金融学)等各门学科定位不同,相互渗透,有机组成了完整的金融学科体系。

世界各国的国家金融如果要在国内实践中有效运行,首先要在理论上创设国家金融学的同时弄清楚它与金融学(基础理论)和公司金融学的联系与区别。世界各国的国家金融如果要在国际体系中有序参与,首先也应在理论上弄清楚国家金融学与国际金融学的联系和区别,同时看清楚国际金融体系在现实中的运行与未来的发展方向,只有这样,才能在实践中不断地推动其改革、创新与发展。世界各国都希望在国际金融体系中拥有自己的立足点和话语权,这也是其在国家金融行为属性中需要去面对和解决的事宜。

中国对此已有布局。[①] 2017 年,中国召开全国金融工作会议,提出遵循金融发展规律,紧紧围绕服务实体经济、防控金融风险、深化金融改革三项任务,创新和完善金融调控,健全现代金融企业制度,完善金融市场体系,推进构建现代金融监管框架,加快转变金融发展方式,健全金融法治,保障国家金融安全,促进经济和金融良性循环与健康发展。同时,中国成立国务院金融稳定发展委员会,并强调了四个方面:第一,回归本源,把更多金融资源配置到经济社会发展的重点领域和薄弱环节;第二,优化结构,完善金融市场、金融机构、金融产品体系;第三,强化监管,提高防范与化解金融风险的能力;第四,市场导向,发挥市场在金融资源配置中的决定性作用。中国已从国家金融顶层设计的角度,一方面提出了急需国家金融人才来构建现代金融体系、维护国家金融秩序、保障并提升国家金融竞争力,另一方面也催生了国家金融学的设立、教研与发展。

四、国家金融学的研究对象

创设国家金融学的目的、意义及其他,这里不多阐述。笔者认为,国

[①] 参见新华社《全国金融工作会议在京召开》,见中华人民共和国中央人民政府网(http://www.gov.cn/xinwen/2017-07/15/content_5210774.htm),2017 年 7 月 15 日。

家金融学的体系至少包括五个层面的内涵,有待我们去研究和深化。

第一层面:国家金融学研究对象①。

国家金融学以现代金融体系条件下的世界各国国家金融行为属性为研究对象,以探讨一国金融发展中最核心而又最紧迫的问题为导向,研究政策,采取措施,促进一国金融健康稳定,推动一国经济繁荣发展。

第二层面:现代金融体系结构②。

国家金融学以现代金融体系条件下的国家金融行为属性为研究对象,从现代金融体系结构中的金融市场要素、金融市场组织、金融市场法制、金融市场监管、金融市场环境和金融市场基础设施六个子体系去探讨世界各国的国家金融行为,维护国家金融秩序,提升国家金融竞争力。

第三层面:现代金融体系内容③。

现代金融体系强调功能结构的系统性,并在其中探讨国家金融行为对一国金融稳定和经济健康发展的影响。现代金融体系至少包括六个子体系:第一,金融市场要素体系。它既由各类市场(包括货币市场、资本市场、保险市场、外汇市场和衍生性金融工具市场等)构成,又由各类市场的最基本元素即价格、供求和竞争等构成。第二,金融市场组织体系。它由金融市场要素与金融市场活动的主体或管理机构构成,包括各种类型的市场主体、各类市场中介机构以及市场管理组织。第三,金融市场法制体系。金融市场具有产权经济、契约经济和规范经济的特点,因此,规范市场价值导向、交易行为、契约行为和产权行为等法律法规的整体就构成了金融市场法制体系。它包括金融市场相关的立法、执法、司法和法制教育等。第四,金融市场监管体系。它是建立在金融市场法制体系基础上的、符合金融市场需要的政策执行体系,包括对金融机构、业务、市场、政策法规执行等的监管。第五,金融市场环境体系。它主要包括实体经济基础、现代产权制度和社会信用体系三大方面。对这一体系而言,重要的是建立健全金融市场信用体系,以法律制度规范、约束金融信托关系、信用工具、信用中介和其他相关信用要素,以及以完善金融市场信用保障机制为起点建立金融信用治理机制。第六,金融市场基础设施。它是包含各类

---

① 参见陈云贤著《国家金融学》,北京大学出版社2018年版,序言。
② 参见陈云贤著《国家金融学》,北京大学出版社2018年版,第8~10页。
③ 参见陈云贤著《国家金融学》,北京大学出版社2018年版,第8~11页。

软硬件的完整的金融市场设施系统。其中，金融市场服务网络、配套设备及技术、各类市场支付清算体系、科技信息系统和金融行业标准的设立等都是成熟的金融市场必备的基础设施。

第四层面：政府与市场在现代金融体系中的作用①。

现代金融体系的六个子体系中，金融市场要素与金融市场组织是其体系中的基本元素，它们的行为导向更多地体现为市场的活动、市场的要求、市场的规则和市场的效率；而现代金融体系中的金融市场法制、金融市场监管、金融市场环境和金融市场基础设施，是其体系中的配置元素，它们的行为导向更多地体现为对市场的调节、对市场的监管、对市场的约束和对市场原则的规范。世界各国国家金融行为导向，表现在现代金融体系中，应该是市场决定金融资源配置，同时更好地发挥政府的作用。只有这样，现代金融体系六个子体系作用的发挥才是健全的和完整的。

第五层面：国家金融行为需要着手解决的问题②。

在现有的国际金融体系中，处于领先地位的国家总是力图保持强势有为，处于附属前行的国家总是希望弯道超车以后来居上。世界各国就是国际金融体系演进"马拉松"中的"参赛者"。对于大多数发展中国家而言，在这场世界级的金融体系演进的"马拉松赛跑"中，一国的国家金融行为取向表现在现代金融体系的逐渐完善进程中。第一，应加强金融顶层布局的政策探讨；第二，应加强金融监管协调的措施探讨；第三，应加强金融层级发展的规则探讨；第四，应加强金融离岸与在岸对接的模式探讨；第五，应加强金融弯道超车的路径探讨；第六，应加强金融科技创新的趋势探讨；第七，应加强金融危机化解的方式探讨；第八，应加强金融国际参与的方案探讨；等等。这些需要着手解决的问题，厘清了世界上大多数发展中国家金融行为的目标和方向。

五、现代金融体系演进与国家金融行为互动

国家金融学研究对象五个层面的内涵，构成了国家金融学体系的主要框架。其中，现代金融体系的演进及其与国家金融行为的互动呈现出五大

---

① 参见陈云贤著《市场竞争双重主体论》，北京大学出版社2020年版，第179~182页。
② 参见陈云贤著《国家金融学》（第二版），北京大学出版社2021年版，第18~19页。

特点。①

（1）现代金融体系的六个子体系的形成是一个渐进的历史过程。以美国为例，在早期的市场经济发展中，美国主流认可自由放任的经济理念，金融市场要素体系与金融市场组织体系得到发展和提升，反对政府干预经济的理念盛行。1890年，美国国会颁布美国历史上第一部反垄断法《谢尔曼法》，禁止垄断协议和独占行为。1913年，美国联邦储备委员会正式成立。1914年，美国颁布《联邦贸易委员会法》和《克莱顿法》，对《谢尔曼法》进行补充和完善。在"大萧条"之后的1933年，美国颁布《格拉斯－斯蒂格尔法案》。此后，美国的反垄断制度和金融监管实践经历了近百年的演进与完善，整个金融市场形成了垄断与竞争、发展与监管动态并存的格局。从20世纪90年代开始，美国的通信、网络技术爆发式发展，金融市场创新驱动能力和基础设施升级换代成为市场竞争的主要表现。与此同时，美国政府反垄断的目标不再局限于简单防止金融市场独占、操纵价格等行为，金融市场的技术垄断和网络寡头垄断也被纳入打击范围。这一时期，通过完善金融市场登记、结算、托管和备份等基础设施，提高应对重大金融灾难与技术故障的能力，提升金融市场信息系统，完善金融信用体系建设，实施金融市场监管数据信息共享等，美国的金融市场环境体系和金融市场基础设施得到了进一步完善与发展。这一切将美国的金融市场体系推向现代高度，金融市场竞争发展到了全要素推动和系统参与的飞跃阶段。

（2）现代金融体系的六个子体系是统一的。一方面，六个子体系相互联系、相互作用，有机结合成一个成熟的金融市场体系。在金融市场的实际运行中，缺少哪一个子体系，都会导致市场在那一方面产生缺陷，进而造成国家经济损失。在世界各国金融市场的发展过程中，这样的典型案例比比皆是。另一方面，在现代金融体系的六个子体系内，各个要素之间也是相互联系、相互作用、有机统一的。比如，在金融市场要素体系中，除了各类货币市场、资本市场、保险市场、外汇市场等互相联系、互相作用外，规范和发展利率市场、汇率市场等，逐步建立离岸与在岸统一的国际化金融市场，积极发展一国金融产品和金融衍生产品市场，努力提升一国

---

① 参见陈云贤著《经济新引擎——兼论有为政府与有效市场》，外语教学与研究出版社2019年版，第137～141页。

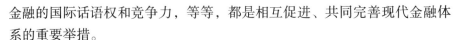

金融的国际话语权和竞争力,等等,都是相互促进、共同完善现代金融体系的重要举措。

(3) 现代金融体系的六个子体系是有序的。有序的金融市场体系才有效率。比如,金融市场价格机制的有序。这主要体现在利率、汇率、债券、股票、期货、期权等投资价格的形成过程中,应充分发挥市场在资源配置中的基础性作用,根据市场反馈的供求状况形成市场定价,从而推动现代金融体系有序运转。又比如,金融市场竞争机制的有序。竞争是金融市场的必然产物,也是实现市场经济的必然要求。只有通过竞争,金融市场要素的价格才会产生市场波动,金融资源才能得到有效配置,从而实现市场主体的优胜劣汰。再比如,金融市场开放机制的有序。现代金融体系是开放的,但这种开放又必定是渐进的、安全的、稳定有序的。这又再次表明,现代金融体系的六个子体系既相互独立又相互制约,它们是对立统一的完整系统。

(4) 现代金融体系六个子体系的功能是脆弱的。其原因主要有三个方面。首先是认识上的不完整。由于金融市场主体(即货币市场、资本市场、外汇市场等参与主体)有自己的利益要求,因此在实际的市场运行中,它们往往只讲自由、竞争和需求,避讲法治、监管和均衡,这导致现代金融体系六个子体系的功能常常出现偏颇。其次是政策上的不及时。金融市场的参与主要依靠各类投资者,金融市场的监管主要依靠世界各国政府。但在政府与市场既对立又统一的历史互动中,由于传统市场经济理论的影响,政府往往是无为的或滞后的,或在面临世界金融大危机时采用"补丁填洞"的方式弥补,等等,这使得现代金融体系六个子体系的功能往往无法全部发挥。最后是金融全球化的冲击。在金融立法、联合执法、协同监管措施还不够完善的全球金融体系中,存在大量金融监管真空、监管套利、金融投机、不同市场跨界发展,以及造假、诈骗等行为。因此,现代金融体系的健全及六个子体系功能的有效发挥,还需要一个漫长的过程。

(5) 现代金融体系六个子体系的功能正在或即将逐渐作用于世界各国乃至国际金融市场的各个领域。也就是说,在历史进程中逐渐形成和完善的现代金融体系,不仅将在各国金融市场上发挥作用,而且伴随着二十国集团(G20)金融稳定委员会作用的发挥和国际金融监管协调机制的提升与完善,在国际金融体系中也将发挥作用。世界各国的金融领域,不仅需

"国家金融学"系列教材
总 序

要微观层面投资主体的参与,而且需要宏观层面国家金融行为的引导。在世界各国的理论和实践中,这都是正在逐渐完善的现代金融体系的客观、必然的发展趋向。

在当代中国,要加强国家金融学研究,就需要围绕现代金融体系六个子体系的功能,探讨在国内如何建立、完善现代金融体系,在国际上如何定位中国金融的作用。这必然会从国家行为属性的角度,进一步厘清中国国家金融的目标和作用。这其中涉及诸多重大课题:如何协调财政政策与货币政策?如何推进强势人民币政策?中国拥有现行世界金融体系中最优的金融监管架构,如何发挥其作用?中国在探讨国家与地方金融的层级发展时,如何避免要么"金融自由化"、要么"金融压抑"的老路,在"规则下促竞争、稳定中求发展"的前提下闯出一条新路?如何确定粤港澳大湾区离岸与在岸金融对接的路径及切入点?如何发挥中国"碳金融"的作用,在国际金融体系中实现弯道超车?金融科技尤其是网络金融与数字货币在中国如何健康发展?如何坚持金融服务实体经济,并在金融产业链中有效防范系统性或区域性金融风险?在国际金融体系的变革中,如何提出、推动和实施"中国方案"?等等。可见,现代金融体系的建设与完善,在中国乃至世界各国的发展进程中,始终映射着一国的国家金融行为的特征与取向。这些就是国家金融学需要深入研究的对象。

在现代金融体系下,国家金融学的研究与公司金融学、国际金融学和金融科技发展等密切相关、相互渗透。因此,可以预言国家金融学研究的现状与未来,取决于一国在金融理论和实践层面对国家金融与公司金融、离岸金融与在岸金融、金融科技创新发展、金融监管与风险防范,以及国际金融体系改革创新的探研和实践。国家金融学学科的创设,为从理论上探讨国家金融行为对一国乃至国际现代金融体系的影响拉开了一个序幕。它对中国维护金融秩序、提升国家金融竞争力也将发挥重要的推动作用。

《国家金融学》(陈云贤著)已在北京大学、复旦大学、中山大学、厦门大学、暨南大学等10所高校开设的课程中作为教材使用。师生们在教与学的过程中,一方面沉浸于《国家金融学》带来的国家金融领域全方位的知识盛宴,认为教材新颖、视野开阔、知识广博;另一方面又提出了对未来课程的更多设想,希望能有更多材料参考、案例剖析、课后阅研等内容。

鉴于此,中山大学高度重视,组织了以陈云贤为主编,李善民、李广众、黄新飞为副主编的"国家金融学"系列教材编委会。本系列教材共9本。其中，陈云贤负责系列教材的总体设计、书目定排、统纂定稿等工作；9本教材的撰写分工如下：王彩萍、张龙文负责《国家金融体系结构》，赵慧敏、陈云贤负责《国家金融体系定位》，黄新飞、邓贵川负责《国家金融政策组合》，李广众、李光华、吴于蓝负责《国家金融监管协调》，周天芸负责《国家金融内外联动》，李小玲、魏守道负责《国家金融弯道超车》，韦立坚负责《国家金融科技创新》，杨子晖、王姝黛负责《国家金融风险防范》，王伟、张一林负责《国家金融国际参与》。

"国家金融学"系列教材，系中山大学21世纪金融学科重点教材，是中山大学文科重点建设成果之一。它作为一套面向高年级本科生和研究生的系列教科书，力求在现代金融体系条件下探讨国家金融行为属性，从而在一国金融顶层布局、大金融体系政策组合、国家地方金融发展以及国家金融监管协调、内外联动、弯道超车、科技创新、风险防范、国际参与等领域做出实质性探研。本系列教材参阅、借鉴了国内外大量的专著、论文和相关资料，谨此特向有关作者表示诚挚的谢意。

当今世界，全球经济一体化、金融市场国际化的客观趋势无一不要求国际金融体系要更加健全、国际货币体系要改革创新，它需要世界各国国家金融行为的取向能够符合这一潮流。但愿"国家金融学"系列教材的出版，能够助力健全国家金融业乃至国际金融业的体系，开拓全球经济的未来。

2020年10月

陈云贤 北京大学客座教授，中山大学国际金融学院和高级金融研究院名誉院长、博士研究生导师，广东省人民政府原副省长。电子邮箱：41433138@qq.com。

序 言

"国家金融学"是一门新创设的金融学科。国家金融学以提升国家金融竞争力为目标,以现代金融体系下国家金融的行为及其属性为研究对象,从金融市场的要素、组织、法制、监管、环境和基础设施六方面来探讨国家金融行为。作为国家金融行为的重要体现,金融监管协调是指多个金融监管主体为了实现对多层次、多领域和多国别金融的整体有效监管,在监管过程中相互配合、相互协调,所表现出的组织形式和关系。本书作为国家金融学系列教材之一,重点着眼于新时代中国金融监管的风险防范以及监管协调体系的设计落实。

党的十八大以来,在以习近平同志为核心的党中央的坚强领导下,我国金融改革发展取得了新的重大成就,我国已成为重要的世界金融大国。但是,随着我国经济由高速增长转变为中高速增长,原来被高速度所掩盖的一些结构性矛盾和体制性问题逐渐暴露出来,切实防范和化解金融风险已成为我国目前面临的严峻挑战。习近平总书记在十九大报告中强调,要"深化金融体制改革","健全金融监管体系,守住不发生系统性金融风险的底线"。目前,我国正处于由高速增长阶段迈向高质量发展阶段,各个经济领域的供给侧改革正在不断深入推进,"一委一行两会"的中国特色金融监管体系已经形成。经济的高质量发展对金融工作也提出了更高的要求,加强金融监管统筹协调的重要性日益凸显,只有打破监管分散发力的现状,凝聚各个金融市场协同发展、统筹监管的共识,中国才能实现国家金融治理体系和治理能力现代化,在迈向金融强国的道路上坚定前行。

此前,国内众多专家学者对金融监管协调已经开展了一系列重要的研究,对很长一段时期内我国金融业的稳定、健康、高速发展提供了重要的理论参考。本书着重系统梳理各类风险在地区间、行业间和市场间爆发后的传播途径和影响机制,尝试厘清中国监管机构职能交叉重叠与监管空白的问题。笔者认为现有理论难以完全适应当前的国际、国内金融环境变化，国外经验简单直接地移植到中国将面临诸多制度及文化等现实问题的约束，需要根据中国国情和当前阶段的主要矛盾对之进行抉择和改进。因此，"当前监管协调的重点与难点在哪儿""当前监管协调短板在哪儿""如何健全金融协调监管体系"是本书关注的三个重点问题。

针对以上问题，本书首先致力于对金融协调监管相关理论和实践进行全面、科学、客观、完整的梳理和评价，总结新时代金融监管协调工作面临的机遇和挑战，认清当前监管的重点与难点；然后，对中国金融监管体系以及跨部门、跨地区、跨市场的监管协调进行全面考察，尝试为金融监管协调体系研究提供新的研究视角，找到当前金融监管协调的短板；最后，构建出具有系统性和可操作性的中国金融监管协调的实施框架和实施办法。希望本书的研究有助于金融风险防范和金融安全保障具体工作的开展。

本书作为教材，适用于三个方面的学生群体。一是金融管理相关专业的高年级本科生，建议可以在大三下学期或者大四上学期开设；二是EMBA、MBA和金融专业硕士，建议可以在硕士生第二学期开设；三是金融管理相关专业的博士生，建议可以作为了解国家金融学，了解国家金融行为，尤其是国家金融协调监管的重要参考书目。本书分为四编十个章节，分别为金融监管协调概论、后危机时代各国金融监管协调的实践、新时代中国金融监管协调的监管难点与挑战、新时代中国金融监管协调、房地产泡沫风险与金融监管协调、商业银行隐性金融风险与金融监管协调、地方政府隐性债务风险与金融监管协调、中国金融科技的发展与应用、金融科技风险与金融监管协调、未来中国金融监管协调体系建设的重点任务。本书每章都附上了课后讨论题，帮助学生理解章节重点内容。本书三至七章为重难点内容，建议重点讲授；其余章节可简略讲授。

目 录

第一编 金融监管协调概论与新时代中国金融监管协调

第一章 金融监管协调概论 ·········· 3
- 第一节 金融监管协调概述 ·········· 3
- 第二节 国际经济危机对金融监管的影响 ·········· 10
- 第三节 金融监管协调的理论基础 ·········· 16
- 第四节 后危机时代国际金融监管理念的变革 ·········· 18
- 第五节 中国的金融监管协调 ·········· 20
- 思考讨论题 ·········· 25

第二章 后危机时代各国金融监管协调的实践 ·········· 26
- 第一节 美国金融监管协调 ·········· 26
- 第二节 英国金融监管协调 ·········· 30
- 第三节 欧盟金融监管协调 ·········· 34
- 第四节 日本金融监管协调 ·········· 39
- 思考讨论题 ·········· 42

第三章 新时代中国金融监管协调的监管难点与挑战 ·········· 43
- 第一节 中国金融监管改革发展历程 ·········· 43
- 第二节 新时代中国构建金融协调监管体系的必要性 ·········· 50
- 第三节 新时代中国金融监管体系的监管难点 ·········· 52
- 第四节 中国现行金融监管体系面临的关键问题与挑战 ·········· 55
- 思考讨论题 ·········· 59

第四章 新时代中国金融监管协调 ······ 60
第一节 中央与地方的监管协调——以广东省为例 ······ 60
第二节 中国多层次资本市场发展与金融监管协调及经验借鉴 ··· 70
第三节 新时代监管技术发展与金融监管协调 ······ 81
思考讨论题 ······ 84

第二编 金融风险与金融监管协调

第五章 房地产泡沫风险与金融监管协调 ······ 87
第一节 房地产行业发展历程 ······ 87
第二节 中国房地产泡沫测度方法 ······ 89
第三节 房地产泡沫形成机理与危害 ······ 91
第四节 房地产泡沫与金融监管协调 ······ 98
思考讨论题 ······ 101

第六章 商业银行隐性金融风险与金融监管协调 ······ 102
第一节 中国商业银行隐性金融风险与金融协调监管的背景 ······ 102
第二节 商业银行隐性金融风险现状与剖析 ······ 105
第三节 隐性金融风险的形成机制和监管协调存在的问题 ······ 114
第四节 隐性金融风险的金融监管协调 ······ 118
思考讨论题 ······ 123

第七章 地方政府隐性债务风险与金融监管协调 ······ 124
第一节 地方政府债务起源及历史演化 ······ 124
第二节 中国地方政府债务风险防范的两个重点问题 ······ 126
第三节 加强地方政府债务风险的金融监管协调 ······ 134
思考讨论题 ······ 136

第三编 金融科技与金融监管协调

第八章 中国金融科技的发展与应用 ······ 139
第一节 金融科技概述 ······ 139

第二节　金融科技关键驱动技术 …………………………………… 146
　　第三节　金融科技在金融行业中的应用 ……………………………… 151
　　第四节　监管科技在金融监管中的应用 ……………………………… 155
　　思考讨论题 ………………………………………………………………… 161

第九章　金融科技风险与金融监管协调 ……………………………………… 162
　　第一节　金融科技的潜在风险及其表现特征 ………………………… 162
　　第二节　金融科技在金融业中的风险表现 …………………………… 164
　　第三节　中国金融科技监管协调及其挑战 …………………………… 168
　　第四节　金融科技监管协调的国际经验 ……………………………… 170
　　思考讨论题 ………………………………………………………………… 179

第四编　未来中国金融监管协调体系建设的重点任务

第十章　未来中国金融监管协调体系建设的重点任务 ……………………… 183
　　第一节　坚持党的统一领导，加强统筹协调 ………………………… 183
　　第二节　正确处理监管和创新关系，兼顾安全和效率 ……………… 186
　　第三节　优化体系架构，完善法治体制 ……………………………… 189
　　第四节　强化监管协调，发挥监管合力 ……………………………… 191
　　思考讨论题 ………………………………………………………………… 194

参考文献 ………………………………………………………………………… 195

后　记 …………………………………………………………………………… 205

第一编

金融监管协调概论与新时代中国金融监管协调

第一章 金融监管协调概论

第一节 金融监管协调概述

在党的十九大报告上,习近平总书记强调,"深化金融体制改革,增强金融服务实体经济能力,提高直接融资比重,促进多层次资本市场健康发展。健全货币政策和宏观审慎政策双支柱调控框架,深化利率和汇率市场化改革。健全金融监管体系,守住不发生系统性金融风险的底线"①。

从十八大到十九大,金融体制改革的工作侧重点已经发生了变化。十八大报告的论述更加侧重于加速发展金融市场,提高金融市场的市场化水平;十九大报告的论述则更加关注如何增强金融服务实体经济能力,如何建立更加完善的监管机制,以及如何防范系统性金融风险。从十八大到十九大,金融体制的改革方向完成了从"扩张发展"到"稳固建设"的转变。防范金融风险,完善金融监管则被正式提上党和政府的工作日程。其中,健全金融监管体系是实现上述目标的核心环节,而构建和完善金融协调监管体系则是健全金融监管体系的应有之义。

一、金融监管协调的定义与要素

(一) 金融监管协调的定义

改革开放以来,随着社会经济的迅速发展,中国金融行业不断升级、金融产品不断更新换代,在这一背景下,中国曾经实施的"一行三会"的金融分业监管制度受到挑战。一方面,在经济全球化和金融国际化的背景

---

① 《习近平:决胜全面建成小康社会 夺取新时代中国特色社会主义伟大胜利——在中国共产党第十九次全国代表大会上的报告》,见中国政府网(http://www.gov.cn/zhuanti/2017-10/27/content_5234876.htm,2017-10-27。

下，中国金融企业跨越国界，在全球范围内开展业务经营与合作发展，外国资本同样往来于外国与中国之间。在资金已国际化而金融监管制度却呈现国别化的背景下，产生了资金监管在国家边界上的限制。另一方面，金融市场主体混业经营是金融市场发展的必要方向，而中国金融监管制度仍停留在缺陷明显的分业监管阶段，造成监管空白和监管重复，既抑制金融创新，不利于推动金融市场由分业经营向混业经营发展，也不利于及时发现并消除金融风险。因此，"一行三会"的分业监管体系已经不符合中国金融市场的发展现状，金融监管体制改革势在必行，混业经营的市场发展动向对金融监管提出了开放、包容、协调的新监管理念，将倒逼金融监管由分业监管走向监管协调。

金融监管协调指多个金融监管主体，为了实现对多层次、多领域和多国别金融的整体有效监管，在监管过程中相互配合、相互协调，所表现出来的组织形式和关系。按照监管主体的多少，可以分为广义的金融监管协调和狭义的金融监管协调。狭义的金融监管协调认为监管主体应当包括一国的中央银行、专业的金融监管机构（如中国的银保监会和证监会）以及政府的有关部门（如中国的财政部）。广义的金融监管协调的监管主体除了上述提及的部门外，还包括金融行业工会、行业组织以及各种专门服务型机构等。由于绝大多数的金融监管工作均由狭义金融监管主体承担，因此金融监管协调主要指狭义的金融监管协调。按监管协调范围的不同，还可将金融监管协调划分为国际金融监管协调与国内金融监管协调。国际金融监管协调指国际间不同国家，在不同金融监管体制下，针对多方金融业务开展的金融监管协调；国内金融监管协调则指在一国内，中央与地方之间、不同监管部门之间、不同金融业务之间开展的监管协调。

(二) 金融监管协调的要素

1. 金融监管协调的主体

由于金融监管协调的范围不同、监管体制不同，金融监管协调的主体也不同。通常而言，金融监管协调的主体主要是一国对金融开展监管工作的部门或者组织。在中国，主要为"一委一行两会"，即国务院金融稳定发展委员会、中国人民银行、中国银行保险监督管理委员会、中国证券监督委员会。

2. 金融监管协调的客体

金融监管协调的客体与金融监管的客体在身份上并无区别，是指依照法律应当接受监管机构监管的企业、组织、单位和个人，主要包括金融机构、工商企业、基金组织和从事金融活动的个人等。金融监管协调的客体与金融监管的客体不同在于，后者更多呈现行业单一性、业务单一性和市场单一性，而前者相比之下更多呈现混业经营的态势，企业或者个人往往跨行业、跨业务进行经营活动，因此需要监管主体协调进行监管。

3. 金融监管协调的协调机制

金融监管协调的协调机制指为了使金融协调监管工作发挥出整体有效性而制定出的完整的、系统的制度或规定性安排，主要包括职权分工与制衡机制、信息征集与共享机制、行动一致性机制。其中，职权分工与制衡机制是开展监管协调工作的基础，实现了不同主体间监管权力有效运行和相互监督；信息征集与共享机制是支撑，通过信息共享与传达，提高监管协调工作的联动性；行动一致性机制则能够树立金融市场监管的统一性和权威性。

4. 金融监管协调的法律体系

金融监管协调工作需要法律作为依据和保障，金融监管协调主体需要法律赋予监管主体权利和义务。因此，要建立一套行之有效的金融监管协调机制，就要对现行法律和规章制度进行完善和补充，尽快建立一套完善的金融监管协调法律框架，以适应金融发展和监管协调的要求。

二、金融监管协调的目标与原则

（一）金融监管协调的目标

金融监管协调的目标与金融监管的目标相似，会随着金融理论和实践发展而动态地变化，会受到当下金融监管理论和实践的经验教训的影响。20世纪30年代以前，金融监管的目标主要是提供稳定的和弹性的货币供给环境，并且防止银行挤兑所带来的消极影响。对金融机构经营行为的规则、监管和干预极少涉及。在1929年美国经济危机所带来的大萧条的影响下，学界对"看不见的手"的自动调节机制产生了怀疑，并顺应凯恩斯主义经济学推崇主动干预经济金融运行，金融监管的目标逐渐转向维护金融平稳运行，建设一个安全稳定的金融体系，防止金融危机对实体经济造成冲击。然而，过度严格的金融监管导致金融机构的效率极大下降，间接造成了20世纪70年代的10年"滞胀"，同时，宣告了凯恩斯主义宏观经济政策的破产。此后，金融监管的目标逐渐转向金融自由化以及效率优先。20世纪90年代至今，金融监管的目标则逐渐升级为如何协调安全稳定与效率。

1. 防范金融风险，维护金融平稳运行

金融是国民经济的血脉，是一国发展的重要核心竞争力所在，是经济平稳运行的重要基础。当前金融市场发展迅速，与实体经济市场相互渗透、相互依赖，一旦金融风险形成并通过业务链条迅速传导，将使实体经济受到冲击乃至形成经济危机。2008年，因美国次贷危机引发的全球性金融危机对世界经济造成巨大冲击，其冲击从虚拟经济蔓延至实体经济，从发达国家扩散至发展中国家，给世界各国带来了巨大损失。这也从侧面印证了金融平稳对经济运行的重要性，以及金融平稳在金融监管协调目标中的首要地位。

2. 保护公平竞争，促进金融高效运行

美国20世纪70年代的10年"滞胀"说明了在防范风险的同时也需要兼顾金融发展效率，如果过分强调稳定，只会造成金融压抑，降低社会中的资金配置效率，资本无法流向资金缺乏之处，导致金融效率低下；金融效率低下同样会通过不完全市场、内幕交易以及市场操控等问题造成金融不稳定。因此在防范风险的同时，同样需要通过多部门协调制定一系列保护公平竞争、促进金融发展的政策和措施，稳步推进金融发展。

（二）金融监管协调的原则

金融监管协调的原则指金融主体对客体实施监管、主体与主体协调监管过程中的行为准则，主要包括如下五个方面。

1. 监管主体的独立性原则

尽管金融监管协调强调各主体之间的协调和合作，但也应当尊重各主体之间的差异性和独立性。由于不同主体的监管对象、目标存在差异，不同主体的监管文化、监管特点和监管习惯同样可能不同。如银行业的主要监管目标为防范系统性风险，保险业强调保单持有人的利益，这两者的监管方式更为平和；而证券业则更强调对投资者的保护，确保市场的公平，监管习惯强硬。因此，在金融监管协调的过程中，要尊重监管主体的独立性，在监管协调中保持独立，适度合作，不超越权力边界，不干涉其他监管主体的内部运营和管理。

2. 依法监管协调原则

与金融监管相同，金融的监管协调工作同样要遵守法律法规，在现行法律和规章制度允许的框架内开展监管工作，以保持监管工作的严肃性、权威性、一贯性和强制性。换言之，金融监管协调工作需要法律作为依据和保障，金融监管协调主体需要法律赋予监管主体权利和义务，并依法监管协调。

3. 公平原则

公平原则指在金融监管协调中，相同的金融业务和金融产品要接受相同的监管，防止监管套利。无论监管客体的性质、背景如何，都应当使用同一监管标准对其进行监管，使其在同等标准下竞争，规范金融机构的市场行为并促进金融市场的公平，保证金融市场有序运行。

4. 适度监管原则

进行监管协调的目标之一是推动金融平稳发展，这也意味着金融监管协调要同时兼顾安全和效率。在实际监管中应当采取适度监管原则，既能防范金融风险、防止金融危机爆发，又能避免过度监管以保证效率，避免束缚监管客体的活力，防止20世纪70年代的"滞胀"现象重现。

5. 平衡竞争与合作原则

在监管主体之间存在适度竞争，可以使监管者不断创新监管方式，提升监管服务水平和效率。但金融监管协调的主体往往为政府部门或公共部门，具有扩大监管范围以获得更大部门权力的激励与动机。金融监管协调体制可能会使得主体间恶性竞争，通过向客体提供更有吸引力的监管环境，扩大本部门的监管范围，最终导致金融监管协调主体陷入内卷，金融监管的有效性降低。因此，应当遵循平衡竞争与合作原则，使得监管主体之间的竞争关系能够有效促进监管者推陈出新、不断发展，同时，推动监管主体在更多场景下寻求合作，如在混业经营趋势下，合作监管比单一监管成本更低。

三、金融监管协调的必要性

（一）综合经营趋势下的必要举措

完善金融监管体系是对当前金融体系的重大改革完善，是实现国家金融风险识别和风险监管现代化的必要举措。在金融业趋于综合经营和混业经营的大趋势下，随着金融不断发展、金融创新层出不穷，银行业务范围会不断扩大，非银行金融机构等也会不断增多，特别是互联网金融创新迭出，这将使中国金融监管面临的挑战越来越大。只有打破监管分散发力的现状，凝聚各个金融市场协同发展、统筹监管的共识，才能准确识别并化解金融风险。因此，在未来金融业日趋综合经营化的情况下，实现国家金融风险识别和风险监管现代化，就需要加强金融监管的统筹协调。

（二）保证金融服务实体经济的关键手段

金融是现代经济的核心。从国际看，现如今发达国家的金融发展水平同样在全球处于领先水平，其崛起和发展离不开金融对国家经济的支撑；从国内看，改革开放以后，金融发展对中国经济发展起到越来越重要的作用，金融水平的高低直接影响到中国经济发展的健全与否。此外，金融水平不仅关乎经济发展，还关乎一国金融安全，在如今金融领域普遍存在国际竞争的背景下，要做到金融安全，势必要做到从金融大国向金融强国转变，切实提高中国金融水平。现阶段，中国金融发展在一定程度上存在"脱实向虚"问题，大量资金在金融体系内"空转"，金融之水难解实体经济之渴，这意味着中国金融存在着偏离本源的现象，没有以服务实体经济作为金融发展的出发点和落脚点。而这种脱离本源的发展方式是一种不良的发展方式，金融体系脱离实体经济自我循环、用钱生钱来壮大自己的发展方式极易产生巨大泡沫，而一旦金融泡沫破裂，将势必威胁到中国经济的平稳运行。然而资本具有逐利性，在当前金融发展迅猛的情况下，源源不断的资金流向金融部门而非实体经济部门，加之现有的监管体系难以有效保证金融发展切实服务实体经济。因此，中国迫切需要建立一套健全的金融协调监管体系，从根本上纠正金融的不良发展方式，促使金融更好地服务于实体经济，进而推动经济平稳健康发展。

（三）长期坚守不发生系统性金融风险底线的根本措施

应对系统性风险，主题是防范，关键是主动，根本措施是完善金融协调监管体系。对于市场上出现的所有金融业务都要纳入监管，及时有效识别和化解风险。现实中，虽然中国现行的分业监管的金融监管框架在一段时期内对中国金融稳定运行、金融监管专业化起了重要作用，但中国的金融系统已经逐渐转向金融交易跨市场化、银行业务表外化、资本流动网络化。在混业经营等背景下，分业监管框架开始显现弊端，既在混业金融业务上存在监管竞争和协调困难,又在消费者权益保护、混业业务监管准则等方面形成监管空白,还出现了监管套利等现象,加大了系统性风险发生的可能性。只有打破监管分散发力的现状,凝聚各个金融市场协同发展、统筹监管的共识,才能及时准确地识别和化解系统性金融风险。

四、金融监管协调面临的潜在问题

(一) 金融监管协调信息交流不畅

信息是金融市场有效运行的关键,也是金融市场监管的关键。金融监管协调旨在结合多个主体的力量和管理范围,对多层次、多方面的金融市场进行广泛的管理覆盖,而这就要求各个主体间应当广泛分享信息,中央部门应当协调建立起一套全面而充分的金融监管协调信息系统。以中国为例,当前中国已经建立金融监管协调部际联席会议制度,并成立国务院金融稳定发展委员会以加强各主体间的信息交流,并推动各部门定期交换金融监管信息,能够满足主体对部分信息的需求。然而在混业经营持续发展的背景下,这些信息往往缺乏全局性,其他部门不能深刻认识个别部门所分享的监管信息,故不能及时判别金融系统中的不稳定因素,给中国金融平稳运行埋下了隐患。尤其随着央行防范系统性金融风险职责的强化,风险监测领域从传统金融业逐步延伸至影子银行乃至实体经济,现有金融监管协调信息交流制度远远不足以满足出于维护金融稳定而展开实质性分析的要求,现有信息交流制度的弊端进一步凸显。

(二) 金融监管协调的职权与分工不明

随着金融的迅速发展,跨越银行业、证券业、保险业的业务与产品层出不穷,这些混业经营的产品和业务需要多个监管主体协调监管,协调监管过程中还需要明确的职权与分工,否则将容易形成监管空白或监管重叠。一方面,监管主体既肩负着监管职能,也承担着培育所管辖市场的重任。监管主体在进行协调监管时可能会相互推责、各自为政,这将难以对复杂的业务层次和风险结构进行有效监管,形成监管空白。另一方面,监管主体也可能为了部门利益和权力,扩大监管范围,从而与其他监管主体形成监管竞争,造成监管重叠和监管冲突。

(三) 金融监管协调滞后于科技发展

金融科技在推动金融效率和金融创新提升的同时,产生更多难以识别的风险。金融监管协调往往需要以现有主体已经对业务和产品组成部分形成监管为前提，而在金融科技发展迅速、新型金融业务和产品层出不穷的情况下，金融监管会滞后于金融科技，金融监管协调则会进一步滞后，造成对金融风险监管不及时。

第二节　国际经济危机对金融监管的影响

一、1929—1933 年美国经济危机

1929—1933 年美国经济危机又被称为"大萧条"时期，是指 1929—1933 年间，发源于美国，后来波及整个资本主义世界的经济危机。这一危机具有持续时间长、影响范围广、破坏力强的特点，是全球经济史上最严重的一次经济危机。

（一）"大萧条"的过程

美国的工业生产指数在 1921 年时平均仅为 67，但在 1928 年 7 月已上升至 110，1929 年 6 月更是达到 126。社会各界均表示对未来充满信心，认为经济繁荣将会持续下去。金融市场表现同样强劲，1929 年 10 月以前华尔街股市出现了持续 7 年的繁荣，股票价格节节攀升。

1929 年 10 月 24 日，美国股票市场暴跌，许多股票在一天之内从巅峰跌入深渊，在接下来短短两个星期内，约有 300 亿美元消失在股市中。股票市场的暴跌一直持续到了 1932 年中期，此时，道琼斯工业指数已经下跌 87.4%，跌幅最大的股票主要集中于冶金、机械、汽车、电力等行业。随着股票市场的崩溃，美国经济也陷入巨大的灾难中，股票市场崩溃导致的疯狂挤兑、银行破产、工厂倒闭、工人失业等连锁反应不断上演。这一经济危机还波及英国、德国、法国等国家，引发了一场世界经济与金融的"大萧条"。

这期间，因为美国股市崩盘引发了银行挤兑风潮，彼时银行普遍缺乏足够的财力对抗金融风暴，而且银行业与证券业联系密切，首先受到了股票市场暴跌的冲击，当一家银行倒闭后，恐慌传播至市场，储户为了保护自身资金安全纷纷提取存款，形成了银行的挤兑风潮以及一系列银行倒闭的连锁反应，这也导致在 1929—1933 年共计 11000 余家银行倒闭，资金

供应量减少了30%，银行信用几乎全部丧失。银行倒闭波及实体经济，大批工厂倒闭、工人失业，至1939年美国国民生产总值由2036亿美元降至1415亿美元，企业倒闭80000余家，失业率从2.5%上升至25%，道琼斯指数耗费25年才重新回到1929年最高点。"大萧条"对实体经济造成了巨大冲击和破坏，也严重破坏了信用体系。事后，各界认为金融业监管体系缺失以及银行业过度投资证券业和保险业的混业经营模式是引发"大萧条"的重要因素。

（二）"大萧条"对金融监管的影响

尽管美国早在1864年就通过《国民银行法》限制银行经营证券、保险等非银行业务，但这一法案对在州一级注册的银行没有约束力，许多银行可以通过在州一级注册附属机构来经营非银行业务，以绕过《国民银行法》。1927年的《麦克法登法案》则进一步放松了对国民银行业务的管制。因此，在20世纪20年代末，美国商业银行和投资银行几乎融为一体，混业经营模式为"大萧条"的爆发埋下了隐患。在"大萧条"发生前，金融监管体系几乎一片空白，银行可以基本不受限制地参与证券业和金融业，造成了严重的资产泡沫并引发了随之而来的"大萧条"。

"大萧条"之后，美国等主要国家对金融监管和金融混业经营体制进行了反思，认为政府缺乏监管金融体系的有力手段，因此应当提高政府对于经济政策和金融发展的参与性（即凯恩斯主义），并逐步确立金融行业的分业经营和分业监管模式。1933年，美国推出《格拉斯－斯蒂格尔法案》（又名《1933年银行法》），此法案旨在将投资银行业务与商业银行业务严格分离开，禁止银行包销和经营公司证券，只能购买美联储批准的债券，以保证商业银行免受证券业风险的影响和冲击，这也在事实上确立了银行业和证券业分业经营模式。1934年和1939年，美国又相继推出《证券交易法》（1934）和《信托契约法》（1939），针对银行业、证券业等不同的金融行业分别设立联邦储蓄与贷款保险公司、联邦存款保险公司和证券交易委员会等专门机构进行监管，确立了分业监管的模式。随后，美国在1956年的《银行控股公司法》以及1970年的《银行控股公司法修正案》中，增加了银行业与保险业分离的条款，进一步完善了美国金融业分业经营的基本格局，这也对其他国家的金融体系产生了深远影响。同时，英国、法国、德国等国家实施分业经营并开展分业监管。然而，在这一阶段,尽管金融监管力度加大,但监管策略主要体现为分业监管,不同监管主体的监管协调并没有得到重视。

二、20世纪中后期美国经济"滞胀"现象与金融危机

(一) 20世纪70年代美国经济"滞胀"现象

"二战"后,美国经济高速增长,在以凯恩斯为代表的国家干预主义和强大的经济金融实力的影响下,大规模金融危机几乎不再出现。然而,国家过度干预经济和监管金融业务的弊端在20世纪70年代开始显现,主要体现为国家赤字较高,同时,国家财政投资对于经济的刺激效果不再明显,通货膨胀率却持续上涨,迎来了"滞胀"。在1973年中东战争和1978年两伊战争的影响下,全球石油产量受到冲击,油价开始猛涨,对美国的工业发展以及经济增长造成了严重冲击,这也是"滞胀"的重要外部原因。而在经历了20年科技发展高潮后,此时美国科技发展处于低潮,科技对经济增长的推动力明显减弱,导致美国实体经济停滞不前、生产力下降,同时却伴随着工资福利的提高。两者相互作用下,最终引发了严重的通货膨胀,并与经济发展停滞交织,形成前所未有的经济"滞胀"现象,这也意味着美国长期推行的宏观经济调控政策的失灵。

在这期间,石油危机和"滞胀"问题困扰着美国,在通胀不断升高和利率管制的影响下,美国"金融脱媒"①现象十分严重,大量资金逃离银行等金融渠道以寻求在高通胀时期保值,使得银行经营面临着十分困难的境地。银行迫切呼吁政府放开利率管制,并谋求在证券、保险等其他领域扩大收入来源。同时,商业银行也受到来自非银行机构和国际银行机构的有力挑战,这也进一步扩大了商业银行对减轻金融监管的需求。在这一需求下,美国逐步放松金融监管,商业银行为了在金融全球化背景下站住脚跟,纷纷加入综合经营的队伍中,通过设立金融控股公司或者并购其他银行、金融机构,积极参与非银行业务。

(二) 1987年美国储贷协会危机

储贷协会主要业务是吸收会员的存款并向社会提供低成本的住房贷

---

① "金融脱媒"又称"金融非中介化",即在金融管制的情况下,资金供给绕开商业银行体系,直接输送给需求方和融资者,完成资金的体外循环。

款,在美国通过《联邦贷款住宅银行法》《住房所有人贷款法》和《国家住房法》后,储贷协会成为提供住房贷款的主要工具。20世纪30—60年代,美国经济持续增长,通货膨胀率低、利率十分稳定,再加上政策的保护,储贷协会在此期间发展迅速。然而在"滞胀"时期,市场利率迅速上升,加之较高的通货膨胀率,储贷协会面临十分艰难的经营环境,如果储贷协会提高存款利率,则资金成本提高;如果不提高存款利率,则难以吸收存款,将导致储源大幅减少。在20世纪80年代初期,大批储贷协会亏损十分严重。为了解决储贷协会的发展困境,美国联邦政府取消了存款利率管制并放宽了储贷协会的经营业务,允许其进行安全和不安全的商业贷款,给予储贷协会更多的经营自由。这种由联邦储贷保险公司承担投资失败风险的机制为储贷协会免除了后顾之忧,储贷协会大肆投资高风险高回报的项目,短期内储贷协会迅速扩张;同时,银行盲目扩张负债规模,使得存款利率飙升,负债成本居高不下。20世纪80年代中期,房地产价格下跌,储贷协会不良贷款率暴增,形成了银行倒闭潮,直接导致联邦储贷保险公司保险基金在1987年耗尽,储贷协会危机就此爆发。截至1994年,一共有3000家存款性金融机构破产,共损失1600亿美元。

(三) 20世纪中后期美国经济"滞胀"现象与金融危机的影响

在20世纪中后期一系列经济危机的影响下,美国启动了银行监管改革和利率市场化改革,签订了《巴塞尔协议》,这标志着银行监管正式以资本充足率作为监管核心。在完成利率市场化和银行监管改革后,随着全球经济一体化、金融国际化的步伐加快,各国政府纷纷放开管制,推动金融机构抢占市场。分业经营体制对金融的过度保护已使这种体制缺乏效率,金融业的综合经营不可避免。此时《格拉斯-斯蒂格尔法案》已然成为银行向其他金融领域拓展的主要障碍,遭到了许多商业银行的反对。1999年推出的《格雷厄姆-里奇-比利雷法案》(又叫《金融服务现代化法案》),废除了《格拉斯-斯蒂格尔法案》有关条款,从法律上消除了此前制定的业务边界,放开了银行业的经营范围,使美国银行业重新回到混业经营模式,银行业务重新向金融业拓展。

在监管方面,《格雷厄姆-里奇-比利雷法案》中利用功能性监管取得机构性监管。按照原有监管制度,银行业监管机构负责监管所有银行业务，但在综合经营背景下，这种监管方式容易造成监管空白以及监管专业性的不足。按照功能性监管的要求，银行的传统业务仍然由银行业监管机构进行监管，其他非银行业务则交由相对应功能监管机构进行监管。在实际监管中，联邦储备体系是"伞"式监管的上层综合监管机构，而其他如美国货币监理署、联邦存款保险公司、证券交易委员会、商品期货委员会、州立保险监管局等分业监管机构则按照不同金融服务的功能而分类实施监管。联邦储备体系对金融服务公司的全部经营活动实施整体性的综合监管，一定程度上相当于金融监管协调机构，对涉及不同领域的分业监管事务享有裁决权。银行机构由联邦储备体系、联邦存款保险公司和财政部货币监理署3家联邦机构以及各个州级机构共同实施监管；非银行机构则根据不同的功能"分类"，分别由其他机构负责监管。

此外，金融监管目标从安全转向安全与效率兼顾。"大萧条"后，美国建立了严格的分业经营和分业监管体制，尽管在实施期间避免了金融危机爆发，却也因为监管过于严格，从而间接引发了"滞胀"现象，降低了金融的效率并削弱了金融机构的竞争力。20世纪后期，监管目标转变成了安全与效率兼顾，金融机构的创新活力与盈利能力得到解放。此后，商业银行开始大规模从事投资银行的业务，金融扩张幅度明显大于实体经济的扩张幅度。随着监管的逐渐放松，更多商业银行开始开发和更新金融衍生品，使金融风险进一步扩大，积累了大量流动性和极高的杠杆率，为之后次贷危机的爆发埋下了隐患。

三、2008年美国次贷危机

次贷危机指一场发生在美国，因次级抵押贷款机构破产、投资基金被迫关闭、股市剧烈震荡引起的金融风暴。次贷危机被认为是"大萧条"之后最严重的一次金融危机，其持续时间之久、波及范围之广、对实体经济破坏之严重极为罕见。

（一）2008年美国次贷危机的过程

次级抵押贷款指贷款机构向信用程度较低或者收入不高的借款人提供的贷款，因为其借款人信用记录不良或还款能力不高，所以违约风险较大，相对应的贷款利率相对较高。在21世纪初，由于美联储货币政策宽松，房贷利率水平较低，美国住房市场持续繁荣，因此次级抵押贷款市场迅速发展。同时，金融机构也将大量次级抵押贷款打包后进行证券化操作，极大地扩散了风险。随着美国住房市场不再火热，且伴随着短期利率提高，次级抵押贷款的还贷利率也大幅上升，购房者还贷压力大幅提高，再加上住房市场降温导致难以通过出售房屋再融资，最终导致大批次级抵押贷款的借款人无法偿还贷款，只能违约而将卖不出高价的房子交给银行，进而导致了银行的大规模亏损，金融市场出现了严重的流动性危机。在2008年，流动性风险向全球蔓延，最终演变成全球金融海啸，全球经济随之进入衰退周期。

（二）2008年美国次贷危机的影响

次贷危机表明美国的金融监管体系存在巨大漏洞，尤其体现在金融监管协调方面。首先，金融监管缺少统一性和协调性，在分业监管的体制下，缺少一个能够拥有全市场系统性风险消息的机构，因此难以在金融监管中体现统一性，再加上各个监管机构之间缺少协调机制和协调渠道，最终无法及时阻止局部风险跨市场传导，使其演变成全局性风险。其次，监管职能中存在重叠和空白，商业银行通过资产证券化将风险资产从表内转到了表外，既没有触犯银行监管部门对资本充足率的红线，也通过了证券交易委员会的审查。尽管按照分功能监督，美联储和证券交易委员会都具有监管权，却因为不同监管主体之间缺乏有效的协调机制，从而被商业银行找到了监管空白区。最后，即便功能性监管体系已经在一定程度上弥补了机构性监管的缺陷，却仍然在监管综合经营金融机构时出现监管不力，主要是因为缺少一套有效的金融监管协调机制，使各监管机构对跨市场业务的监管权责分配不清，难以形成有效的监管。

宽松的管制为银行业的发展带来极大推动力，但肆意发展也带来危机。次贷危机发生后，许多国家意识到在当前金融创新层出不穷的背景下，重归分业经营已不符合金融发展需求。因此，应当在保留混业经营的基础上，设立一套金融监管协调机制以对混业经营模式形成针对性的监管。一方面，《美国金融监管改革》对表外业务与自营交易做了严格的限制与监管，这实际上是美国金融业试图在分业经营和综合经营间寻找平衡，在保留混业经营格局的基础上，对混业经营程度进行限制。另一方面，美国是最早设立监管协调机构的国家之一。2010年，美国通过了《多德－弗兰克华尔街改革和消费者保护法案》，加强对金融衍生品的监管以及对金融消费者的保护,将存在风险的金融机构置于更加严格的审查范围下。随后,美国成立金融稳定监管委员会,统一不同业务的监管标准以及协调不同监管主体的监管冲突,旨在强化宏观审慎以及促进监管协调。目前,世界上主要存在三种金融监管协调机制:第一种是跨部门协调,主要以美国、德国、法国、南非、印度等国家为代表;第二种是以央行为核心的协调机制,以英国、巴西、俄罗斯为代表;第三种是超主权协调,主要以欧洲银行业单一监管机制、欧洲金融监管体系和欧洲系统性风险委员会为代表。

第三节 金融监管协调的理论基础

一、监管俘获理论

监管俘获理论(regulatory capture hypothesis)最早由芝加哥大学教授 Stigler(1971)提出。该理论认为,金融监管保护了存款人利益,使其能够免于遭受银行破产而带来的损失;但由于政府的监管,存款人缺乏对银行风险的自行判断,最终造成过度依靠政府,银行就会抓住这种心理进行高风险市场行为。此外,该理论还提出,政府人员及金融监管当局在实际的监管中往往是从利己的角度出发制定目标和政策,社会福利最大化实际上难以实现;而且,过于强大的金融监管机构可能会出于私人利益最大化的目的滥用自身公权,使得对政府官员行为的约束降低;此外,政府人员和金融监管者会利用权力进行寻租,腐败与政治操控使得银行信贷资源的配置更加政治化;再者,金融监管机构过度的权力可能会在一定程度上干扰银行正常的经营行为,降低金融市场效率。以上种种,造成在现实中,金融监管当局在开始阶段的监管目标往往十分明确,都是从保护金融消费者权益出发采取一系列监管措施,但随着时间的推移,金融监管机构会被金融监管的对象——金融机构俘获,偏离其保护金融消费者权益的初衷,最终导致金融监管政策的扭曲,金融监管当局成为金融机构的代言人。

二、私人授权说

私人授权说(private empowerment view)提出,金融监管当局的监管政策要加强对私人代理的关注；严肃地对待金融市场的失败和政府监管的失败；积极引导银行披露准确信息，提高对所承担社会责任的认识，防止由于信息成本与交易成本较高而导致监管效率低下的问题；要促进银行完善内部控制机制，实施更加有效的公司治理；要推进信息披露制度的健全、法律法规的完善，更好地控制监管当局的腐败行为。

三、声誉担忧说

声誉担忧说（reputation concern）认为，在健康的市场经济中，理性的金融监管者不会任其声誉轻易受到损失，因为金融监管者认为其自身的利益就是市场、社会公众的认可，而这也确实普遍符合大众对金融监管当局的最高利益的认知。所以，金融监管当局以实现自身声誉的最大化和最优化作为最高目标。然而在金融监管实践中，金融监管当局的能力是有限的，盲目追求声誉最大化会对整体监管方向造成影响，使其行为偏离社会公众，最终导致金融监管政策的扭曲，降低金融监管效率。

四、代表假说

代表假说（representative hypothesis）认为，金融监管当局一些合理有效的监管措施有利于整个金融体系的稳定。具体来说，就是提倡金融监管当局充当存款人的代表，以维护存款人利益作为制定政策以及目标的出发点，以此来对金融机构进行相应的监督管理。由于金融市场信息高度复杂，单个金融消费者识别银行经营风险的能力非常有限，维护存款人的利益有助于规避金融风险，促进金融系统的整体稳定发展。

五、金融脆弱性理论

金融脆弱性理论（financial fragility hypothesis）产生于20世纪80年代，该理论认为，金融体系存在难以避免的脆弱性，金融风险可能广泛且隐蔽地存在各个领域中，低效率的金融监管会使得金融危机难以避免。具体来说，该理论主要包括以下三个分支。首先是金融不稳定性理论。该理论认为，由于金融机构是金融市场上信用的创造机构，极易受到经济周期变动的影响，当其受到的冲击回传到实体经济时，就会产生经济危机。其次是金融安全边界理论。该理论认为，银行往往仅将借款人的信用情况作为估算安全边界的基础，常常忽视对其未来信用状况的评估，导致不能客观全面地掌握借款人的真实情况，使不良贷款风险加大。最后是信息不对称理论。该理论认为，在间接融资的情况下，相比于借款人，金融机构往往不清楚贷款投资项目的盈利及风险情况；而且，信息不对称因素的存在增加了金融体系的不稳定性，容易诱发金融危机。

第四节　后危机时代国际金融监管理念的变革

一、微观审慎监管与宏观审慎监管有机结合

"守住不发生系统性风险的底线"是目前对金融监管体系的最低要求。回顾2008年次贷危机的经验教训，加强宏观审慎监管体系是最重要的启示之一。党的十九大报告强调"健全货币政策和宏观审慎政策双支柱调控框架"，提出将宏观审慎政策引入金融周期应对工具箱中，能够弥补原有调控框架存在的弱点和不足，加强系统性金融风险防范。"宏观审慎监管"这一概念早已出现，次贷危机后，又得到了进一步的完善，具体表现为三点。首先，要确定宏观审慎的监管对象是系统性风险。宏观审慎应当着重从时间维度和空间维度两个方面监测和控制金融市场上的系统性风险，其中，时间维度指经济周期问题，空间维度指"合成谬误"与"羊群效应"问题。将宏观审慎的监管对象与货币政策和微观审慎的调整对象区分开来，可以更好、更有效地构建整体监管框架，提升金融监管效率。其次，要结合市场实际情况合理设定宏观审慎监管的目标。整体上将保证金融体系的稳定作为宏观审慎监管的出发点，将监管目标定为识别和限制资产泡沫。但要认识到，宏观审慎并非"包治百病"，也无法做到仅靠这一项措施就能稳定全球经济，任何监管措施都不可能完全阻止资产泡沫的出现，包括宏观审慎措施。最后，宏观审慎的重点是监测和识别风险。次贷危机的经验教训表明，我们必须建立有效的预警机制，及时对金融领域系统性风险进行监测和识别，尽早采取适当的处置措施，才能最大限度地避免危机的爆发。

现实中，宏观审慎监管和微观审慎监管通常是互补的，二者相互依存、相辅相成，金融机构的稳定运行形成了金融体系的稳定，金融体系稳定反过来又保障了金融机构的稳健运行。但宏观审慎和微观审慎监管的角

度不同，在实际操作中可能会采取完全相反的监管措施。举例来说，当金融系统的流动性不足时，宏观审慎部门的做法是鼓励金融机构贷出可用资金，但微观审慎监管者会要求金融机构囤积流动性以限制风险。这二者存在矛盾的原因，是实际操作中使用的工具还不够丰富，不能应对金融问题的动态变化。要解决这个问题，可以采取将增加缓冲这一项加入流动性要求中，或者将逆周期资本缓冲引入资本管理体系等方法，同时丰富宏观审慎监管的工具箱。

二、放弃"大而不倒"原则

"大而不倒"原则由来已久，是指一些金融机构因其规模与关联性在金融系统中扮演着重要角色，政府认为如果危机发生时任其倒闭，就会传导至整个系统进而引发系统性风险。次贷危机发生前，"大而不倒"原则一直是各国金融监管机构帮助本国大型金融机构"起死回生"的法宝。事实上，这种法则确实帮助众多遇到问题的金融机构成功渡过了困境。次贷危机爆发后，世界各国政府依照"大而不倒"原则开始了规模巨大的救助行动，且资金和精力的投入随着危机加深而不断增长，最终从金融安全网内的机构辐射到整个金融领域。这无疑使各国政府陷入了进退两难的困境。首先，放弃救助大型金融机构会产生"多米诺骨牌"效应，使得系统内金融机构连锁倒闭，进而使风险传导至整个金融系统。其次，市场上具有系统重要性的金融巨头，不仅有极高的市场关联度，其组织结构也十分复杂，凭政府的单方面援助已经无法解决根本问题。最后，"大而不倒"原则极易引发道德风险，弱化金融市场的优胜劣汰机制和自我纠正机制，市场约束的作用受到扭曲。长此以往，这些大型金融机构将会无所畏惧、"绑架"政府，从而危及金融市场的稳定和国民经济的发展。"大而不倒"原则已经难以适应当前的社会，终结金融机构"大而不倒"的神话，是各国政府从金融危机中得出的最重要的经验教训。

三、健全金融消费者保护制度

金融消费者是指为满足个人和家庭需要，购买金融机构的金融产品或接受金融服务的自然人，包括平时常说的存款人、投资者、保险人。长期以来，金融监管当局关注的重点是金融机构，而金融消费者在金融市场中一直处于弱势地位。但是，金融消费者在金融活动中扮演着极为重要的角色，他们是金融市场蓬勃发展的源动力。推动对金融消费者的倾斜保护，推动金融交易关系由"契约到身份"的转变，对当今社会构建稳定、健康的金融体系具有重要意义。有关保护金融消费者的理论由来已久，最早由英国学者 Michael Taylor 提出。他指出，要保护金融消费者权利，通过加强对金融机构的监督，减少金融消费遭受欺诈或其他不公平待遇的可能。次贷危机的爆发使全世界的金融消费者遭受了巨大损失，由此产生市场恐慌情绪，导致世界经济复苏缓慢。自此，各国监管当局普遍认识到，忽视对消费者利益的切实保护，将动摇金融业赖以发展的基础，并会影响金融体系的整体稳定。健全的金融消费者保护制度，是金融监管的基础价值理念，将为一国金融体系的安全构建最后一道防线，从而使各国放手鼓励金融创新，提升本国在金融市场的竞争力。

为此，中国也十分重视加强对金融消费者的保护，2015 年 11 月 13 日，国务院办公厅印发了《关于加强金融消费者权益保护工作的指导意见》（以下简称《意见》）。《意见》明确指出，"金融管理部门要切实做好各自职责内金融消费者权益保护工作，各类金融机构负有保护金融消费者基本权利，依法、合规开展经营活动的义务"。《意见》还对完善监管机制和工作流程进行了规定。2019 年 12 月 27 日，为进一步规范金融机构经营行为，切实保护金融消费者合法权益，中国人民银行起草了《中国人民银行金融消费者权益保护实施办法（征求意见稿）》，并向全社会公开征求意见。第五次全国金融工作会议精神也强调了要"加强金融行业监管力度，提高金融消费者金融素养，防范化解金融风险意识"。以上举措对中国进一步加强金融消费者权益保护、提升金融消费者信心、促进金融市场健康运行、维护国家金融稳定、实现全面建成小康社会战略目标具有重要意义。

第五节　中国的金融监管协调

一、中国金融监管协调的主体及分工

（一）国务院金融稳定发展委员会

金融稳定发展委员会是国务院统筹协调金融稳定和改革发展重大问题

的议事协调机构，于2017年11月成立，总体负责统筹金融监管框架的整体改革和顶层设计，协调各监管机构之间的职能分工，无论在机构定位还是职责定位上，金融稳定发展委员会都高于"一行两会"，这有助于金融监管统筹协调，进一步增强监管效力。

（二）中国人民银行

中国人民银行于1948年12月1日成立，1983年9月由国务院决定专门行使国家中央银行职能。在这之后，证监会、保监会、银监会相继成立，这更加突出了中国人民银行在经济宏观调控中的地位。2003年12月27日，第十届全国人民代表大会第六次会议修正的《中国人民银行法》规定，"中国人民银行的主要职责是制定和执行货币政策，防范与化解金融风险，维护金融稳定"。郭田勇（2020）提出，新的《中国人民银行法》强化了中国人民银行与制定和执行货币政策有关的职责。将过去对银行业金融机构的设立审批、业务审批和高级经理人员任职资格以及日常监管等直接监管职责转换为履行对金融业宏观调控和防范与化解系统性风险的职责，即维护金融稳定职责。同时，增加了反洗钱和管理信贷征信业两项职责。

银监会成立后，中国人民银行保留了必要的金融监管职责。第一，中国人民银行依法制定及执行货币政策，负责发行人民币及管理人民币的流通；第二，监督管理金融市场，包括银行间同业拆借市场、银行间债券市场、银行间外汇市场和黄金市场，同时，发布关于金融监管相关的规章制度；第三，指导、部署金融业反洗钱的资金监测；第四，负责金融行业的调查、统计、分析和预测工作；第五，具有直接监督检查、建议监督检查和全面监督检查的职责，可要求银行业金融机构报送相关数据及资料；第六，管理国家外汇管理局。

（三）金融监管机构

中国金融监管机构主要包括中国银行保险监督管理委员会和中国证券监督管理委员会。中国银行业监督管理委员会，简称"银监会"，于2003年4月28日成立，由中国人民银行的部分金融监管职能与原中共中央金融工作委员会的相关职能整合而来。银监会统一监管银行、金融资产管理公司、信托投资公司以及其他存款类金融机构，维护银行业的合法、稳健运行。中国保险业监督管理委员会，简称"保监会"，于1998年11月18

日成立，根据国务院授权依照有关法律法规统一监管全国保险市场、维护保险业的合法、稳健运行。2018年4月8日，银监会和保监会整合组建为中国银行保险监督管理委员会，简称"银保监会"，旨在明晰现行体制的监管职责边界，填补监管空白区域，深化金融监管体制改革，加强金融监管协调。中国证券监督管理委员会于1992年成立，主要负责统一监督管理全国证券期货市场，制定相关政策，按规定对证券期货监督部门进行垂直管理，加强对证券期货市场金融风险的防控，维护证券期货市场秩序，提高信息披露质量，保障其合法运行。

（四）政府有关部门和自律组织

其他金融监管相关的重要政府部门涉及财政、工商、工信、审计等部门。

自律组织的职责是进行自我监管，一般会制定组织公约、准则等，主要包括中国银行业协会、中国保险行业协会、中国证券业协会、中国证券投资基金业协会、中国银行间市场交易商协会等组织。

二、中国金融监管协调机制的建立及运行

为提高中国金融监管水平、加强监管中的协调与合作，经国务院批准，中国自2000年开始建立中国人民银行、中国证监会、中国保监会的监管联席会议制度，以充分发挥各金融监管机构的职能作用，解决信息沟通不畅的问题，加强分业监管的协调性，促进金融业健康发展。在建立社会主义市场经济体制、推进金融业发展的过程中，中国逐步形成了现行的银行业、证券业、保险业的分业监管体制。此后，随着中国金融市场与所处外部环境的不断变化，金融监管协调机制逐渐得到完善。具体地，对于中国金融监管协调机制的建立过程和运行机制，郭田勇（2020）总结如下。

（一）第一次监管联席会议

随着中国金融监管改革的不断深化，进一步加强金融监管机构的协调合作是当务之急。为保证金融业的安全稳健运行、提高部门间协作效率，2003年6月，中国银监会、中国证监会、中国保监会成立专门工作小组，共同起草了《中国银行业监督管理委员会、中国证券监督管理委员会、中国保险监督管理委员会在金融监督方面分工合作的备忘录》。同年9月18

日第一次监管联席会议召开,工作小组讨论并通过了该备忘录。本次联席会议决定要"建立金融监管方面的协调合作机制,实现信息共享,促进金融创新,加强金融监管,防范金融风险,促进金融业健康发展"。备忘录内容主要包括指导原则、职责分工、信息收集与交流和工作机制等方面。

(二) 第二次监管联席会议

2004年3月18日,中国银监会、中国证监会、中国保监会根据确立的协调工作机制,召开了第二次监管联席会议,会议主要就贯彻落实此前发布的《国务院关于推进资本市场改革开放和稳定发展的若干意见》进行了沟通、讨论和协商,也对加强金融监管的一些具体细节进行了交流讨论。

会议将大力发展资本市场作为一项重要的战略任务,涉及金融、经济、政治和社会的诸多方面,在政策主体上触及各级政府和部门,对支持中国经济社会的全面发展、打破本位主义和地方主义、共同支持和促进资本市场发展具有重要意义。会议指出,"在建立有效防范风险机制的前提下,银行将为符合条件的证券中介机构提供融资服务;健全相应的监管法规制度,保证保险资金审慎有序地进入资本市场;进一步完善相关政策和办法,为资本市场健康发展营造良好环境"。会议还就加强金融监管协调的其他具体问题进行了充分交流和讨论,对监管协调机制进行了进一步完善。

通过监管联席会议的召开,针对金融监管协调机制的问题,中国各金融监管机构进行了积极且富有成效的探索。但在明确监管责任、节约成本、提高效率的监管协调原则下,许多具体问题依然有待彻底有效的解决。例如,监管真空、监管重复问题如何彻底解决,监管协调成本效率如何衡量,基层监管协调机制如何建立,等等。

(三) 金融监管协调部际联席会议制度

第二次监管联席会议之后,"三会"(银监会、证监会、保监会)共同参与的部际联席会议便罕有召开,而且两次监管联席会议也并未有中国人民银行参与。因此,2013年,为进一步加强金融监管协调,保障金融业稳健运行,围绕金融监管开展跨多个部门的协调工作,由中国人民银行牵头的金融监管协调部际联席会议制度正式建立。在此制度下,中国人民银行、"三会"、外汇局密切配合,共同关注中国金融领域的重大问题,在新政策的制定和出台上加强统筹协调，保证各大政策的环环相扣、紧密连接。

三、中国金融监管体系的特点

随着中国金融发展进入新局面，中国建立"一委一行两会"金融监管体系，郭田勇（2020）认为，该体系主要呈现三个特点。

首先，中国金融监管体系实现了由机构监管向功能监管转变。由"三会"转变为"两会"，不仅是简单的机构数量缩减，更是监管内涵的加深和监管思路的转变。当前，中国金融市场的发展速度明显加快。市场化、创新化、网络化、数字化、国际化程度显著提高，尤其是互联网金融的快速发展，分业经营已经难以适应当前的金融市场。传统的金融分业经营模式已经逐步被多种类、全方位的综合性混业经营所取代。这一市场发展的新动向对金融监管提出了新的监管理念，即开放的、包容的、协调的监管理念。传统"三会"模式存在的职责界限不清、缺乏沟通和协调机制等问题，已经显著抑制了中国金融市场的效率。

2017年7月，第五次全国金融工作会议在北京召开。习近平总书记在会上强调："金融是国家重要的核心竞争力，金融安全是国家安全的重要组成部分，金融制度是经济社会发展中重要的基础性制度。"会议提出，"设立国务院金融稳定发展委员会，办事机构是国务院金融稳定发展委员会办公室，设在中国人民银行，旨在强化中国人民银行宏观审慎管理和系统性风险防范职责，落实金融监管部门监管职责，并强化监管问责"。自此之后，"一行两会"的金融监管格局形成。"两会"模式则坚持实质重于形式的原则，监管主体更加明确，监管措施更具针对性，能够更好地解决监管空白、监管套利和监管竞争问题，可以降低金融监管成本，更好地防范金融风险，深化金融体制改革，从而实现高速经济发展到高质量经济发展的转变。

其次，中国金融监管体系的职责分工进一步明确，宏观审慎政策与微观审慎政策的分工格局越来越合理。在"一行两会"的新监管框架下，银行业、保险业重要法律法规草案和审慎监管基本制度的职责划入中国人民银行。这体现出了"双峰监管"的特点，实现分离监管规制与执行，由人民银行负责金融业重大监管政策的制定。其目的在于，确保发展与监管职能的切实分离，防范化解系统性金融风险。在理论上增强了货币政策与审慎监管之间的协调配合，实现宏观审慎政策与最后贷款人职责的统一。而且，银保合并后可以明确曾经模糊地带的金融监管职责问题，在最大程度上消除监管空白。比如保险公司岁末年初发的"开门红"保险产品，其实质是理财产品，但保监会以前监管不够，银监会又管不着，形成监管空白。银保合并后，此类事件就可以得到有效监督，从而起到防范金融风险、规范经营的效果，在风险发生之前把它消灭于萌芽之中。

最后，中国金融监管体系加强了政策协调在金融监管中的地位与作用。传统的"一行三会"体系的政策协调的效率并不高，在短期金融冲击下还可能导致风险的外溢。"一行两会"的新监管框架解决了此前存在的监管部门之间的角色冲突，改变了以往"各自为政"的局面，更好地实现了信息互通、相互配合，完善、落实了政策协调渠道，使监管政策达到事半功倍的效果。

◆思考讨论题◆

1. 金融监管协调的要素、目标以及原则是什么？金融监管协调有哪些必要性以及潜在问题？

2. 国际经济危机如何促进金融监管体系的完善？对中国有什么启示和意义？

3. 金融监管协调基于哪些基础理论？各理论如何体现在金融监管协调的实践中？

4. 后危机时代，国际金融监管理念有哪些变化？在中国的金融监管实践中有何体现？

5. 简述中国的金融监管协调体系的构建与完善。

第二章 后危机时代各国金融监管协调的实践

第一节 美国金融监管协调

一、次贷危机对美国的影响

21世纪初，美国通过"零首付"、推迟还本付息等方式刺激房地产消费，甚至允许购房者将增值部分向银行办理再抵押，使得信用程度较低或者收入不高的贷款者同样能够贷款买房。房地产市场的火热也带动了次级抵押贷款市场迅速发展。同时，金融机构也将大量次级抵押贷款打包之后进行证券化操作，从而极大地扩散了风险。随着美国住房市场不再火热，且伴随着短期利率提高，大批次级抵押贷款的借款人无法偿还贷款，只能违约将卖不出高价的房子交给银行，进而导致了银行的大规模亏损，金融市场出现了严重的流动性危机。

次贷危机的爆发导致市场流动性出现恐慌性短缺，这也使美国金融业遭受致命打击。华尔街五大投行中，贝尔斯登和美林证券分别被摩根大通与美国银行收购，雷曼兄弟因收购谈判失败而申请破产保护，高盛和摩根士丹利转型为银行控股公司。这也意味着次贷危机几乎将华尔街摧毁。

金融市场的震荡很快传导至实体经济。根据美国劳工部数据，在2009年2月，美国新增失业人数达65万，自次贷危机以来，一共有440万人失业，失业率攀升至8.1%，创下1983年以来的最高水平。与高失业率相对应的是民众的低收入与低消费信心，2008年8月美国消费者的消费信心下降至63%，已接近1980年的历史低点。

二、次贷危机下美国金融监管协调体制的缺陷

(一) 次贷危机下美国金融监管体制

次贷危机发生时,美国金融正处于功能导向型的"双线多头"的"伞"式监管模式中,这一监管模式订立于1999年,旨在对混业经营模式进行有效监管。1999年11月,美国正式推出《格雷姆-里奇-比利雷法案》,标志着1933年制定的《格拉斯-斯蒂格尔法案》的废除,消除了银行业、证券业、保险业在业务范围上的边界,放开了金融业对混业经营的限制。这项法案的推出,使商业银行不再需要通过各种方式变相建立投资银行部门而获取高额利润,开始大规模通过兼并等方式设立投资银行部门,从事投资银行业务。该法案允许金融控股公司通过设立子公司等形式来从事其他金融服务,但金融控股公司本身仅对集团和下属子公司进行行政管理、为其申请执照,并不开展具体的金融业务,这一结构整体呈现"伞"状特征。

在金融业纷纷转向混业经营的大趋势和金融控股公司的"伞"状管理架构下,美国相应地设立了"伞"式监管体制。美联储作为"伞尖",对金融控股公司进行监管,与财政部一同认定金融控股公司的子公司所允许经营的业务,并根据具体业务再分由不同监管机构进行监管。具体而言,负责银行业务的子公司由美联储、财政部货币监管总署、州银行监管署、联邦存款保险公司监管,从事证券业的子公司由证券交易委员会、商品期货交易委员会监管,从事保险业务的子公司由州保险监管署监管。"伞"式监管结构在组织架构上保证了各级监管部门能够对相应业务进行监管,然而,要对整体层面进行有效、统一和全面的监管,还需要各个监管部门之间形成一套高效的监管协调机制。

在监管协调方面,美国监管机构主要通过加强信息交流以及信息汇集来保证监管协调机制的信息通透度以及全局性。信息交流不仅存在于不同监管机构之间,还存在于监管机构和被监管机构之间。通过交流以及信息互换,一方面,能够保证不同监督机构之间的信息充足和协同配合;另一方面,也能让监督机构及时了解金融机构的实际情况,让金融机构更好地按照监管机构的要求进行风险管控。信息汇集是指,各个功能监管机构和金融控股公司均需向美联储定期提交监管报告。其中,监管机构提交关于

其监管子公司的监管报告，金融控股公司则从公司自身角度提交内部风险评估和相关控制程序的报告。这些报告统一汇集至美联储，使得美联储得以从不同的角度更加全面地了解金融机构的现状以及抗风险能力，对金融控股公司的全部经营活动实施整体性综合监管，有利于在更高的层面做出决策。

（二）次贷危机下美国金融监管体制的缺陷

在具体实践中，上述协调机制却未能得到落实且频频失灵。

首先，不同功能监管机构与美联储之间缺乏良好的沟通，美联储作为"伞尖"难以及时了解到非银行子公司出现的具体问题，不能及时地对非银行子公司实施监管，不能有效体现其监管核心的职能。其他功能性监管机构仅对所属功能的子公司具有监管权限，缺乏全市场系统性风险的权限和信息。在实质上，"伞"式监管体系仍然是一种分业监管模式，防范全局性、系统性风险能力较弱，最终在次贷危机中放任局部性风险传导、扩散为全局性风险。

其次，金融创新带来了许多跨行业、跨业务的服务与产品，监管机构对其所归属的功能可能产生分歧，造成监管权责不明确，从而使得监管中存在监管空白或监管重叠的现象。在次贷危机前，商业银行通过资产证券化将风险资产从表内转到了表外，既没有触犯银行监管部门对资本充足率的红线，也通过了证券交易委员会的审查，这一监管空白导致风险在不同市场间传导而不受监管，最终形成金融海啸。

最后，功能性监管体系对跨市场业务监管不力。功能性监管体系是美国针对金融业混业经营大趋势而设立的监管体系，旨在明确监管机构的分工和推动监管机构的协调合作，然而却缺乏操作性强的标准和体系，因此各监管机构各自为政，对跨市场的业务往往睁一只眼闭一只眼，久而久之，则缺乏了对金融控股公司的约束。

三、后危机时代美国金融监管协调体制改革

为了尽快缓解次贷危机给国内经济带来的冲击，从根本上对金融风险监管协调体系进行改革，美国在布什政府和奥巴马政府期间采取了一系列金融监管协调体系改革，其中最具影响力的是《金融监管体系现代化蓝图》和《多德-弗兰克华尔街改革和消费者保护法案》。

（一）调整监管权力框架，加强系统性风险监管

根据《多德-弗兰克华尔街改革和消费者保护法案》，美国成立了金融稳定监管委员会，负责认定金融系统中的不稳定因素，评估金融机构对金融体系的影响，根据金融机构的规模、杠杆率以及相互连接情况，认定系统重要性金融机构并督促美联储对其进行特别监管，以从各方面监视系统性风险。同时，金融稳定监管委员会具有推进信息收集与共享的义务。不仅能在政策、规则、执法行动等方面，为主要金融监管机构提供信息共享和行动协调，还能提供交流平台以协商跨领域进行金融监管等问题，推动金融监管协调。此外，该法案还授权美联储将除银行控股公司外的对冲基金、保险公司等纳入监管范围，将监管范围扩大到所有可能对金融稳定造成威胁的金融机构，并限制高风险投资以及提高对资本充足率的要求。

（二）保护消费者和投资者权益，加强对个人金融产品的监管

2008年次贷危机爆发，信用程度较低或者收入不高的贷款者在其中起到了推波助澜的作用，导致整个金融体系的崩溃，监管部门才意识到金融消费者和投资者对金融机构风险的重要性。在这一背景下，加强对金融消费者和投资者权益的保护，是重建其对金融市场信心的必要措施。必须对消费者和投资者的金融服务和市场进行严格监管。根据《多德-弗兰克华尔街改革和消费者保护法案》，美国成立了消费者金融保护局，负责监管如贷款、信用卡等个人产品和服务，促进产品的透明、公平和合理，同时防止金融机构对消费者存在欺诈行为。此外，还设立了投资者顾问委员会，制定相应规则监督市场上的金融商业行为，对金融欺诈或者掠夺性条款等行为进行查处，以加强对投资者的保护。

（三）加强金融衍生品的监管，明确"沃克尔规则"

金融衍生品是次贷危机中的"罪魁祸首"，这一点不言而喻，银行用客户的资金与自有资金进行高风险的结构性产品和高杠杆的交易。这种投机行为给金融运行带来了巨大的隐患，也给银行客户的资金安全带来了风险。无疑应该加强金融衍生品的监管，其中，以前美联储主席沃克尔命名的"沃克尔规则"最为严格。"沃克尔规则"主要有三大主张：其一，禁止商业银行从事高风险的自营交易，在经营过程中应当将银行业务和非银

行业务分离；其二，反对商业银行拥有对冲基金和私人股权基金，限制银行进行关于金融衍生品的交易，具体而言，商业银行对对冲基金和私人股权基金的投资不得超过银行一级资本的3%；其三，对金融机构的规模严加限制，规定单一金融机构在储蓄存款市场中所占份额不得超过10%，限制银行不得过度举债以谋求短期扩张。同时，还要求金融机构加强对金融衍生品的信息披露，并将参与衍生品交易的影子银行纳入金融稳定监管委员会的重点监管范围。

第二节　英国金融监管协调

一、次贷危机对英国的影响

经济全球化与金融国际化将世界各国的经济金融市场联系在一起。在这一背景下，美国次贷危机爆发产生的冲击迅速传导至世界各地，英国作为美国的重要合作伙伴以及重要的金融大国首当其冲。

在次贷危机下，由于投资者担心资金受到冲击，因此纷纷收紧投资，从而导致信贷市场萎缩和流动性下降。这对英国银行业造成了巨大冲击，英国银行普遍大面值缩水。北岩银行尽管极少直接持有美国次级债券以及相关金融产品，却也因为流动性紧缩出现了融资困难等情况，导致储户丧失信心，从而发生了挤兑，其股价更是在短短几个交易日内暴跌80%。巴莱克银行的市值从2008年10月13日的174亿英镑跌至2009年1月19日的74亿英镑。

金融风暴同样影响了实体经济。英国许多企业利润降低、贸易萧条，而无奈选择裁员或者削减薪水和养老金等方式节约成本。英国大型超市玛莎，因为圣诞节销售额减少7.1%而无奈关闭25家食品专卖店。据毕马威会计师事务所的数据显示，2008年英国家庭财务状况不佳，平均每4分钟就有一人陷入破产或无力偿债等状况。据英国政府破产事务部门数据显示，英国在2008年第一季度发生了2.5万余例无力偿债事件，其中，约1.5万人申请破产，约1000人申请债务重组。

二、次贷危机下英国金融监管体制的缺陷

(一) 次贷危机下英国金融监管体制

在次贷危机发生时,英国的金融监管采用"三方体系"混业监管模式。这一模式确立于1998年,是英国政府针对混业经营模式而采用的监管协调模式。20世纪70年代后,英国政府放松金融管制,银行业开始经营证券业务,非银行金融机构则大力发展理财业务,这一混业经营模式给当时的分业监管模式带来了极大的挑战。根据1979年的《银行法》和1986年的《金融服务法》,银行业的监管归属英格兰银行,证券业监管权限则归属证券和投资委员会,保险业则由政府直接负责。在这一分业监管体制下,繁多的监管部门监管效率低下,不同部门之间的监管要求经常产生矛盾,无法对混业经营模式实施有效监管。到20世纪末期,混业经营已经给当时的分业监管体系带来了较大冲击,危机事件频发,使得金融市场对英格兰银行的监管能力产生了怀疑,负面情绪在1995年巴林银行破产事件发生后达到顶峰。

为了适应金融全球化的挑战以及金融业混业经营的发展趋势,工党政府于1997年上台后开始进行改革,并在1998年和2000年相继出台了《英格兰银行法》和《金融服务与市场法》,取消央行的监管权,并将英格兰银行、证券与期货监管局、投资管理监管组织等多家机构的监管职责全部统一交给新成立的金融服务管理局,形成了"三方体系",即央行负责制定货币政策和维持金融稳定,财政部负责确立监管框架和立法工作,金融服务管理局则负责对所有金融机构的监管权,三方定期举行会谈以交换信息,对金融市场进行监管协调。

在这一体系下,金融服务管理局统一对银行、证券、保险、期货等9个金融行业进行监管,法定目标为制定规则并对金融各行业进行广泛调查和权利执法,并直接向英国财政部负责。金融服务管理局本质上是一个独立运行的非政府机构,因此其运行资金不依靠公共部门或者财务税收,而依靠整个金融业。金融服务管理局的成立也意味着英国金融监管工作摆脱了此前众多监管机构各自为政、群龙无首的局面,有效减少了监管空白和监管重叠。

(二) 次贷危机下英国金融监管体制的缺陷

北岩银行是英国金融第一个次贷危机"受害者",在次贷危机的影响

下，北岩银行发生储户挤兑事件，短时间内30多亿英镑外流，占存款总量的12%，并在短短几个交易日内使北岩银行股价下跌了将近80%。北岩银行是当时英国第五大抵押贷款机构，在2007年上半年，其新增抵押贷款额排名英国第一，主要依靠向其他银行借款或者在金融市场上出售抵押贷款证券筹资，再为购房者提供抵押贷款，因此在次贷危机中抗冲击能力较弱。

北岩银行挤兑事件固然与其战略和内部风险管控有关，却也充分反映了彼时英国金融监管协调的缺陷。在"三方体系"中，尽管金融服务管理局对金融所有行业具有监督权，却不具备应对系统性金融风险的能力；英格兰银行虽然负责维护金融稳定，却缺少必要的监管职责和能力；财政部虽然负责金融监管框架与相关立法工作，却缺少应对危机的责任。在北岩银行申请援助时，三方的意见产生了分歧，且相互之间缺乏有效的协同机制，数天后才做出决策，未能及时提供流动性，间接导致了挤兑事件。此外，金融服务管理局作为集大权于一身的金融监管机构，却缺少宏观审慎视角，不具备预判系统性风险的能力，因此未能提前预知次贷危机导致的流动性短缺会冲击到北岩银行。

三、后危机时代英国金融监管协调体制改革

在次贷危机后，英国对现有金融监管协调体制进行了反思并采取了一系列改革，新改革方案主要以加强宏观审慎以及彻底改革监管架构为重点，并在2012年正式出台了《金融服务法案》。

（一）撤销金融服务管理局，区分审慎监管和行为监管

由于现代金融业的专业性和复杂性，消费者、投资者与从业者之间存在着严重的信息不对称，因此消费者和投资者未能得到有效的保护。在金融监管中区分审慎监管和行为监管，不仅有利于减少审慎监管机构的复杂性，也能够有效避免多个消费者保护部门各自为政的局面。改革方案撤销了此前的金融服务管理局，并将金融服务管理局的职能拆分给审慎监管局和金融行为监管局。其中，审慎监管局主要对存款机构、保险公司和系统重要性投资公司等金融机构实施审慎监管，以促进金融体系的稳定性和安全性，其采取主动监管的方式，基于前瞻性分析发现和识别金融机构的问题。金融行为监管局则对包含上述机构在内的各类金融机构进行监管，主

要负责促进竞争，保护金融消费者权益并维护金融市场的发展。行为监管局主要采取前瞻性机构监管、专题和产品线监管以及基于事件的响应式监管三种监管模式，并开发了金融机构系统性评估框架、专题审查和市场分析等政策工具。

（二）设立金融政策委员会，负责宏观审慎监督

次贷危机再一次表明宏观审慎监管的必要性，宏观审慎监管是防范系统性风险的大脑，对全局起着重要的协调作用。全局监管者应该承担宏观审慎监管的职能，从而能够在更高的层面上防范系统性风险的积累以及在不同部门之间的传导与扩散。在明确宏观审慎监管的主体方面，改革方案在英格兰银行内设置了下属机构——金融政策委员会，其掌握宏观政策工具，负责制定宏观审慎政策，识别并消除系统性风险，维护金融系统的稳定性，其监管对象包括金融市场系统性的基础设置、结算和支付体系等。在监管过程中，金融政策委员会有权利针对特定的宏观审慎政策工具向审慎监管局和金融行为监管局提出要求，或针对其他监管事项向财政部、英格兰银行以及上述两个部门提出建议。在宏观审慎政策工具方面，金融政策委员会具有影响资产负债表、影响交易条款和交易条件以及影响市场结构的多种政策工具。改革方案同时赋予了金融政策委员会主动干预权和自由裁量权，通过前瞻性分析以及主动干预的监管方式，能够在风险尚未发生前将其消除。

（三）加强英格兰银行监管职能

在原来的"三方体系"中，绝大多数金融监管能力归属于金融服务管理局，英格兰银行尽管具有维护金融稳定的职能，却因为缺少必要的监管职能和工具而无法有效维护金融的稳定。因此，新的改革方案确立了英格兰银行在金融监管中的核心地位，金融政策委员会为英格兰银行内部部门，并指导审慎监管局和金融行为监管局。在2016年的《英格兰银行与金融服务法案》出台后，审慎监管局和金融行为监管局进一步成为央行的内部部门。其中，审慎监管局更改为审慎监管委员会。

改革后的英格兰银行拥有了完备的监督能力：在审慎监管方面，能够通过金融政策委员会和审慎监管委员会分别负责宏观和微观的审慎监管；在行为监管方面，由金融行为监管局负责金融机构的行为监管，加强消费者保护并维持金融市场稳定。由于英格兰银行同时负责制定货币政策，因

此可以增强货币政策与审慎监管之间的协调配合。行为监管与审慎监管同时归于英格兰银行，而两个部门能够通过签署备忘录等方式划清职责，有效减少协调成本，避免形成监管空白或者监管重叠。

（四）加强金融监管体系的协调机制

在次贷危机中，英国金融监管体系明显缺乏有效的协调机制，各个机构群龙无首、各自为政，新改革方案大大完善了金融监管协调机制。改革后，金融政策委员会和审慎监管局均设在英格兰银行内部，建立了密切的人事和信息联系，有利于宏观和微观的协调统一；审慎监管局和金融行为监管局由于监管业务的共同领域，因此能够保持审慎监管和行为监管的相互关联。这三个机构也建立了双向交流制度：金融政策委员会需要向审慎监管局和金融行为监管局获取信息，了解可能影响金融稳定的因素以制定政策；审慎监管局和金融行为监管局也需要向金融政策委员会获取关于金融系统性风险的建议和评估。

第三节　欧盟金融监管协调

一、欧盟金融监管协调体制改革背景

（一）次贷危机前欧盟金融监管改革历史

1985年，欧共体在《关于建立内部市场白皮书》中确认了"相互承认"和"最低限度协调"原则。自此，欧洲金融市场开启了一体化的进程。1989年，欧共体理事会颁布《第二号银行指令》，在法制建设上为欧洲金融业的一体化提供了有力保障。1999年，欧盟委员会颁布了《欧盟委员会金融服务行动计划》，对银行、证券、保险、混业经营、支付清算、会计准则、公司法、市场诚信等方面进行了统一规定，以配合欧元的启动，消除跨国金融服务的限制和市场壁垒，促进金融市场的发展和融合。这一时期，欧盟金融一体化全面开展，但金融监管权仍分散在各国手中，各国之间缺乏有效的监管协调机制。因此，欧盟成立了具有咨询性质的监管委员会，旨在消除进一步加深一体化的障碍，促进各国监管机构之间信息的沟通与交流。由此，欧盟的金融监管体系初步形成。

2000年,莱姆法路西框架正式启动。2003年开始,莱姆法路西框架的适用范围逐渐从证券业扩大到银行业以及保险业。《欧盟委员会金融服务行动计划》提供法律保障,莱姆法路西框架提供制度保障,统一流通的货币提供流动性保障,三者共同作用,全面推动了欧盟金融监管一体化的进程。2000年以后,欧盟又颁布了关于银行、证券和保险业以及混业监管协调等方面的各项措施,约15项。2003年11月,在莱姆法路西框架的指引下,欧盟金融监管体系建立,欧洲监管协调自此进入了一个新阶段。

(二)次贷危机前欧盟金融监管结构

次贷危机发生前,《莱姆法路西报告》确立了4个层级的欧盟金融监管框架。第一层级包括欧盟理事会、欧盟委员会和欧盟议会。主要职责是制定欧盟层面的金融监管指令与规则,并推动银行、证券、保险、混业经营、支付清算、会计准则、公司法等各个方面的立法。第二层级是管理委员会。在整个莱姆法路西框架的第二个层级中有"准规则制定权",包括欧洲银行委员会(EBC)、欧洲证券委员会(ESC)、欧洲保险和职业养老金委员会(EDPC)、金融联合委员会(FCC),主要负责按照第一层级法律制定与市场一致的技术性条款。第三层级是监管委员会,包括欧洲银行监管委员会(CEBS)、欧洲证券监管者委员会(CESR)、欧洲保险和养老金监管者委员会(CEIOPS),主要负责在第一、第二层级的法律基础上,促进欧盟各国监管当局的合作和联系,鼓励各国实施共同规章,促进各成员国之间的监管合作一体化。第四层级是执行委员会。由各国监管机构自行执行欧盟相关指令。莱姆法路西框架加强了欧盟的金融监管一体化程度,金融监管主要权利和职能可以掌握在各成员国金融监管当局手中,但也造成了统一的欧盟金融市场和分散的金融监管体制之间的矛盾。

具体到国家,各成员国也对自身金融监管协调体系也做出了积极调整,以适应国际金融形势的快速发展。例如,德国于2002年4月22日通过了《统一金融服务监管法》,并根据该法授权成立了联邦金融监管局,负责对德国的银行业、证券业和保险业进行统一监管,提升了金融监管效率,稳固了自身经济地位。同年5月1日,正式成立德国联邦金融监管局作为主要的监管机构。同时,法国不断扩大法兰西银行(中央银行)的金融监管权利。目前,其下设的银行委员会负责信贷机构与投资公司的金融监管,并与保险监管局共同承担保险监管责任,信托及共同基金的监管责任则由3个金融监管机构合并成立的金融市场监管局承担。

二、后危机时代欧盟金融监管协调体制改革

欧洲的资产证券化市场发展较晚,并没有像美国那样实施过度金融创新,欧盟的金融创新相对迟缓,其资产证券化的规模也远小于美国。但欧盟在次贷危机前大量投资美国次贷产品,导致欧洲在这次危机中遭受了巨大的损失,风险扩散到整个欧盟金融市场。欧盟一些国家本身在福利以及财政制度上就存在明显缺陷,金融危机的爆发诱导了潜在风险的爆发,多国随之陷入主权债务危机。但欧洲银行是大量交叉持有各国国债的,主权债务危机的爆发使银行陷入经营困难,甚至破产的境地,导致银行难以支持国家实体经济。一方面,打击了企业、居民以及整体金融业的信心;另一方面,实体经济的衰落进一步提高了坏账率,银行难以为继,政府债务危机加剧。此外,欧盟金融市场区域格局,导致欧元区内货币政策传导机制受到影响,资源配置效率极低。

金融危机使得欧盟开始反思金融监管中存在的漏洞:欧盟金融监管体系中各成员国"条块分割",导致欧盟对欧洲金融市场风险蔓延的实际情况缺乏全面认知,宏观、微观上都缺乏把握认识,导致反应不及时。当危机全面爆发时,欧盟各国又各自为战,没有一套可以共同遵守应对风险的规则,无法快速有效解决金融危机,使得局面愈发难以控制,损失逐渐扩大。也因此,改革金融监管体制、制定统一监管的法律制度、成立统一的金融监管机构、加强宏观审慎监管、防控金融业系统性风险,是欧盟金融监管体制改革的主要方向。为此,欧盟采取一系列措施改革欧盟金融监管体制。

(一)金融监管机构改革

首先,在宏观层面上建立风险监管机构。2009年6月,欧盟理事会通过了《泛欧盟金融监管改革法案》,开始逐步从宏观、微观两个层面构建泛欧盟金融监管体系。2011年,欧盟成员国成立欧洲系统风险委员会(ESRB),ESRB负责整个欧洲的宏观审慎监管,具体负责监测、识别欧洲金融市场的系统性风险,在风险发生时及时寻求解决方法,对成员国实施宏观审慎监管,提出政策建议并发出通知,若被统治者不采取相应措施,则必须给出合理的理由,否则会被告知欧盟理事会。

其次，建立泛欧监管机构。2011年年初，欧盟正式设立欧洲银行管理局（EBA）、欧洲保险职业养老保险监管局（EIOPA）以及欧洲证券市场监管局（ESMA）3个监管机构，其监管领域分别对应欧盟的银行业、保险业和证券业，它们的主要职责包括：制定其特定领域的技术标准，建立欧盟地区统一的金融监管规则，对部分特定实体实行全面监督权，确保成员国在金融监管规则行动上的一致性，有比各国监管机构更权威的最终决定权，有权驳回或否决各国监管机构的决定。这3个泛欧机构与欧盟各国的监管部门共同构成了欧洲金融监管者体系（ESFS），有利于促进欧盟地区金融监管规则的统一以及执法的一致性，同时，提高了各国监管主体的信任程度，保证了成员国之间的信息沟通和交流合作，使欧盟各国形成了复杂的多边监管网络，更有力地维持了欧洲金融市场的稳定。欧盟各国之间激励相容的泛欧金融监管体系又反过来影响了ESFS的运作效果和欧盟金融监管改革的成败，有助于欧盟各国对金融机构实施更为严格、审慎、有效的微观监管。

再次，在流动性风险管理方面，欧盟银行监管委员会（CEBS）向欧盟委员会提出了关于流动性风险管理的30项原则性建议。前18项是关于欧盟信贷和投资机构在流动性正常和出现流动性紧张的情况下如何确保充分的流动性管理的建议，后12项是关于金融机构的流动性风险监管的建议。

最后，欧盟委员会还于2011年11月推出了一项加强信用评级公司权威性和加强监管的提案，要求信用评级机构在业务范围、治理结构、评级方法、透明度等方面遵循比国际证监会组织（IOSCO）原则更为严苛的规定，使评级更加透明，减少金融市场因不合理评级造成的波动。提案内容包括："评级机构须将评级决定所依据的事实和假设告知欧盟成员国以及投资者""主权评级必须在欧洲的股市债市收盘后或开盘前至少1小时发布""投资者降低对评级机构的依赖""评级机构在改变评级方法前要向投资者进行咨询""所有结构性信用产品都要接受两家评级机构的评级"等相关规定。

（二）加强金融产品监管，保护消费者利益

2008年10月，欧盟委员会首次通过修改《资本金要求指令》的提案。此次修改主要包括"加强对银行的网络性监管""完善原始自有资金范围内的混合资本工具的处理规则""明确监管职责的划分"等。2009年7月,欧盟委员会再次向欧盟理事会和欧洲议会提交了关于修改《资本金要求指令》的提案,提出要"加强银行在交易账户和短期转售中的资本金要求""赋予各国监管机构审查银行薪酬政策的权力""对银行从事复杂证券投资业务提出更高资本金要求"等。2010年2月,欧盟委员会再次修改《资本金要求指令》,提出要"进一步完善资金流动标准,完善系统性金融风险监管机构"等。欧盟在次贷危机爆发后,不断修改《资本金要求指令》,逐步完善金融监管体制建设,加强对金融产品的合规管制,切实保护消费者及投资者的利益。

(三)加强成员国金融监管合作

2007年10月,欧盟理事会通过了跨国金融危机管理的9项原则。2008年6月,欧盟各成员国监管当局、中央银行以及财政部共同达成了谅解备忘录,同意加强各成员国监管机构之间的合作,防止金融危机在欧盟区域内通过跨境银行大幅度传染。此外,欧盟各国还就其他金融监管细节进行了规定:一方面,对于公共资源的分配,应综合考虑次贷危机对各成员国造成的经济损失以及母国和东道国之间监管权力的分配,最终在平等公平的基础上合理配置公共资源;另一方面,考虑成员国之间成立跨国稳定小组,实现欧盟内部对金融监管协调的统一认识和一致步调,提高和加强成员国共同应对危机的效率和能力,提高欧盟金融监管的统筹协调性。

三、对欧盟金融监管协调实践经验的借鉴

(一)宏观审慎和微观审慎监管并行

以往的微观审慎监管只保证了单个金融机构的稳定运行,但金融危机的发生使世界各国认识到,微小的风险也可能导致"黑天鹅事件",进而使得整个金融系统崩溃,宏观审慎监管必须得到重视。可以参照欧盟的做法,宏观审慎和微观审慎并行,建立专门的宏观审慎监管机构,比如单独成立系统风险委员会,对系统性风险进行全面的识别和预防。与此同时,三大金融监管机构与系统风险委员进行有效的协调沟通,共同处理风险。

(二)改革适应国际形势的发展

随着中国在国际政治、经济事务中扮演的角色越来越重要,适应国际形势发展、制定和国际接轨的国际监管规则已经成为推动国家金融发展、

维护国家利益的必要途径。借鉴欧洲经验，中国的金融改革也应以一系列的法律条例作为支撑。立法时，须注意各部门机构间、中央与地方间制定的金融监管规则的一致性；在保持协调统一的同时，须注意保持和国际立法的一致，如最新的巴塞尔规则。

（三）强化中国人民银行的宏观监管作用

目前，中国人民银行在金融宏观监管方面处于重要地位，主要体现在银行业监管、经济宏观调控以及货币政策制定三方面。借鉴欧洲经验，应继续强化中国人民银行的宏观监管作用，加强中央银行对系统性风险信息进行搜集、分析的能力，以中国人民银行为中心协调各个监管机构，保持信息的流通共享。

第四节　日本金融监管协调

一、日本金融监管协调体制改革背景

（一）次贷危机前日本金融监管改革历史

明治维新后，日本仿照英国建立了西式的金融制度，1872 年又依照美国设立了国民银行，1881 年颁布了《日本银行条例》，1882 年设立了日本银行（中央银行）并使其在1937 年成为实际实施金融监管的机构。"二战"后，日本采取了分业经营和分业监管模式，大藏省是最高的权力机构，负责一切监管职责，管理对象主要包括政府金融机构、民间金融机构和日本银行。日本银行是仅次于大藏省的金融管理机构，主要管理民间金融机构。20 世纪80 年代末，日本经历了"金融大爆炸"。随着20 世纪90年代国际金融业走向了混业经营的方向，加之国际竞争加大，而国内的金融创新步伐加快，日本金融监管体制开始发生改变。1998 年，日本通过了《新日本银行法》，废除了大藏省的一般监管权、业务指令权和日本银行高级职员的任免权等，之后又将大藏省下统一监管的证券局、银行局、证券交易委员会等大部分部门分离了出来。2000 年，日本中央政府掌握了对中小银行的监管权，同时大藏省的一系列权力被转移至金融厅。2001年，金融再生委员会被撤销，金融厅随即升格为内阁府的外设局。

(二）次贷危机前日本金融监管模式

金融危机发生前，日本的金融监管体系是以金融厅为核心，并有独立的中央银行和财务省协助监管，各种民间行业协会共同参与的多层次的完整的金融监管体制。

金融厅是日本金融监管的最高行政部门，主要负责银行业、证券业以及保险业的检查和监督，以维系日本金融市场稳定，保护储户与投资者的权益，提高金融机构和市场的透明度。金融厅由日本内阁府直接管辖，设有长官1人，下设总务企划局、检查局、监督局以及证券交易监事委员会事务所4个部门。总务企划局主要处理金融厅的一些综合性事务，同时负责制定与实施金融厅的整体规划与金融制度。检查局负责对地方金融机构的业务内容进行检查。而监督局则负责金融机构营业许可证的发放、撤销、发布停业命令等业务。证券交易监视委员会事务所主要负责市场审查、行政调查、证券分析以及公开处罚等事项的核查工作。

日本银行作为中央银行，一般通过现场检查和非现场检查，对金融机构实施监管和指导，重在"检查"。凡是在日本银行开设往来账户的金融机构，都必须接受其稽核监察。日本银行的核查目标是基于最后贷款人地位调查金融机构的业务与资产质量，日本银行并没有行政处罚权，但可以公开无正当理由情况下不配合央行监管的金融机构，并解除与该机构的往来账户关系。

财务省则主要负责预算、决算、税制等领域的事务，其在法律上有维护金融体系安全的职能。且在危机发生时，财务省有进行财务支持和保证金融市场稳健的作用。对于金融机构破产处理和金融危机管理等，财务省也须参与其中，同时保留对存款保险机构的协同监管职能。

日本的民间监管协会比较发达，主要以行业协会通过参与立法的形式发挥协会自律管理的作用。日本长期处于经济衰退状态，因此政府一直放松管制、促进金融创新，这有利于金融市场发展。此时民间监管成为极为有效的自律管理模式，能够降低社会成本和监管成本，且提高金融监管的有效性和灵活度。行业协会负责日常的基础性监督，政府相关金融监管部门负责制定事前行为模式并纠正事后出轨行为，政府与行业协会共同协作、互相补充，共同稳定金融市场的发展。

二、后危机时代日本金融监管协调体制改革

次贷危机爆发后,基本金融改革延续了自由化和综合经营的发展方向,加快了金融监管改革的步伐。日本希望通过实施以"增强金融市场竞争力"和"改进金融监督"为主要内容的一系列措施,使日本金融监管更为高效、透明、一致。日本金融市场在次贷危机后成为全球最重要和最有吸引力的国际金融中心。

日本金融厅认为次贷危机对日本来说属于外部冲击,日本在短期内主要采取了四条应急措施:第一,制订对金融机构进行财政注资的计划,以确保其资本充足率达到安全标准;第二,修改《金融功能强化法》,推动中小企业融资,同时放宽中小企业贷款条件;第三,强化对银行的借贷行为的监督检查,以确保其能够正常发挥金融中介的功能;第四,与国际会计同步调整本国会计措施。

在应对危机的中长期举措上,日本监管当局采取的主要措施集中在以下两个方面。

(一)改进金融监管体系

为完善日本金融监管制度,提升自身金融市场国际竞争力,更好地应对突发风险,营造更具竞争力的金融监管环境,日本金融厅借鉴英国的经验,提出从"规则监管"向"原则监管"的转变。具体来讲,改革内容主要包含四个纲领和五个实践。

四个纲领主要内容包括:第一,注意监管干预和市场作用的边界,将规则式和原则性监管进行融合,使金融市场能够获得自由的发展空间;第二,密切关注未来风险的防控,将监管资源向重大风险隐患倾斜,对高优先级或十分紧急的问题迅速做出有效的监管回应,找到合理的处理措施;第三,实施具有激励性的监管导向,鼓励金融机构的自愿行动,强化全面风险管理,以求建立激励相容的监管关系;第四,提高监管的透明度和可预见性,具体措施如每年公布财务审查手册等。五个实践的内容包括:第一,加强监管部门和内资及外资金融机构之间的对话,提高监管的效率;第二,提高监管信息的公开程度,并及时发布英文版的法律法规及章程,使信息传播渠道更为畅通;第三,加强与境外金融监管机构的合作,努力拓宽国际金融市场;第四,加大对金融市场的研究力量,及时掌握市场发

展动态,掌握最新的金融市场信息;第五,重视对监管优秀人才的吸纳,提高监管人员的专业化水平。

(二) 强化市场,提高金融监管质量

首先,构筑一个可信赖和充满活力的市场,同时,提高市场的公平性与透明性,以提供更加丰富多样的筹措以及运用资金的机会,使得更多投资者可以参与其中,提高整个金融市场运行的效率。具体措施是,实现ETFs的多样化,基金投资对象除股票之外还可以包括其他有价证券。修订行政处罚条例,实施具有激励性的处罚举措等。其次,整顿改善经营环境,鼓励金融业内的良性竞争,提高金融市场活力。具体而言,逐步由分业经营模式向混业经营模式进行转变,打通银行业、证券业以及保险业之间的分业界限,拓宽银行及保险机构的业务范围,鼓励金融机构进行创新以及使用新技术,使金融产品及服务更加多样化且国际化,从而更好地满足客户需求。最后,创造更好的金融监管环境,金融监管部门时刻调整跟上时代的变化节奏,如加强与金融机构的对话与沟通等。此外,整顿金融市场的外部环境,保证城市的金融基础建设,吸纳更多金融、法律、会计领域的专业人才,提升城市的金融中心功能。

◆思考讨论题◆

1. 次贷危机下美国和英国的金融监管体制有哪些缺陷?后危机时代两国如何完善金融监管协调体系?

2. 欧盟以及日本的金融监管体系发展经历了怎样的历程?目前仍存在什么问题?

3. 比较美国、英国、欧盟以及日本现行金融监管体制的特点。

4. 美国、英国、欧盟以及日本在后危机时代的金融监管协调改革对中国有怎样的指导意义?

第三章　新时代中国金融监管协调的监管难点与挑战

第一节　中国金融监管改革发展历程

一、中国人民银行集中统一金融监管（1978—1992年）

改革开放之前，与计划经济体制相适应，中国所有的银行都并入财政部，各分支机构也与当地财政局合并，金融管理体制高度集中，呈现财政部独挑大梁的局面。1978—1992年是中国混业监管的初试阶段，这个时期中国银行体系初步建立，金融市场尚不完善，金融监管协调处于摸索阶段，财政部仍然承担了金融监管的重要角色，整体上对金融监管实行了大量干预。为适应国家的发展需要，提高金融监管效率，1978年，中国人民银行从财政部独立出来。随后，党和政府以经济建设为中心，继续对金融行业以及金融监管开展了一系列大刀阔斧的改革。

在对监管体制改革之前，首先推动了一批政策银行和商业银行的复办和开设。其中，恢复中国农业银行是金融业改革的起点。1979年年初，中国农业银行恢复业务以配合农村经济体制改革，形成了由农业银行统一管理，农业银行与农村信用合作社协同运行的农村金融体制。同年，中国银行从中国人民银行分设出来，并加设国家外汇管理总局由中国银行代管，与中国银行对外两块牌子、内设一个机构，承担国家外汇专业银行的职能，组织、积累、运用和管理外汇资金，从事国际金融活动，服务于社会主义现代化建设。同年，中国建设银行从财政部门的附属地位中分离出来，成为独立的、长期经营信用业务的专业银行，其承接了此前的任务并继续负责固定资产投资的信贷业务和储蓄业务，其信贷收支于1985年全额纳入国家信贷计划，在信贷业务上受中国人民银行领导和监督。1984

年，中国工商银行从中国人民银行分离出来，由于中国人民银行不再办理企业和个人的信贷业务，因此中国工商银行实际上承接了工商信贷、储蓄业务和金融经营业务。至此，一系列改革奠定了四大国有行专业银行的基本格局，也为中国人民银行专门行使中央银行职能提供了基础。

在监管方面，原本中国人民银行既是中国的中央银行，同时承接对企业和个人的各项信贷业务，难以集中精力制定货币政策和其他宏观金融方面的决策。因此在1983年9月，国务院颁发《中国人民银行专门行使中央银行职能的决定》，决定让中国人民银行专门行使中央银行职能，不再对工商企业和个人办理储蓄等业务，以加强对分散信贷资金的集中管理和综合平衡，更好地为宏观经济决策服务。此外，该决定中还表明其主要职责之一是"审批金融机构的设置或撤并，协调和稽核各金融机构的业务工作和管理金融市场"，实际上行使对金融市场的监管权。1986年，为了加强对银行和其他金融机构的管理，保证金融事业的健康发展，国务院发布了《中华人民共和国银行管理暂行条例》，该条例规定，中国人民银行是管理全国金融事业的国家机关，管理全国银行业务、保险企业和企业股票、债券等有价证券，明确了中国人民银行作为金融监管当局的职责。这一时期，中国人民银行主要通过行政手段行使监管职能，主要体现在对社会金融活动的监管和对金融机构的监管两个方面，通过金融监管以保证货币政策目标的实现。

在中国人民银行专注于央行职责后，党和政府就酝酿着对金融体系进行多元化改革，并在1984年通过了《中共中央关于经济体制改革的决定》。1987年，中国银行提出了建立新型金融体制要实现的四个目标：一是建立以间接调控为主要特征的宏观调控有力、灵活自如、分层次的金融控制和调节体系；二是建立以银行信用为主体，多种渠道、多种方式、多种信用工具筹集和融通资金的信用体系；三是建立以中央银行为领导，各类银行为主体，多种金融机构并存和分工协作的社会主义金融体系；四是建立金融机构现代化管理体系。从1986年开始，国家陆续推动成立了交通银行、招商银行、广东发展银行等一批商业性股份银行。信托投资公司、证券中介机构等一批非银机构也有了较大发展。1990年和1991年还陆续成立了上海、深圳两个证券交易所。在短时期内，中国人民银行对金融业的监管起到了积极作用。然而，中国短期内经济发展过热，通货膨胀日益严重，再加之各类金融机构不断增多，单纯依靠调节很难再实施有效监管。此外,四大专业银行也突破了此前专业分工界限,开始组建各自的信托投资公司,开办证券机构,并向房地产、保险等行业拓展,形成了综合经营模式。这对促进金融市场发展形成了推动,但给金融监管带来了挑战,严重扰乱了金融秩序。

二、中国人民银行、证监会、保监会分业监管(1992—2002年)

在混业经营模式下,大型银行广泛涉足非银业务,如证券、信托和投资业务等,非银金融机构则开展商业贷款业务。混业经营中存在乱设金融机构、乱办金融业务和乱集资"三乱"问题。这一背景下,单一监管模式未能形成有效监管,银行组建的信托投资公司普遍存在资产质量差、经营亏损严重、支付发生困难等问题,金融秩序的混乱使得金融监管亟待改革。

为了应对不同金融行业的不同监管需求,中国的金融监管体系于1992年开始转向分业监管,且推动金融行业分业经营。此外,上海证券交易所和深圳证券交易所设立后,中国证券行业快速发展,全国上下都掀起了"股票热",1992年更是引发了深圳的"8·10"事件。该事件表明,股票市场是一个影响力极大的市场,稍有不慎,将会引发一系列问题,这也意味着十分有必要专门设立一个监管机构。1992年10月,国务院办公厅下发《关于成立国务院证券委员会的通知》,成立了国务院证券委员会和中国证券监督管理委员会。证监会是国务院的直属机构,也是全国证券期货市场的主管部门,按照法律法规对中国证券业和期货业进行统一监管。1998年6月,证券委员会并入证监会,这也意味着证券市场的监管职能从中国人民银行剥离出来。为了充分发挥金融监管部门的职能作用,更好地交流监管信息以及时解决分业监管中的监管协调问题,中国人民银行、证监会和保监会建立了监管联席会议制度。这一联席会议制度的职责是研究银行、证券和保险三大业务监管中的相关重大问题,协调业务创新及其监管问题、对外开放及监管政策,并交流有关监管信息等。联席会议可根据某一监管方的提议不定期召开,三方联席会议成员轮流担任会议召集人。三方监管部门将按照会议议定的事项,协调有关监管政策。

为了降低金融风险以及混业经营带来的监管难度,1993年12月,国务院下发《关于金融体制改革的决定》,明确表明对保险业、证券业、信托业和银行业实行分业经营；国有银行对保险业、信托业和证券业的投资额，不得超过其资本金的一定比例，且在人、财、物等方面要与保险业、信托业和证券业脱钩，实行分业经营，这也为分业经营和分业监管奠定了政策基础。1998年11月，中国保险监督管理委员会成立，作为国务院直属事业单位，依照法律法规统一监管全国保险市场，维护保险业的稳健运行。至此，中国开始进入银行业、证券业和保险业分业经营，并由中国人民银行、证监会和保监会分业监管阶段。《中华人民共和国中国人民银行法》《中华人民共和国商业银行法》《中华人民共和国保险法》《中华人民共和国证券法》等法律的陆续出台，也为分业经营和分业监管提供了法律基础。

这一时期的金融监管体系在不断完善，监管工作也在稳步展开。首先，这一时期的政策文件明确了金融监管协调体系的改革方向。其次，随着各项关于金融监管的法律不断出台，监管部门经历了从无法可依到有法可依再到有法必依的过程，各项法律赋予了监管部门合法性，也为监管工作提供了法律依据。最后，机构改革同样迅速推行，将证监会、保监会从中国人民银行中分离出来，形成了银行业、证券业和保险业的分业监管，确保了不同监管主体能够在特定的领域进行专业化监管。然而，随着中国加入WTO，世界经济一体化和金融国际化的趋势使金融市场放宽限制成为必要。此时，金融机构进行混业经营已成为国际舞台上的主流，美国于1999年通过《金融服务现代化法案》也意味着放弃了从1933年开始的分业经营体制。在这一背景下，中国同样采取了一系列举措逐渐放开对银行业涉足非银业务的限制。在混业经营模式下，分业监管逐渐凸现出局限性，金融监管协调机制应运而生。

三、"一行三会"分业监管与金融监管协调（2003—2014年）

（一）"一行三会"分业监管制度

中国人民银行、证监会、保监会分业监管模式能够对应监管银行业、证券业和保险业分业经营体制。但这一监管模式中，中国人民银行仍然扮演着双重角色，其既是银行业的金融监管者，也是负责宏观调控和币值稳定的中央银行，在特殊情况下，这两种职能可能存在冲突。在国际上，从

20世纪80年代开始,加拿大、瑞典、丹麦等国家便开始将金融监管职责与中央银行职责分离。更具影响力的案例是英国,其于1997年将金融监管职责从英格兰银行中分离出来,英格兰银行专门履行中央银行职责,新成立的金融服务管理局专门实施金融监管职能,形成了"三方体系",即央行负责制定货币政策和维持金融稳定,财政部则主要负责确立金融监管框架和推动相关立法,金融服务局则在现存监管框架下进行金融监管执法,对所有金融机构行使监管权。

在上述模式的广泛影响下,中国在2003年下发了《国务院关于机构设置的通知》,成立中国银行业监督管理委员会,承接了原本属于中国人民银行的对银行业的监管职责,其中银监会监管一部、二部和三部分别对应监管国有商业银行、股份制商业银行和外资与政策性银行,非银行金融机构监管部和合作金融机构监管部则监管信托公司、租赁公司等金融机构。在监管协调方面,银监会的主要职责包括:制定有关银行业金融机构监管的规章制度和办法;对银行业金融机构实行现场和非现场监管,依法对违法违规行为进行查处;负责统一编制全国银行业金融机构数据、报表,抄送中国人民银行,并按照国家有关规定予以公布;会同财政部、中国人民银行等部门提出存款类金融机构紧急风险处置的意见和建议等。2003年年末通过的《中华人民共和国银行业监督管理法》进一步明确了银监会的管理机构、监督管理职责、监督管理措施和法律责任,使银监会的监管工作具有合法性和规范性。

在将监管银行业的职责分离给银监会后,根据2003年修订的《中华人民共和国中国人民银行法》,中国人民银行的主要职责从原来的"制定和执行货币政策、实施金融监管、提供金融服务"转变为"制定和执行货币政策、防范和化解金融风险,维护金融稳定、提供金融服务",可以看出,过去对银行业金融机构的设立审批、日常监管等监管职责已经分给了新成立的银监会,中国人民银行更多履行维护金融稳定的职能以及与货币政策相关的职责。至此,中国正式设立了"一行三会"的分业金融监管体制。

(二)"一行三会"的监管协调机制

"一行三会"分业金融监管体制在监管过程中体现出了专业性和针对性,在对分业经营金融机构的监管方面展现出了较好的监管效果,然而,在对混业经营的金融机构的监管方面却稍显棘手。这主要是因为,一方面,不同行业的监管习惯和监管方法存在差异,所以三大监管部门难以对自身所擅长行业外的其他业务进行监管;另一方面,各部门为同级别单位,其监管内容相对独立,在实际监管中可能造成监管重叠或监管空白。在这一背景下,金融监管协调机制呼之欲出,强化金融监管协调机制也成为维护金融稳定和防范金融风险的必要措施。

2004年,银监会、证监会和保监会签署了《金融监管分工合作备忘录》,旨在明确三大金融监管机构在金融监管方面的职责,三家机构协调配合,避免了监管真空和重复监管,提高了监管效率。然而,这一备忘录却未能得到落实,尤其是监管联席会议机制,在2003年9月召开第一次会议以后,时隔半年才召开第二次会议,沟通协商的内容为如何贯彻落实"国九条",此后长时间内再也没有召开过会议,且三大监管机构没有在政策规划或者监管工作中显现出密切协作。在金融混业经营的冲击下,分业监管模式难度越来越大,因此,三大监管机构在2008年再次签署了备忘录并设立了联席会议制度。2008年1月,银监会与保监会为了适应金融市场的发展需求,签署了备忘录以加强2个部门之间的金融监管协调,提高跨业监管的有效性。2008年7月,发改委发出《关于2008年深化经济体制改革工作的意见》,明确提出在金融监管体系方面要建立健全金融监管协调机制,建立完善金融控股公司和交叉性金融业务的监管制度。2008年8月,中国人民银行公布《中国人民银行主要职责内设机构和人员编制规定》(即中国人民银行"三定"规定),规定中强调要加强与金融监管部门的统筹协调,防范和化解金融风险,维护国家金融安全。根据"三定"规定,"一行三会"要在国务院领导下建立部级联席会议制度,加强金融监管协调,尤其体现在货币政策与监管政策、监管政策与法规之间,并且在部门间建立金融信息共享制度,防范、化解金融风险,维护国家金融安全。在2013年,更是建立了由中国人民银行牵头的金融监管协调部际联席会议制度,联席会议通过季度例会或临时会议等方式开展工作,落实国务院交办事项,履行工作职责;联席会议建立简报制度,及时汇报、通报金融监管协调信息和工作进展情况。

四、"一委一行两会"金融监管协调体系（2017年至今）

2015年11月，中共十八届五中全会通过了"十三五"规划建议，规划中提出，"加强金融宏观审慎管理制度建设，加强统筹协调，改革并完善适应现代金融市场发展的金融监管框架，健全符合中国国情的国际标准的监管规则，实现金融风险监管全覆盖"。为了进一步解决现行监管体制中因职责不清所带来的各类问题，切实提高监管效率，优化监管资源配置，更好地统筹协调不同监管部门之间的监管执行，中国政府对金融监管协调体系进行了一系列调整和改革，逐步建立起一套符合现代金融特点、统筹协调监管的现代金融监管框架。自2017年开始，原来的"一行三会"格局逐步转变为"一委一行两会"。

尽管原有联席会议制度能够在一定程度上缓解分业监管的弊端，对混业经营形成一定的监管，但联席会议为非常设机构，通常一个季度才举行1次会议，无法满足监管需求。此外，联席会议的各位成员均为监管部门的负责人，各监管部门级别一致，因此在联席会议中协调难度较大，金融监管迫切需要一个更权威的机构将现有监督机构协调起来。因此，在2017年7月召开的全国金融工作会议中，习近平总书记宣布设立国务院金融稳定发展委员会，旨在加强金融监管协调、补齐当前分业监管以及联席会议协调制度的短板。

在建立协调机构的同时，我国也对现有监管机构和监管体系进行了调整。2018年3月，根据《国务院机构改革方案》，银监会和保监会合并组建中国银行保险监督管理委员会。在这两家监管机构合并前，银监会主要负责监管银行、金融资产管理公司和其他存款类金融机构；保监会则负责监管保险市场。合并之后，银保监会将会继承银监会与保监会的监管职能，统一对银行业和保险业进行监督管理，维护银行业和保险业稳健经营，防范和化解金融风险，维护金融稳定。此外，两个部门合并也在监管方面填补了分业监管以及联席会议监管协调制度的不足，加强了监管协调。而在合并之后，原先两个部门关于拟定重要法律法规草案和审慎监管基本制度的职责将不再保留，统一调整至由中国人民银行负责。这也意味着监管规划与监管执行分离，这一设置既有利于提高监管政策的透明度，也有利于防范化解系统性金融风险。至此，中国正式建立了"一委一行两会"金融监管协调体系。

第二节　新时代中国构建金融协调监管体系的必要性

在党的十九大报告中，习近平总书记强调，"深化金融体制改革，增强金融服务实体经济能力，提高直接融资比重，促进多层次资本市场健康发展。健全货币政策和宏观审慎政策双支柱调控框架，深化利率和汇率市场化改革。健全金融监管体系，守住不发生系统性金融风险的底线"。其中，健全金融监管体系是实现上述目标的核心环节，而构建和完善金融协调监管体系则是健全金融监管体系的应有之义。

一、构建金融协调监管体系是深化金融体制改革的核心任务

完善金融监管体系是对当前金融体系的重大改革完善，是国家治理体系和治理能力现代化的应有之义。党的十八大以来，在以习近平同志为核心的党中央坚强领导下，中国金融改革发展取得新的重大成就，中国已成为重要的世界金融大国。但随着中国经济由高速增长转变为中高速增长，原来被高速度所掩盖的一些结构性矛盾和体制性问题逐渐暴露出来，切实防范和化解金融风险已是中国目前面临的严峻挑战。党的十九大报告再次强调要"深化金融体制改革"，而随着金融体制改革的深入，银行业务范围会不断扩大，非银行金融机构等也会不断增多，特别是互联网金融创新迭出，这将使得中国面临的金融监管挑战越来越大。只有打破监管分散发力的现状，凝聚各个金融市场协同发展、统筹监管的共识，中国才能在迈向金融强国的道路上坚定前行。因此，要完成深化金融体制改革的任务，实现国家金融治理体系和治理能力现代化，就需要加强金融监管的统筹协调。

二、构建金融协调监管体系是保证金融服务实体经济的关键手段

金融是现代经济的核心。纵观世界近现代史，大国崛起离不开金融的强有力支撑。从国内看，金融在经济发展和社会生活中的重要地位和作用

正在日益凸显；从国际看，金融领域的国际竞争与各国金融安全高度关联，国内外形势都要求中国从金融大国向金融强国坚定迈进。从大国到强国，离不开有效金融监管的保驾护航。金融活，经济活；金融稳，经济稳。做好金融工作，让金融回归本源，把为实体经济服务作为出发点和落脚点是金融发展的本质。从国内情况看，现阶段中国金融发展在一定程度上存在"脱实向虚"的问题，大量资金在金融体系内"空转"，金融之水难解实体经济之渴。众所周知，金融体系脱离实体经济自我循环、用钱生钱来壮大自己，是不良的发展方式，一旦造成经济金融化、金融泡沫化，必然对经济发展造成巨大伤害。1997年亚洲金融风暴、2008年国际金融危机等事件，都充分暴露了金融脱离实体经济造成的严重后果。然而资本具有逐利性，现有的监管体系难以有效保证金融发展切实服务实体经济。因此，建立金融协调监管体系，从根本上纠正金融的不良发展方式，促使金融和产业、虚拟经济和实体经济更好地结合，进而推动经济平稳健康发展是推动金融服务实体经济的关键手段。

三、构建金融协调监管体系是多层次资本市场发展的必然要求

健全多层次资本市场体系，是发挥市场配置资源决定性作用的必然要求，是推动经济转型升级和可持续发展的有力引擎，也是维护社会公平正义、促进社会和谐、增进人民福祉的重要手段。习近平总书记长期以来都高度重视资本市场发展，在党的十九大报告中再次强调"提高直接融资比重，促进多层次资本市场健康发展"。需要注意的是，多层次资本市场的各个层次并不是简单平行、彼此隔离的，而是既相互区分又相互交错并不断演进的结构。资本市场的多层次特性还体现在投资者结构、中介机构和监管体系的多层次，交易定价、交割清算方式的多样性上，它们与多层次市场共同构成一个有机平衡的金融生态系统。同时，随着市场层次和金融产品的不断丰富以及新技术的大量运用，资本市场风险的表现形式日益多样化，风险传导路径日益复杂，不同产品、不同市场、不同国家和地区的金融风险可能相互传导、联动并放大。因此，如何界定中央和地方金融监管职责和风险处置责任，坚守不发生区域性、系统性金融风险的底线，如何加强风险识别，强化资本市场信息系统安全防护，切实提高风险监测、预警、防范和处置能力，及时有效弥补市场失灵，是多层次资本市场建设

的重要挑战。故而，构建和完善金融协调监管体系是多层次资本市场发展的必然要求。

四、构建金融协调监管体系是长期坚守不发生系统性金融风险底线的根本措施

"防止发生系统性金融风险是金融工作的根本性任务，也是金融工作的永恒主题。要把主动防范化解系统性金融风险放在更加重要的位置"。习近平总书记在党的十九大报告更是直接强调"健全金融监管体系，守住不发生系统性金融风险的底线"。应对系统性风险，主题是防范，关键是主动，根本措施是完善金融协调监管体系。2017年，第五次全国金融工作会议明确指出，"要坚持从中国国情出发推进金融监管体制改革，增强金融监管协调的权威性、有效性，强化金融监管的专业性、统一性、穿透性，所有金融业务都要纳入监管，及时有效识别和化解风险"。现实中，尽管中国进行了一系列改革以加强金融监管协调，但当前的监管模式仍然主要体现为分业监管。当前，中国金融系统的发展已进入了金融交易跨市场化、银行业务表外化、资本流动网络化的新阶段，分业监管逐渐显现出局限性。其中，分业监管在实际中的局限性主要体现为，在部分监管工作中存在监管主体之间的监管竞争，又在消费者权益保护和混业业务监管准则等方面呈现出监管主体之间的监管空白。只有打破监管分散发力的现状，凝聚各个金融市场协同发展、统筹监管的共识，中国才能在迈向金融强国的道路上坚定前行。

第三节 新时代中国金融监管体系的监管难点

金融监管与金融发展总是相伴而生、相辅相成。金融发展不断探索创新以促进全球经济快速进步，金融监管则规范各方行为、打造健康金融生态，为金融发展提供良好的环境。相比改革开放初期比较单一、狭窄的金融机构、金融业务，如今的银行业务范围不断扩大，非银行金融机构等不断增多，金融业混业经营趋势愈加明显。特别是互联网金融创新迭出，使中国面临的金融监管挑战越来越大。

自全球金融危机以来，中国为缓解危机压力、促进经济复苏，与世界

各国一样采取了一系列的宽松政策,但潜在的金融风险已经逐渐累积。近年来,中国经济增速下降,金融行业改革逐渐推进,要求"去产能、降杠杆"的供给侧改革不断深入,很容易触发中国金融体系已经累积的风险。一旦某个企业或行业发生问题,很容易发生"多米诺骨牌"效应,使风险迅速扩大到整个金融体系,引发系统崩溃。因此,防范和化解系统性金融风险是当前的重点和难点。

一、金融混业化经营趋势不断加强

随着金融创新产品逐渐丰富,金融业混业经营趋势不断加强:在机构层面,银行业、保险业和证券业的金融机构之间相互交叉和渗透的趋势逐步增强,金融机构间相互投资的现象普遍存在,金融控股公司(集团)介入多种业务领域,我国已有不少企业持有多种金融牌照;在产品层面,理财产品也相互嵌套,比如影子银行、基金、投资等,就同时包含了银行、证券、保险、信托等多个金融市场要素。

目前,金融监管架构仍是以分业监管为主,缺乏共同参照的法律法规,没有统一的决策和执行机制,信息沟通渠道不畅,监管层之间难以协调,无法做到多方面统筹,造成体制内金融压抑,把社会融资需求逼入地下;此外,现有分业监管的模式易导致"地盘意识",各监管部门为规避潜在金融风险,也不希望自己的监管对象进入其他领域发展,因而采取严准入管制,导致很多有利于提升金融体系效率的创新难以推进,一定程度上抑制了资金在各金融市场间的自由流动,无法形成基于风险一致的资金价格,降低了金融资源配置效率,影响了中央银行货币政策传导机制的完善。因此跨界的监管协调成为难题。

二、金融创新层出不穷

当前,金融市场基于互联网、云计算以及大数据处理等科技进步所推动的金融创新层出不穷,越来越多跨行业、跨区域、跨市场的金融产品以传统或互联网金融形态出现,其金融创新的过度化以及金融合约的高度复杂化造成市场风险分布状态的系统性失衡。机构和产品的相互嵌套,致使这些风险通过各种形式存在于金融市场上的投机活动中。当风险累积到无法承受时,整个金融系统将崩溃,金融市场流动性不足,易发生银行挤兑以及货币暴跌等情况,最终导致金融危机爆发。

然而，相比金融创新速度而言，监管总是滞后的。一方面，在金融创新的驱动下，金融机构横向业务合作、股权交叉投资越来越多，其业务范围和风险暴露已经跨越了原有的行业划分，并不断突破监管边界，属于"三不管"地带，造成监管空白，监管漏洞很大；另一方面，有些产品同时归属于多个监管当局，造成重复监管问题。此外，不同业务的监管标准不一以及监管强度不同也催生了市场套利机会，金融机构会通过各种金融创新工具和业务来转嫁自身金融风险，逃避金融管制。但从全球或全国的角度看，金融创新并没有改变金融交易的本质，转移或分散风险并不意味着减少风险，金融机构反而可能在利益驱动下面临数量更大、范围更广的风险，随之造成远超传统金融风险带来的现实损失。而且，由金融科技包装后的金融产品容易掩盖其业务的本质，不易准确识别最终责任人与底层资产，资金的真实流向无法全程监测，给金融监管带来巨大考验。

具体而言，金融创新产品本身就具有极大的不确定性，以金融衍生工具为代表，其本身就是资产价格、利率、汇率等市场因素反复易变性的产物，它们又反过来作用于资产价格和金融市场，使金融系统的风险激增，给现有的金融监管体制带来挑战。现有的以机构为主的监管体系监管重叠与监管真空并存问题突出，金融监管部门在进行风险排查时，往往出现对象重合、内容交叉的问题，各监管部门的权责范围还存在模糊地带，整体上还没有做到统筹规划、形成合力。所以，现在急需填补监管空白，补齐监管短板；也要求各个金融行业及各个业务环节的协调监管机制进一步完善，解决当前存在的监管权责模糊、监管套利和监管空白等问题，补齐监管制度短板。银保监会表示，要排查监管漏洞，弥补监管短板，形成依法合规经营的长效机制，如此才能做到既保证金融市场的安全性，又能鼓励互联网金融企业创新的积极性。

三、金融网络化、信息化、数字化发展

近年来互联网、大数据等信息技术的高速发展，促使各金融市场、各主体之间形成了复杂的网络特征和联动关系，任何微小的变化都可能会引发全局震动。金融业务交叉运行，金融信息在不同市场间的快速传递，使得金融交易对信息透明度的要求大大提高。受制于监管机构分设等因素，金融领域的综合统计建设、信息共享平台建设以及大数据建设落后于大环境，使得金融监管缺乏足量的数据支持，也难以使用大数据技术丰富金融

监管手段。但现实中，足量、高质量的信息和数据有着至关重要的作用，它们是宏观审慎评估和制定宏观审慎政策的基础。而统一的金融业综合统计体系以及共享的大数据平台又是宏观调控和金融监管有效实施的基础。在当前分业监管体制下，没有统一共享的金融基础设施和金融统计系统，无法获得充分的监管数据，将严重影响监管信息的可得性、完整性和系统性。在各类机构业务日趋融合背景下，易导致监管反应迟钝，无法在合理的时间内达到提取、管理、处理并整理为有用信息的数据。金融市场信息难以及时反馈到监管部门，将导致监管部门与金融市场信息不对称；金融监管呈现明显的"顺周期"监管，未能实现有效的"逆周期"管理，会致使监管部门对金融风险的识别能力和危机预警能力难以提高，无法有效平抑金融市场波动，很难防范未来可能出现的系统性金融风险。

进一步说，即使能够基于互联网技术进行监管活动，但网络的开放性和共享性使其极易遭受安全风险，如外围病毒、黑客攻击。具体来说，中国目前互联网金融交易都还依靠连接外网，但网络环境的不稳定性使得金融交易的安全性大打折扣，若遇到安全漏洞，就很可能使交易出现无效、滞后或是失败的情况，从而增大了交易的隐患，也加大了监管难度。这种高虚拟化的互联网金融交易对监管主体提出了更高的监管要求，不仅要求金融监管部门与时俱进提高监管技术手段，更要不断引进高技术的专业性人才，以适应金融行业日益创新发展的局面。

第四节 中国现行金融监管体系面临的关键问题与挑战

一、监管主体之间存在协调障碍

（一）中央部门间存在金融监管协调障碍

"一行两会"新金融监管体系的构建已经在很大程度上解决了以往职责模糊、信息不畅的问题，但中央部门间的金融监管协调障碍依旧存在，具体表现在金融监管协调的制度安排还不够合理，宏观审慎监管与微观审慎监管割裂问题日渐明显。新监管框架下的银保监会已经不具备拟订重要法律法规草案以及审慎监管基本制度的权力，以上内容均被划入央行职责范畴之内。这导致了银保监会将主要专注于微观审慎监管,而央行将主要专注于宏观审慎监管。但在实际操作中,宏观审慎与微观审慎本是难以割裂且从始至终贯穿整个监管过程的,这种将微观审慎和宏观审慎分裂开来的举措无疑给金融监管协调带来了新的麻烦。目前的解决办法是以交叉人事安排来解决中央部门间的协调问题,但常态化的制度安排并未成型,中央部门间的职责边界仍然处于十分模糊的状态。

此外,金融监管协调机制的建设与相关法律制度的建设不同步,还没有做到将《中国人民银行法》《银行业监督管理法》《证券法》《保险法》《信托法》等相关法律的修订与"一委一行两会"体系的构建有序衔接起来。

(二)中央与地方间存在金融监管协调障碍

一直以来,中国中央金融管理部门都是垂直管理,但近年金融领域持续创新,大量新兴金融业务涌现,风险识别更加困难,中央金融监管部门和地方监管部门也面临着更严峻的风险挑战,原有的垂直管理制度已经无法满足当前的金融业态,眼下最重要的任务是强化中央与地方之间的双向协调。在现实中,中央和地方之间存在着协调障碍:一是中央与地方政府之间的金融监管权责不协调,极易导致监管重叠、监管真空以及监管越位的现象出现。从央地权责的角度来看,中国现有制度只是从原则上界定了中央与地方金融监管权限和风险处置责任,仍存在大量模糊地带没有确定权属,在实践中也没有具体的操作办法和规则可以参考。地方金融监管部门也缺乏中央部门的有效指导,信息的上传下达面临一定的障碍,不同地区之间缺乏畅通的信息沟通机制。二是中央与地方政府之间监管与发展的关系不协调,双方的目标不一致,中央从全局出发,强调系统风险防范,而地方则更加重视自身的经济发展。地方政府为抓住时代发展的风口,促进地方经济发展,获得机构的资金支持或更多的信贷投入,常常会做出睁一只眼闭一只眼的监管行为。事实上,一些地方政府常常因为过度关注本区域金融发展,而忽略了快速发展背后潜在的系统性风险,放任一些金融机构过度追逐新技术与新业务,最终造成资源配置不合理,甚至引发现实损失,危害地区经济。虽然第五次全国金融工作会议要求地方加挂金融监督管理局牌子、整合地方金融监管职能,但在实际操作中,要面临的政务数据整合、机构间工作协调等问题却难以处理,给地方金融监管协调带来了障碍。

二、分业监管不适应金融的发展

随着中国加入 WTO，银行、信托、证券、保险等金融业务的交叉以及金融机构的融合，使得现有的金融分业监管机制所隐含的矛盾更加突出，主要表现在三个方面。

首先，金融混业趋势下采取分业监管，必然会出现监管重复和监管真空的问题。银行、信托、证券、保险等金融业务的混合削弱了分业监管的业务基础，也增加了分业监管的难度。一方面，传统垂直管理体系下的分业监管模式会导致同级监管部门之间的权力之争，在类似银行涉及证券业务（包括基金托管、债券承销、资产证券化等）等需要多方监管的领域，很难厘清部门之间的责任和权力边界，出现重复监管，甚至出现不同部门的监管政策相互冲突的情况。这不仅给部门监管带来了困难，也让金融机构在多个部门的监管下处于混乱状态。另一方面，"谁的孩子谁抱走"，"淘气的孩子"自然没人管。金融科技的发展使一些金融风险被巧妙地隐藏起来。在高风险的模糊地带，多个监管部门互相观望，产生监管真空问题，助长了金融机构的"监管套利"行为。而且，集团控股下的混业经营使得现行分业监管效率低下，混业经营的集团公司可以明目张胆地在不同部门间转移风险和收益，使风险难以被发现，降低了金融监管的效率。

其次，分业监管带来了信息沟通不畅的问题。从横向看，在各监管部门手中的金融信息过于零碎，无法看到整体样貌；从纵向看，重要信息总是难以及时反馈给金融监管部门，造成部门反应的滞后。信息的碎片化和时滞性使得监管部门之间信息沟通不畅，导致事前风险识别不准，事中风险处置不当，最终风险失控。

最后，分业监管容易导致金融监管竞争，各部门追求权力的争夺和部门内部的扩张。从中央层面看，各监管部门为了自身所监管领域的快速发展，追求更高的监管权力，很有可能争先恐后放松对交叉领域金融产品的监管要求，促成了监管部门间竞争的恶化，最终导致"劣币驱逐良币"；从地方层面看，地方政府更加重视本地区经济发展，很可能出于政绩考虑，对潜在的金融风险睁一只眼闭一只眼，以此铤而走险为新兴的金融业态创造更多的发展机会。但长此以往，会产生地方债务风险等不稳定因素，还会干扰中央监管部门对该地区的判断和监管。

三、监管法律体系不适应当前金融发展

(一) 监管法制体系不协调

中国法治体系还不健全。首先,中国金融监管一些领域的法律仍属空白,针对金融监管协调更为详细的法律文件仍未出台,比如金融机构的市场退出机制仍未明确,金融控股公司也还没有明确的监管主体,这也为金融监管协调的实际操作带来了困难。其次,中国监管协调机制仍未规范化,中国目前的金融监管主要依照《中华人民共和国人民银行法》《中华人民共和国商业银行法》、国务院的行政法规以及中国人民银行的银行管理规章等。然而,以上法律法规之间存在诸多重叠或相悖之处。举例来说,中国人民银行发布的银行监管规则中的部分条例与基本法律存在重复情况,银行业务管理规章也存在着十分严重的重叠现象。此外,由于中国金融监管协调法律体系尚未完善,金融监管协调在实践上只能依靠监管机构间不定期召开监管联席会议,但会议本身也还没有规范的制度管理,内容也不够务实,很难从根本上做到金融监管的统筹协调。

(二) 监管法治体系与 WTO 法律制度不协调

一方面,国家为保护国内商业银行特别是国有独资银行所设立的一系列特别保护措施,与 WTO 法律制度相违背。比如,对专营垄断项目、公共机构购买金融服务方面的特别保护,这导致国内商业银行只剩改善服务质量这一条吸引客户的途径。另一方面,现有的法制在银行、证券和保险领域都不同程度地存在对非居民金融服务提供者及境内外国金融机构的限制性规定,这也违反了 WTO 的相关要求。此外,在非歧视措施方面也存在着与 WTO 法律不一致的情况,中国目前仍然对外国金融机构的直接进入、外资机构的市场准入等多有限制。

(三) 监管主体职权的履行缺乏可操作性

一方面,现有《中华人民共和国人民银行法》仅从原则性上阐述了中国人民银行的机构设置和金融监管职责,但在实际操作中对具体监管权力的运用仍缺乏详细的规定,导致金融监管实践中存在诸多问题,不能做到高效执法。此外,中国人民银行在行使监管权的过程中,缺乏相关机制的保障。例如,稽核检查的相关规定并不完善。现有规定仅处罚提供虚假的或隐瞒重要事实的财务会计报表的、拒绝中国人民银行稽核或检查监督的

商业银行,并没有考虑到提供材料不及时以及不完整的情况,使得金融机构可能抓住漏洞浑水摸鱼,不利于保证中国人民银行监督职权履行的有效性。

(四)监管法制体系对监管手段不够重视

监管立法对监管手段还没有足够重视,且缺乏完善的市场退出机制,《中华人民共和国商业银行法》对银行因破产或主动退出市场的监管之规定还过于简单。这使得银行一旦破产,会因为没有完善的退出机制而将风险传导至整个金融系统,进而引发一系列的社会问题。而且,金融破产法的缺失使得效益低下的金融机构难以稳定退出,增大了整个金融系统的风险。

(五)监管法制需要进一步确定银行经营范围

中国目前仍实行分业经营,对银行经营范围的限制非常严格,仅限于传统业务。然而,随着中国的进一步开放,国际金融业逐渐呈现出由分业到融合的走向。对此,中国应引起足够重视,积极研究借鉴国外经验,完善中国监管法制。

◆思考讨论题◆

1. 中国的金融监管改革经历了哪几个时期,分别有哪些重要节点?
2. 为什么新时代中国需要构建完善金融监管协调体系?
3. 混业化趋势以及金融创新为中国的金融市场带来了哪些机遇与挑战?
4. 中国现阶段金融监管体系存在哪些问题与障碍?要如何深入推动中国金融监管协调工作的开展?

第四章 新时代中国金融监管协调

第一节 中央与地方的监管协调
——以广东省为例

一、维护地方金融安全和金融监管协调

(一) 地方金融风险容易引发"边缘革命"式金融风险

当前,金融风险变得更加隐蔽和复杂,呈现出传染性更强、跨地域更大、影响面更广和扩散速度更快的特征,金融风险防控工作面临着新的挑战。其中,非法集资、金融诈骗等违法违规金融活动频发,对地方金融秩序造成了极大的破坏,使区域性金融风险防控压力变大。在2017年召开的中央经济工作会议上,习近平总书记明确提出:"打好防范化解重大风险攻坚战,重点是防控金融风险。做好重点领域风险防范和处置,坚决打击违法违规金融活动,加强薄弱环节监管制度建设。"此外,习近平总书记在中共中央政治局第十三次集体学习时指出,"防范化解金融风险,特别是防止发生系统性金融风险,是金融工作的根本性任务,也是金融工作的永恒主题"。

地方金融系统是指为地方金融发展提供服务的机构、市场。地方金融系统中的微观主体类别很多,包括金融机构、上市公司、非上市企业、家庭/个人和地方政府。其中,地方金融机构具有特殊性,除了纳入中央监管机构监管的大型金融机构及其分支机构以外,还包括根据中央要求纳入地方金融监管范围的"7+4+1"类地方金融主体。"7+4+1"类地方金融机构具体是指:7类机构包括小额贷款公司、融资担保公司、区域性股权市场、典当行、融资租赁公司、商业保理公司、地方资产管理公司;4类机构是指投资公司、农民专业合作社、社会众筹机构、地方各类交易

所；1类机构是指网络借贷信息中介机构。

在国家金融安全体系中，地方金融监管具有特殊的重要性，具体表现在两个方面。

一方面，地方金融风险管理是一个崭新的挑战。大多数地方金融活动不纳入中央监管机构的监管范围，主要由省/市金融办兼职监管，缺乏专门的监管机构，是金融监管的薄弱地带。同时，传统金融风险管理理论和技术不适用于地方金融机构的风险管理。这是由于传统金融风险管理依赖完善的财务数据和风险内控流程，但地方金融机构财务数据和风险内控体系大多缺乏规范，这给地方金融机构的风险管理带来新的挑战。

另一方面，地方金融风险容易向全国蔓延而造成"边缘革命风险"。地方金融系统中的各类微观主体形成了一个复杂的关联网络，使金融风险在复杂网络中传导蔓延。加上地方金融活动处于缺乏专门监管机构进行专业监管的边缘薄弱地带，因此，易积累金融风险进而引发重大金融风险事件。比如，某些地方企业的非法集资活动往往结合网络传销手段进行疯狂扩展，从个别地方市场向全国市场蔓延。但在实际监管过程中，中央监管机构对地方企业缺乏监管权限和信息，地方金融管理机构又缺乏专业力量和监管能力，且在风险扩散后不能对全国范围进行监管，于是，一些地方金融风险隐患得以野蛮增长，一旦风险爆发，将造成极为严重的金融风险事件，例如E租宝、钱宝网事件。又如资本系风险，地方上市公司往往通过控制地方金融机构作为进行资本扩张的融资渠道，一旦风险爆发，不但对地方金融经济造成极大冲击，而且会通过业务链条等对全国金融市场系统造成严重威胁，例如"德隆系"和"海航系"等风险。在监管过程中，作为上市公司的监管主体证监会和证券交易所不具有地方金融机构的监管权责和信息，难以对资本系风险进行识别和监测。这种地方金融风险隐患造成的重大风险可称之为"边缘革命风险"，即在复杂的金融网络系统中，导致危机的风险往往从比较边缘和薄弱的地方爆发，由小变大，不断蔓延最后导致全局崩塌。"边缘革命风险"不局限于社会风险，金融风险也存在同样的规律。例如，中国股市2015年异常波动（俗称"股灾"）的重大金融风险事件就起源于游离在中央监管体系之外的场外配资和"伞"形信托等高杠杆融资活动。可见，"边缘革命风险"是一种严重的系统性风险，如何防止地方金融风险通过复杂的金融网络进行累积和蔓延，是在维护国家金融安全的过程要面临的重大挑战。

（二）防范金融风险与央地金融监管协调

金融监管协调的最终目的是防范金融风险，维护金融安全与稳定。为了推动金融监管协调更好地监控跨市场风险传染，中国曾多次建立了由中国人民银行牵头的金融监管协调部际联席会议制度，重点围绕金融监管开展跨多个部门的协调工作，在纵向监管协调方面取得一定的进展和成绩。然而，中国近些年出现的金融乱象还和纵向监管协调不足有着密切关系。目前，各省、自治区和直辖市的监管机构主要为地方金融办，但随着地方金融的急速发展和扩大，金融办的监管能力与监管资源开始显现出局限性。再加上金融科技的兴起和互联网金融的需求增加，地方金融风险开始积累并产生了"非法集资、区域性资产交易中心乱批乱设"等乱象。这说明金融监管协调不仅需要在全国范围内进行横向跨市场监管协调，也需要中央与地方的纵向监管协调。为此，自2018年开始，部分地方政府将金融办（局）升级为地方金融监督管理局，中国金融监管模式也由单一监管模式向双层监管模式渐进转变。

此外，第五次全国金融工作会议提出的国务院金融稳定发展委员会（以下简称"金融委"）也自然而然地担负起改革重任。2017年11月8日，金融委宣告成立并召开第一次会议。金融委的设立不仅是将2013年10月开始运行的金融监管协调部际联席会的"部际水平协调"升级为"上下级垂直协调"，而且是提升中国金融领域国家治理水平的重大体制机制创新。金融委在开始运行后，加强了对金融领域相关事项的统筹研究协调，但主要还是解决了金融监管的横向协调，弥补了分业监管的不足。而地方协调机制一直没有建立起来，中央与地方的监管半径都有局限，在实践中容易出现两相割裂的监管空间，需要建立纵向的金融监管协调机制。因此，2020年1月，金融委办公室下发了《国务院金融稳定发展委员会办公室关于建立地方协调机制的意见》，要求各地区应当建立金融委办公室地方协调机制，加强中央和地方在金融监管、风险处置、信息共享和消费者权益保护等方面的协作。

（三）广东面临的地方金融风险形势

粤港澳大湾区是中国金融创新最活跃的区域，具有丰富的金融资源和雄厚的金融服务基础。香港是继纽约和伦敦之后的全球第三大金融中心，据中新社报道，2015年香港金融总资产超过31万亿元，对外金融总资产超过24万亿元;深圳是中国第二大金融中心和成长中的全球金融中心,广州是国内重要的区域金融中心,2015年广东金融资产超过了23万亿元;澳门是开放的国际特色金融中心和博彩业中心,金融资产超过万亿元。作为粤港澳大湾区最核心的广东省,是经济大省,也是金融大省。其银行业总资产、各项存款、各项贷款等主要指标均居于全国前列,地方金融活动蓬勃发展,政府、金融机构和企业都积极发展地方金融风险管理手段。

近年来,P2P(peer to peer lending,点对点网络借款)等互联网金融、私募股权基金、融资担保、地方各类交易所等地方金融业态风险频发,成为防范化解金融风险工作所要面临的重大问题。广东省金融创新十分活跃,但是其地方金融安全形势已十分严峻。以广东省地方金融风险监测防控平台监测调研数据为例,从截至2018年1月已纳入监测的20137家企业中,我们发现已爆发风险的异常企业为127家,高危企业77家,高风险企业491家,风险指数达到高风险及以上的企业占监测企业总数的3.45%,须重点监测企业180家。一些企业已成为系统性金融风险的重点关注对象,亟待处置。并且目前缺乏统一的监管处置机构,都是各个地方政府自行处置,各为其政。广东省是粤港澳大湾区的中心,毗邻国际金融中心香港,是承受境外金融冲击的最前线。一旦在境外金融风险冲击下,地方金融风险隐患集中爆发,将可能通过上市公司、地方金融机构、非上市企业和家庭/个人构成的复杂网络向全省、粤港澳大湾区甚至全国进行蔓延,从而导致严重的系统性风险事件发生。

二、中央与地方金融监管协调体制的现状与挑战

(一)金融协调监管体制的现状

从2017年中央经济工作会议提出要在"今后三年要重点抓好决胜全面建设小康社会的防范化解重大风险、精准脱贫、污染防治三大攻坚战"后,广州市地方金融监督管理局响应国家号召,2018年在全国率先推出了《广州市决胜防控金融风险攻坚战三年行动计划(2018—2020年)》,并在接下来2年内于各个方面取得关键进展,使地方金融领域风险总体可控,逐步形成地方金融风险防控的"广州模式",实现部门监管、行业自律、大数据检测等风控领域的全方位覆盖。2020年5月10日,由于在防范化解金融风险、营造诚实守信金融生态环境、维护良好金融秩序、健全

金融消费者权益保护机制方面成效较好,在《国务院办公厅发布关于对2019年落实有关重大政策措施真抓实干成效明显地方予以督查激励的通报》中,广东省被予以督查激励。

1. 地方政府金融监管协调机制

为了实现金融风险监管全覆盖,加强地方监管部门之间、中央政府与地方政府之间的金融监管协调,广东省先后建立了防控金融风险联席会议制度和金融委办公室地方协调机制,逐步构建金融监管协调体系。这些协调机制在不改变现行的"一委一行两会"分业监管架构的同时,像"胶水"一样将各个部门联结在一起,降低了各级监管部门之间的割裂程度,消除了由此带来的金融监管真空。

2017年第一季度,广东省人民政府金融工作办公室推动建立了广东省防控金融风险联席会议制度,由分管副省长担任召集人,成员单位有省金融办、中央驻粤金融监管部门和省有关部门。其不改变现行金融监管体制,不替代、不削弱有关部门现行职责分工,通过季度期召开联席会议来开展相关工作。

广东省防控金融风险联席会议制度的职责主要是:协调指导省各部门之间、省与中央驻粤金融监管部门之间的协同监管、风险防控工作;强化监管技术手段和相关数据信息的共享;在风险监测预警、落实监管措施等方面进行联动,形成对类金融业态的合力监管;协同应对新形势下的地方金融监管、金融形势分析、区域性系统性金融风险的防范化解等重大问题,共同维护金融安全稳定。另外,广东省防控金融风险联席会议制度还需要在国家的统一部署下推进地方金融工作部门职能调整,强化监管力量;研究建立机构监管与行为监管相结合的创新监管模式,以实现地方金融业态监管的全覆盖、无死角。

2020年年初,国务院金融委办公室印发《国务院金融稳定发展委员会办公室关于建立地方协调机制的意见》,将在各省(区、市)建立金融委办公室地方协调机制,加强中央和地方在金融监管、风险处置、信息共享和消费者权益保护等方面的协作。为贯彻金融委办公室的要求,国家金融管理部门驻粤机构、广东省人民政府相关部门协商成立金融委办公室地方协调机制(广东省),并于2020年3月4日发布《关于建立金融委办公室地方协调机制(广东省)的通知》。

根据相关文件,广东省协调机制设在中国人民银行广州分行,日常工作由中国人民银行广州分行承担，邀请广东省人民政府相关部门、省内相关市政府和金融机构负责人参加会议。广东省协调机制定位于指导和协调，不改变各部门职责划分，不改变中央和地方事权安排，主要通过加强统筹协调，推动落实党中央、国务院及金融委有关部署，强化金融监管协调，促进区域金融改革发展和稳定，推动金融信息共享，协调做好金融消费者保护工作和金融生态环境建设，履行属地金融监管和地方金融风险防范处置责任。

广东省协调机制的成立，有助于建立中央和地方条块结合、各有侧重、监管覆盖完整、协调联动机制健全的金融监管体系格局。广东协调机制将按照"强化统筹协调、增强有效合力、促进区域发展、提高监管效能"的原则开展工作，在实践中不断探索完善，充分调动中央和地方的积极性，消除监管真空，避免监管缺位，最终形成监管的强大合力，更好地服务实体经济、防范金融风险、深化金融改革。

2. 对于地方金融机构风险的监管

广东在P2P等重点领域成立了相应的工作小组，例如P2P风险应对工作小组和网络借贷风险应对工作领导小组，专门负责各个领域的金融机构风险。一方面，清理整顿网络上的股权融资、外汇交易、资产管理等平台；另一方面，对小额贷款公司、P2P、融资担保等公司进行现场检查。

广东的监管部门特别注重对P2P平台的监管。2018年2月28日，广东金融办在其官网发布《关于贯彻落实网络借贷信息中介机构业务活动管理暂行办法的通知》，从各个方面加强对P2P平台业务活动的监管。首先是加强了市场准入限制，对已存续网贷机构严格开展现场检查、整改验收等工作，对验收合格的指导办理备案登记，除了这些少量严格备案的机构以外，其他的机构都应该根据相关政府文件制订退出计划。目前，P2P行业已基本完成风险出清。其次是要坚持穿透式监管，对业务实质进行界定，不留监管盲区。最后是要强化监管手段，加强监管科技应用，将P2P平台数据接入地方金融风险监测防控中心。

2018年3月8日，广州互联网金融行业在全国率先实行首席风险官制度，并在2020年5月6日进一步将该制度推广到小额贷款行业。首席风险官定位为金融机构高级管理人员，既参与高管会议，列席董事会，也对监管部门和投资者负责，负责搭建、维护并运行金融机构的风险体系，并对金融机构业务部门工作的合法合规性和风险管理状况进行监督检查。该制度与监事制度、独立董事制度相配合，是对现有金融机构公司治理机制的进一步完善，有助于提高各金融行业内部合规及风险管理水平，促进金融机构依法稳健经营，完善金融消费者和投资者权益保护体制机制，构建行业的监管长效机制，形成金融行业"外部+内部"协同监管合力。

3. 对于非法金融活动的监管

近年来，广东省有关监管部门坚决打击非法集资等非法金融活动，把处置非法集资风险摆在突出位置，主动出击，大力开展"排雷行动"，有力、有序处置大案要案和久拖未决的案件，化解积累多年的风险。

另外，政府积极进行群防群治工作，依托群众力量，通过多种举措来防范风险。在宣传教育方面，按照"政府主导、机构支持、社会参与、上下联动"的思路处置非法集资，部际联席会议连续7年组织开展防范非法集资宣传月活动，广州市地方金融监管局通过《广东金融大讲堂》等多渠道投放法治宣传视频，合力打造防范和化解非法集资宣传教育"广东模式"。对非法集资的举报奖励力度进一步加大，一些地方及时调整标准、扩大范围，受理线索、奖励金额均实现大幅增长，并解决奖励门槛标准过高、奖励范围过窄、奖励兑现时间滞后等问题。

监管部门还充分运用互联网、大数据、人工智能等科技手段，建设非法金融活动风险防控平台。超过25个地区已建或在建大数据监测平台，并有12个重点地区200余家高风险机构已经进行了全面体检扫描。广东省非法集资监测预警体系建设加快推进，立体化、信息化、社会化的监测预警体系正逐步形成。

最后，各地各部门正积极探索落实非法金融活动全链条治理思路，抓住企业准入审核、广告监管、资金异动监测和风险防控、与社会信用体系对接、资产保值和处置等关键环节，深化全行业、全流程、全生态链防控，从源头上降低非法金融活动的风险。

4. 地方金融风险防控平台与非现场监管

广东省人民政府依托广州商品清算中心于2017年授牌成立广东省地方金融风险监测防控中心，是全国首创的地方金融风险监测防控平台。防控平台打造了金融风险防控"金鹰系统"，利用自然语言处理等信息化、智能化手段推动风险全链条、立体化、高效率处置，有效落实识别预警、实时监测、分析与辅助定性、协调处置四大职能，形成了风险"识别发现—监测预警—深度研判—协同处置—核查反馈—持续监测"的闭环管理机制。

"金鹰系统"根据其四大职能建设了10个平台。在识别预警方面,有主动识别平台、舆情监测平台和监测预警平台。主要功能是根据"7+4+1"类地方金融业态业务特征分别建设监测预警模型,通过对接政务信息、金融机构报送信息及网络舆情、投诉信息等数据,实现动态评级和及时预警。在实时监测方面,建立了非现场监管平台、金融广告监测平台、电子合同存证(交叉验证)平台,集中统一登记被监测企业的基本信息、经营情况、资金信息等,并进行信息交叉验证,运用现代金融科技手段实现穿透式监管。在分析与辅助定性方面,监测预警平台除了识别预警,还能深入研究地方金融各个业态特征,提供行业调查分析报告、地区金融稳定发展报告、舆情分析报告和企业专项风险排查报告。最后是协调处置,由金鹰投诉举报平台、资金监管平台、非法集资信息报送平台、风险处置管理平台和电子合同存证(证据保存)平台能协助实行此功能。

另外,为进一步加强防控中心的非现场监管能力,解决数据缺失、数据造假等问题,由防控中心打造的地方金融非现场监管区块链系统于2020年1月8日正式落地。该系统是全国首条地方金融风险防控链,利用区块链中的分布式记账、智能合约和共识机制等技术,可实时同步金融机构的资金、资产、交易等核心信息,将交易合约数字化,保证交易记录不可篡改,具备可追溯性,并能降低金融系统被黑客攻击的风险。

深圳市地方金融监督管理局和腾讯公司合作开发了"灵鲲金融安全大数据平台",通过人工智能识别、基于数据挖掘的多维度信息关联、基于知识图谱的平台风险指数计算、基于涉众人数增长异常规模预警等风险识别方法,有效预警全市金融活动中蕴藏的各种金融风险,得到国家部委的高度认可。

5. 数字金融协同治理平台

2019年8月10日,由广州互联网法院联合广州市地方金融监督管理局、广州市越秀区人民政府共同成立的全国首个数字金融协同治理中心在广州正式揭牌。该中心汇聚了先进的人才资源和技术资源,积极构建数字金融协同治理机制,提升广州数字金融治理能力和水平,是为粤港澳大湾区全力推进数字金融建设赋能的新举措。

该平台的主体部分是全国首个针对互联网金融纠纷的全流程在线批量审理系统——"类案批量智审系统",覆盖了存证调证、催告、和解、调解、申请立案、立案审查、送达、证据交换、庭审、宣判、执行等诉讼环节，实现了全流程在线快速、批量、智能办理。其中，送达环节全程通过区块链记录，可实时追踪送达时间、地点、签收人等关键节点信息。对于代表性强、具有示范意义的典型案件，法官可以通过发送邀请码等形式让同类型案件当事人在线旁听，从而推动平行案件达成和解、调解协议。

构建数字金融协同治理机制，探索创新"互联网+"纠纷解决机制，是加强机构协同互动、保障数字金融高质量发展的必然要求，为金融纠纷提供了一条多元化、批量化的解决之道，有利于推动形成"数字湾区"金融发展"生态圈"，为营造公平、透明、稳定、有序的数字金融法治化营商环境提供有力支撑。

（二）金融协调监管体制面临的挑战

1. 决策层次不够高、链条长

现在做出地方金融监管相关决策的政府部门层次较低，这样的决策机制比较适用于日常事务性的监管工作，但决策集中度不够高，在面对需要协调统筹的决策时就会使决策链条加长，使地方金融监管效率变得低下。

2. 联合处置协调机构权责不够清晰

虽然国家逐步开始重视地方金融监管协调，但当前地方政府在统筹协调地方金融监管事宜方面发挥的作用不够充分，在推动加强监管协作、形成监管合力方面的统筹力度不够，使得联合处置协调机构分工不明、权责不明，缺乏有效的考核激励和追责机制，难以压实风险处置的责任。在风险处置过程中，各部门往往存在争议和踢皮球现象，使处置时效严重滞后。最终导致参与部门协调配合积极性不高，工作参与度不够，往往协调机构变成了承办机构，很大程度上影响了对金融市场、金融主体等的穿透式监管和整体监管的效率。在此过程中，地方金融风险逐渐累积直至爆发，使处置部门之间出于责任归属考虑，更加难以协调，形成了恶性循环。

3. 地方性金融监管法规比较薄弱

目前，关于地方政府金融监管的法律制度还处于缺失状态，法律中没有地方政府金融监管职责和地方金融及央地金融事权划分的相关规定，监管机构的执法依据基本上只是规章和规范性文件，立法层次和法律效力偏低。而且除了河北、山东、浙江等少数省份，大多数省份还没有制定发布地方金融管理条例，监管部门对地方性金融活动的约束缺乏规范性和合法性。

也正因如此，地方金融监管局缺乏有力的处置机制，行使行政审批权的依据不足，也不能行使行政执法权和行政检查权。对于危害地方金融稳定性的企业，相关部门只能给予警告或罚款，不能做出与危害相对应的处罚，导致风险企业在监测过程中风险逐渐膨胀，相关部门无法真正实现维护地方金融安全的目标。

4. 监管的数据平台尚需完善

虽然广东省的地方金融风险监测防控平台仅在广州就高效监测了 1400 万个市场经营主体，实时监测了 40 多万家重点企业，但是仅覆盖了私募基金、商业保理、融资租赁、网络小贷和 P2P 行业，余下的"7+4+1"类地方金融业态，包括融资担保公司、区域性股权市场、典当行、地方资产管理公司、投资公司、农民专业合作社、社会众筹机构、地方各类交易所的数据均处于缺失状态，亟须完善。

在技术方面，"金鹰系统"只能通过一些简单的统计性指标对金融风险进行监测，还不能使用智能的方法去构建模型和新的风险指标，需要逐步完善。接下来，平台的技术发展方向主要有地方金融数据多源融合与多维度标识技术、基于复杂网络的金融风险知识图谱和深度学习技术、基于人工智能算法的风险评估与监测预警技术、与地方金融风险压力测试与情景—应对分析的计算实验建模技术。

三、地方金融监管协调与金融风险防控的经验总结

（一）建立多层次的金融监管协调模式

近几年来，广东省通过建立各种机构、颁布各种政策的方式逐渐建立起了一个多层次的金融监管协调模式：在政府层面，制定了广东省防控金融风险联席会议制度和金融委办公室地方协调机制（广东省）等监管协调制度；在行业与金融机构层面，通过行业协会和专门工作小组来防控各个行业领域的金融风险，利用首席风险官制度提高各金融行业内部合规及风险管理水平；在社会公众层面，积极进行群防群治工作，发动群众防范非法金融活动风险。

这种多层次的金融监管协调模式可以扩大金融监管的覆盖范围，增强对金融风险的防控力度，形成"全局一盘棋"的监管协调局面，有利于消除分业监管造成的重复监管和监管真空，应该在粤港澳大湾区乃至全国的

金融监管协调模式建设中推广。

（二）积极运用先进的新制度和新技术

过去 5~10 年，地方金融出现了前所未有的发展，小贷、典当、担保、融资租赁、网贷、私募股权等类别的类金融机构快速发展，但金融监管和风险防控仍缺乏有效的手段。在地方金融管理面临着责任越来越重、人手不足的同时，还存在着金融风险监控缺乏有效手段、金融风险防控抓手严重缺失、地方金融监管部门面临信息不对称等问题。在这一背景下，广东省在建立广东省金融监管协调模式时，各监管部门不断创新，在全国第一个引进在国际上表现优秀的首席风险官制度，成立全国首创的地方金融风险监测防控中心、全国首个数字金融协同治理中心，还建立了全国首条地方金融风险防控链和全国首个针对互联网金融纠纷的全流程在线批量审理系统。在风险监测防控平台的具体实践中，相关监管部门将通过这一平台认定高危、高风险的企业，并将对接广清中心统一清算系统进行相关处置，一旦出现风险，金融监管部门可采用第一时间停止新开户、冻结资金以及限制资金进出等有效控制手段。

能够看出，广东省在地方金融监管协调领域的成就在全国范围内处于领先地位，获得多个"全国第一"。这是因为广东省在进行建设时不故步自封，不断吸收国内外的先进制度和技术，保证了广东省金融监管协调架构先进的效用和效率，形成了在全国独树一帜的地方金融风险防控"广东模式"，发挥了巨大的模范带头作用。

第二节　中国多层次资本市场发展与金融监管协调及经验借鉴

一、中国多层次资本市场发展现状

多层次资本市场的发展建设在中央的重要文件中多次被提及，现已成为中国经济金融改革的重要内容。习近平总书记在 2017 年的全国金融工作会议上指出，"要把发展直接融资放在重要位置，形成融资功能完备、基础制度扎实、市场监管有效、投资者合法权益得到有效保护的多层次资本市场体系"。党的十九大报告也提出"深化金融体制改革，增强金融服务实体经济能力,提高直接融资比重,促进多层次资本市场健康发展"。"融资功能完备"已被认为是中国建设多层次资本市场的首要目标。

从20世纪90年代沪、深股市开办以来,中国资本市场发展迅速,已经初步建立起由沪深主板、中小企业板、创业板、科创板、新三板、区域性股权市场组成的多层次股权市场体系。中国多层次资本市场的发展已取得初步成效,市场化的改革也逐步深入,政府逐渐减少对市场的干预,各类市场的资本要素得到了更有效的配置。中国资本市场也逐步开启对外开放的步伐。自2014年起,中国实行"沪港通""深港通",并积极推进"沪伦通"的改革工作,扩大了中国金融市场对外开放。中国于2020年4月起正式对期货、证券和基金管理公司等的外资持股比例进行限制,显示了中国金融市场对外开放改革的加速。

(一) 中国多层次资本市场发展现状

(1) 沪深主板证券市场是多层次资本市场的排头兵,一定程度上成为中国国民经济的"晴雨表"。主板对企业的上市要求标准更高,对发行人的盈利能力、企业规模、经营年限、股本要求更加严苛,企业经营风险相对较低。截至2019年,沪深主板市场共有上市企业2063家,累计融资50074.05亿元,两市总市值42.39万亿,流通总市值30.59万亿。主板市场发展对中国经济高速增长的作用不可忽视,为促进直接融资和社会资源的合理调配做出了巨大贡献。

(2) 中小板成立于2013年,截至2019年,上市企业有948家,板块总市值为9.88万亿元,总流通市值为7.37万亿元,板块为上市企业年度融资额为8593.3亿元。中小板的上市条件与主板相同,主要为具有成长性的中小企业提供上市融资渠道,为中国快速成长的新兴行业企业做大做强提供发展平台,同时,为中国创业板市场的推出积累了重要的经验。

(3) 创业板于2009年10月推出,主要为了响应国家自主创新战略,给中小型创新创业企业提供直接融资发展平台。截至2019年,上市企业为790家,板块总市值为6.13万亿元,总流通市值为3.99万亿元,板块累计为上市企业融资2915.95亿元。在市场风险可防可控的基础上,创业板的设计在诸多方面不同于主板、中小板市场,如公司的上市发行审核、发行后监管以及市场的交易制度。2020年4月27日,《创业板改革并试点注册制总体实施方案》审核通过,对创业板的注册改革提出了具体要求和明确的规则。

（4）科创板是中国资本市场又一重要补充，于2018年11月提出，2019年6月正式开板，并率先实行"注册制"试点。2019年，科创板上市企业超70家，共计筹资824亿元。科创板的设立能够有效解决已有板块的同质化问题，帮助中国战略新兴企业获得资本融资，发挥资本市场对新兴产业的培育作用。同时，由于较低的上市门槛，可以避免"独角兽"企业流失到海外上市，让更多国内投资者享受企业成长的红利。

（5）新三板市场（即全国中小企业股份转让系统），设立于2012年9月，是中国第三大全国性证券交易所，其场所性质和法律地位与上交所、深交所一致。2019年，新三板实现挂牌企业近7000家，为进一步培育优质的A股上市公司创造了条件。新三板的深化改革也得到稳步推进：2019年10月25日，推出新三板精选层，有助于发挥新三板在多层次资本市场承上启下的核心位置功能，实现多层次资本市场互联互通；为推动新三板市场与其他资本市场的连通工作，2020年4月，新三板正式进入实质性改革阶段，新三板精选层开始对不特定合格投资者业务进行受理和审核。

（6）全国区域性股权交易市场是中国的四板市场，是多层次资本市场能否长久健康发展的基石。自2011年开始，区域性股权市场发展迅猛，逐步形成"一省一市场"的格局。根据2018年全年统计，全国区域性股权市场为挂牌企业累计实现融资接近2000亿元；挂牌、展示企业超过10万家；为企业股份改造超6000家；超过800家企业在新三板培育成功并转板至创业板、新三板上市。在融资方式方面，股权质押、债券融资等间接融资方式仍是区域性股权市场的主要途径，合计占企业融资比重的57.24%，以股权融资为直接融资方式的仅占6.8%。

（二）中国多层次资本市场的潜在金融风险

多层次资本市场的建立延伸了中国资本市场的深度、广度，同时也使资本市场中的各类主体的关系错综复杂，导致监管主体对金融风险更加难以防范。在中国多层次资本市场改革和转轨时期，多样、复杂的金融风险将可能迸发，事前理解和防范这些新型金融风险，对后续多层次资本市场的健康发展至关重要。通过结合金融发展理论和中国多层次资本市场实际的发展路径，可大致将多层次资本市场建立带来的新型风险归纳为以下三类。

（1）多层级风险传导加剧。多层次资本市场的建立，其主要目的是进一步满足企业的融资需求，促进市场的投融资匹配，使企业在不同层级的资本市场进行转板。然而，多层次资本市场之间并没有彼此隔离，不同层次的市场之间本身相互交错、互相作用，容易引发市场间的风险传染。此外，计算机技术在金融市场上不断得到应用，使得风险的演变规律更加难以捕捉，金融产品、市场、地域之间的金融风险会互相作用，并随之放大。

（2）市场自身机制不健全导致风险不可控。中国多层次资本市场目前仍处于初步阶段，各项制度并不完善，运行机制也不健全，由此可能会滋生一系列的风险事件。例如，新三板的流动性风险。在新三板挂牌企业大幅扩容的背景之下，众多企业的股份交易面临严重的流动性危机，既有可能使企业的股票受到恶意炒作，严重情况下也可能造成系统性危机的扩散。

（3）区域性的金融风险容易得到聚集和扩散。2017年5月，《区域性股权市场监督管理试行办法》正式颁布，要求省级人民政府地方金融监管部门对股权区域性市场负责，并制定日常的管理办法和操作细则，承担日常经营管理及风险监督职责，依法查处违法违规行为，组织开展风险防范、处置工作；证监会及其派出机构则负责进行指导、协调和监督，地方金融监管部门与其建立监管合作及信息共享机制。然而，实际上，各省区域性股权市场的发展并不规范，市场建设及准入标准并不统一，政府和市场的关系也未理顺。许多地区为鼓励市场发展，政府发展动机大于监管动力，过于放松的管理制度会活跃市场氛围，也容易引发个体风险扩散和传染。

二、中国多层次资本市场金融监管协调面临的挑战

（一）资本市场市场化与法制化不完善，披露机制不健全

法制化是建设成熟资本市场的必由之路。目前，中国资本市场的法制化建设还存在诸多不完善，市场监管仍需要进一步的完善。在资本市场的违法行为的处置中，会出现"事变则法移"，市场违法成本过低，破坏了市场公平、公正的环境。相比之下，美国资本市场法制化建设更加完善。

至目前为止，美国证券法已经修订40余次，各项法律条例已相对完善，而中国证券法修订或修正仅5次。在市场化改革方面，中国证券市场改革仍处于攻坚期，企业IPO注册制改革尚以科创板进行试点，创业板也处于注册制摸索阶段，且主板、中小板的证券发行仍采用低效的核准制，上市企业市场化退出机制缺失，极大影响了中国资本市场的融资效率。另外，中国上市企业违法处罚力度不足、现金分红等制度安排不充分、投资者保护机制不健全。

信息披露制度的完备是资本市场走向成熟的重要标志，是保证市场运行效率、保护投资者利益的根本前提。然而，中国上市公司的造假违规行为屡禁不止，本质原因是市场制度的缺位，损害了相关者的利益，破坏了市场运作的有效性。中国证券法研究会近期指出，企业年报是中国上市公司信披违规事件主要高发地带，而关联交易及企业担保是违规的主要事项。中国资本市场发展至今，一直以市场发展为主，对投资者的保护动力较弱，市场监管也主要以事后监管为主，同时，处罚的威慑力度不够也使上市企业有事前的作案动机。另外，在政府"核准制"的企业上市背景下，政府对市场的行政干预力度过大，导致监管部分和上市公司主体对信披制度的重要性认识不够，损害了市场的运行效率。

（二）投融资需求错配，金融发展与服务实体经济脱节

中小微企业是中国经济的重要组成部分。根据有关方面统计显示，全国小微企业的经济产出占生产总值的60%以上，并为社会解决90%的劳动力就业问题。然而，融资难、融资贵问题一直是困扰中小微企业发展的重要问题，直接性融资只占小微企业融资来源的极小部分。为解决这一困境，区域性股权市场、新三板市场应当为中小微企业提供资本性融资发展平台。然而，市场的投融资需求并未较好地融合。以新三板为例，目前，市场挂牌企业分化极为严重，一、二级市场差异较大，仅有小部分企业的资本性融资需求能得到满足。此外，市场缺乏足够的流动性，这既造成了对投资者投资市场的吸引力严重不足，也可能引发市场风险。而对区域性股权市场而言，无论是《中华人民共和国证券法》还是《中华人民共和国公司法》，都没有对其属性有明确的规范和限定。股权市场的运行大都依赖地方政府的规章制度运行，这样市场在为企业提供融资服务时难免会受到政府之手的干预，无法有效发挥市场对资源的配置作用，容易产生聚

集性的区域性金融风险。

企业转板机制是多层次资本市场有效运转的核心。首先,作为底层板块,新三板、区域性股权市场的定位存在重叠,与挂牌企业一定程度上是竞争而非协同关系。不仅在区域性股权市场中面临较大的问题,而且在新三板中的企业当中也面临严重的转板难题。即使新三板最新推出的精选层给新三板企业向场内交易市场转板提供了较好的过渡阶段,使企业、投资者以及券商都能更加积极地参与新三板企业的做市交易,但是该类企业仍需要通过复杂的审核程序方能在主板市场进行融资,对企业的资本性直接融资仍造成较大的阻碍。

(三) 底层区域性股权市场薄弱,对上层资本市场难以有力地支撑

区域性股权市场是多层次资本市场建设的基础。然而,该市场的融资能力薄弱,股权融资方式也未得到市场的认可,相比发达国家而言,还存有较大差距。区域股权市场的监管模式、功能地位、交易机制和市场范围仍存在诸多不确定因素,总结来看,未来的发展完善存在四点挑战。

(1) 各省(区、市)市场监管政策不一,没有形成整体的协同性。该问题的症结在于,地方人民政府是否把区域性资本市场发展纳入当地政绩考核中,容易导致对区域性股权市场发展重视程度不高、相关政策的出台与落实较为缓慢的情况,使得各省区域性股权市场发展参差不齐。此外,监管政策冗杂、主体繁多,权责边界与执行主体容易交叉,造成在行使权力面前争先恐后、在责任面前相互推诿,增加了监管成本,降低了整体的监管质量,不利于全国多层次资本市场的健康发展。

(2) 区域市场转板通道不畅,功能定位重叠。目前,区域性股权交易市场的挂牌企业必须退市后才能在主板、中小板、创业板和新三板上申请上市,企业在区域性股权市场挂牌的积极性大大降低。另外,在功能定位方面,区域性股权市场与新三板的功能定位重叠,不利于市场间协同效应的发挥,且由于部分机制的差异,区域性股权市场较新三板处于劣势。

(3) 融资方信息披露制度不健全,投资人保护机制不足。当前,多个省份区域性股权市场尚未与工商部门理顺股权登记工作,直接影响了金融机构对挂牌企业尽职调查、审核授信等业务的正常推进。区域性股权市场融资企业未纳入中国人民银行企业征信平台,投资者无法通过征信平台考

察企业往期信用情况，不利于信息的充分披露与对投资者的保护。

（4）产品创新不足，服务细分能力有待提升。金融产品创新能力与区域性股权市场融资能力具有一定的正相关性，沿海经济发达地区金融创新产品丰富，平台融资能力较强，但内陆省份缺少必要的金融活动创新，市场交易冷清，未达到服务中小微企业的融资效果。

（四）区域性股权市场地域分割，各方监管部门缺乏协同性

在中共中央的宣传鼓励下，全国各省份区域性股权市场相继出现，筹建时间仓促，诸多市场机制并不成熟。而且，当前地方政府为了政绩要求，大规模跑马圈地，忽略了市场风险，容易滋生区域性金融风险。党的十九大提出，要将市场作为资源要素配置的核心力量。不过，区域性股权市场则是由地方政府筹建，其市场运行非常容易受到政府有形之手的干预，市场与政府的关系并未理顺，政府容易破坏市场规则，造成政策风险。此外，各省的区域性股权市场的建设标准并不统一，包括信批制度、交易制度、上市门槛、会员条件、做市商制度等。需说明的是，各地区股权市场制度是做统一规定还是差异化，目前尚无定论。一方面，各地区差异化的企业挂牌制度使得各地区股权市场与其他资本市场难以有效挂钩，多层次资本市场联接机制或流于形式。另一方面，地方金融监管局分管各自属地，与地方政府之间的责任主体并不清晰，增加了监管成本。证监会目前只是区域性股权市场发展和监管的协调者，降低了全国区域性股权市场的监管质量。

（五）资本市场的多层级特征，现有监管难以全面覆盖

多层次资本市场的发展必然带来多层次的监管需求。与场内证券市场相比，新三板市场、区域股权市场分别在市场定位、市场范围、交易机制等方面均有着显著的差别，各个市场的监管主体也并不统一。如何对各层资本市场做到既能统筹兼顾，也能形成差异化的制度安排，对中国多层次资本市场的风险防控极为关键。从本质上而言，多层次资本市场本身就是一种差异化的制度安排，对不同的企业规模、发展阶段、风险特征以及投资者特征有着不同的规定，以实现对企业投融资的对接需求。打造多层次资本市场的目的之一是让中国资本市场形成可联动的市场整体，企业能根据自身的特征在相应市场中获得融资服务，并且在符合条件的情况下自由

转板。然而，相对分割的资本市场给现有的监管机构带来较大压力，而监管过于严苛则又可能丧失资本市场服务实体经济的基本功能。不过，随着注册制改革的推进，监管当局的角色将主要从上市前的审核监管，逐渐转变为对企业上市后的披露监管、违规监管，监管当局应快速转变角色，制定与之相对应的监管制度，形成有效的事后监管。

（六）资本市场创新与金融风险监管存在矛盾

资本市场的发展离不开金融创新，而创新的对立面是金融风险，市场创新与监管之间的矛盾是多层次资本市场发展过程中难以绕开的重点话题。具体而言，多层次资本市场的发展壮大离不开市场机构、运作方式和产品的创新，只有通过创新才能不断使市场扩容，实现社会的投资资金与企业的融资需求相对接。首先，应推进证券经营机构创新发展，满足市场的创新需求。证券机构应当顺应多层次资本市场发展的需要，拓宽业务范围，创新产品及金融服务。其次，必须改变直接运用行政机制来运作资本市场的方式，顺应市场机理的要求和市场供求的变化，适时展开创新，包括改变证券发行、上市和交易为一体的模式，改变市场只能做多的格局。最后，多层次资本市场的金融创新要受到金融监管的约束，放松金融监管将会滋生金融风险，会进一步对实体经济造成伤害。反之，若施加严格的金融监管措施，一定程度上会扼杀金融创新，不利于多层次资本市场的长远发展。

三、美国多层次资本市场金融监管协调经验借鉴

（一）美国多层次资本市场的构成

根据世界交易所联合会（WFE）的统计，至 2019 年 12 月，纽约证券交易所、纳斯达克交易所是世界上最大的 2 个证券交易市场，中国上海证券交易所位居第四。美国多层次资本市场的发展较为完备，是一个典型的"金字塔"结构。证券市场分层在金融工具风险特征、交易组织形式、地理空间三个维度上同时展开。

美国资本市场由上而下是纽约证券交易所、纳斯达克市场（全球精选市场、全国市场）构成塔尖；中间是纳斯达克资本市场和全美交易所；塔基则是由场外柜台交易系统（OTCBB）和粉单市场组成。美国资本市场发展历史悠久，市场机制和功能相对完备，由塔基向塔尖形成相互作用、

递进的市场模式，企业可以根据自身的特征在不同层次的市场之间自由转板，具有"优胜劣汰"的筛选功能。

按照公司的上市标准、上市公司的规模以及市场的开放程度，美国的多层次资本市场结构为四个层次。

第一层次：纽约证券交易所（NYSE）成立于18世纪，主要是为经营成熟的企业提供上市融资服务，上市标准最为严格。NYSE是全球上市公司最大的交易所，首次公开募股（IPO）数量第一。由于退市制度完善，上市企业基本保持在2800家左右。即使作为老牌证券交易所，NYSE仍然发展强劲。其在2007年和2008年分别并购了欧洲的泛欧证券交易所、全美证券交易所（AMEX），继续保持对外扩张。

第二层次：包括纳斯达克（NASDAQ）全国资本市场和纳斯达克小型资本市场，主要面向规模较小、处于成长期的新兴公司，也是外国企业赴美上市融资的主要资本市场。目前，NASDAQ企业总市值仅次于NYSE。NASDAQ有自身的独特之处，并通过差异化战略提高与NYSE的竞争优势。NASDAQ主要为高风险、高成长性的中小型规模的科技成长型企业提供上市融资服务，为促进美国科技发展提供了巨大的帮助。由于上市标准较低、审核时间较短，中国许多高科技企业选择在NASDAQ上市。

第三层次：区域性证券交易所是美国多层次资本市场中的三板市场，同时，也是场外交易市场（OTC）的主要构成。其中，辛辛那提证券交易所、芝加哥证券交易所、费城交易所、波士顿交易所、中西交易所和太平洋交易所等是美国区域性证券交易所的主要构成。

第四层次：主要包括场外柜台交易系统、粉单市场以及灰单市场组成，为初创型的小规模企业提供场外证券服务。与NYSE和NASDAQ相比，OTCBB挂牌门槛较低，对公司的资产规模或盈利状况几乎没有要求，只需要公司向美国证券交易监督委员会（SEC）申报文件，同时，拥有3家具备资格的做市商参与企业证券的做市服务，就能挂牌交易。但是，OTCBB市场的报价、交易和清算直接使用了NASDAQ交易系统。

（二）美国多层次资本市场金融监管特点

对于多层次资本市场的金融监管方面，美国监管机构基本实行分级分层次监管。对美国资本市场监管的重要特点主要表现在三个方面。

首先，美国多层次资本来自政府层面的监管。美国证券交易监督委员会是美国资本市场监管的最高权威,负责统筹监管全国的证券交易活动。由于区域性证券活动活跃,全美各个州也都设有自身的证券监管机构。信息公开是美国对上市或挂牌企业监管的基本原则,对场内上市公司的信息披露标准尤为严格。出于对投资者的保护,在信息披露的过程中,上市公司高管、董事以及中介机构都要对信息披露的真实性负责,以防止内幕交易、虚假信息等违规行为。一旦上市企业被发现信披违规,将会处以行政处罚、民事赔偿甚至刑事责任。

其次是行业组织的自律监管。美国的行业自律组织对上市企业有较强的约束力,其中,最著名的行业组织就是美国金融业管理组织(FINRA)。FINRA 的监管对象广泛,涵盖了全美 5000 多家证券公司和 60 多万名证券经纪人代表。在行业约束准则的制定方面,相关的法律制度制定是在美国证监会公布的各项监管规则的基础上的进一步深化,全部会员都必须遵守该行业准则。FINRA 在市场中的自律监管作用明显,证券经纪代理商就是该自律组织的主要监管对象。由于监管标准和场内市场不同,场外 OTC 市场是 FINRA 最直接的监管者,主要负责交易规则的制定和成交信息的记录。

最后,自我约束和监管服务外包也是美国多层次资本市场的一大亮点。美国资本市场的监管更具市场化,对交易所的监管服务可以外包给更专业的监管公司。NYSE 即采取这种外包监管的方式,其将交易所营运和监管两方面工作分别委托给下设的子公司,交易所分别与两家子公司签订委托协议,两家公司各自的业务独立运行。另外,因企业进入各个层级的资本市场的门槛存在较大差异,美国监管制度对各个层次的资本市场的监管方式和严格程度也呈现差异化。与投资者准入制度保持一致,对证券交易所市场的监管相对更加严格,从上市公司本身到证券中介机构都受到更为严厉的监管。而对于场外市场,则主要是依靠行业自律组织的监督来保证市场的正常运作。

(三)美国多层次资本市场的经验借鉴

中国多层次资本市场的组成整体类似于美国的情况。其中,中国的沪深主板市场对应的是纽约证券市场;中小板、创业板以及科创板则对应的是美国 NASDAQ 资本市场;新三板市场的建设还主要借鉴了 OTCBB 的"转板升降制度";中国以省为单位大力发展的地方性股权交易所,则对标美国的地方性 OTC 市场。

中国多层次资本市场发展的初步模式已经构成,但不同层次的资本市场之间并没有有机统一,转板机制并不健全。美国多层次资本市场拥有最健全的多层次资本市场,满足了不同企业的资金需求,其发达程度体现在单个市场规模化、横向多元化以及纵向多层次,这为美国经济增长以及科技创新提供了全面而有利的支撑。美国多层次资本市场具体呈现出两个特点。

(1) 各个层次的资本市场定位合理、相互融合,形成了协调发展的局面。尽管美国多层次资本市场层次繁多,但结构分明,不同层次的证券和股权市场定位清晰、特征鲜明。譬如,NYSE 和 NASDAQ 都是全国性的场内市场,然而两者的审核及运营机制存在较大差异。在 NYSE 上市的企业大都为成熟型、企业风险较低的公司,企业上市标准严格,参与该市场投资的投资者汇集全美国甚至全世界的投资人。NASDAQ 则采取相对差异化的竞争方式,主要对规模相对较小的中小型科技公司提供上市融资服务。区域性的证券交易所、OTCBB 市场主要为企业提供挂牌融资服务,在此挂牌的企业经营风险相对较高,企业可以较低的门槛进入市场,既可以在此发行股票获得融资,也能通过自身的发展进一步转板至二级市场。美国证券市场的"注册制"发行机制已十分完善,且各个层次市场之间并不孤立。这种具有"优胜劣汰"性质的转板机制刺激了中小企业的不断进步,进而显著激发了整个市场的活力,提高了市场的质量。

(2) 信披制度完善,拥有严格的惩罚机制。美国资本市场在全球取得领先地位的重要原因在于有着完善的法律制度加以保障,对市场违规行为处罚严格,其中对信息披露的监管是最重要的一个方面。美国证券交易委员会(SEC)为指导证券交易所正常运行,出台了各类法律法规,着重对市场披露制度做出了详尽的规定,例如《财务信息披露内容与格式条例》《非财务信息披露内容与格式条例》等。总体而言,美国资本市场法律体现为强制性与指导性相结合、法律体系系统而详尽以及披露责任主体明确。比较而言,中国证券市场违规成本不高,威慑力不够。从《中华人民共和国证券法》和《中华人民共和国公司法》内容可以看出,中国资本市场的法律缺乏对信息披露相关责任人的民事赔偿条款,法律制度的缺失容易使得市场参与主体产生逆向选择的问题。

第三节　新时代监管技术发展与金融监管协调

一、金融科技监管创新试点不断丰富金融协调监管

在中国金融协调监管的创新和发展中，开展金融综合监管机制创新试点是非常重要的内容。"试点"是一种具有中国特色的创新机制，中国在金融创新和监管中经常使用试点模式，其试点内容涵盖十分广泛，包括从金融监管措施到金融产品、服务创新等多个领域。

中国人民银行营业管理部在整体上形成了"一个框架、两条原则、三个支撑和四项机制"的首个以"共建共治"作为顶层设计理念的北京试点方案，构建由北京地方金融监管局、北京银保监局、北京证监局等相关部门组成的多层次、全体系化的金融科技监管队伍，作为试点的领导小组和工作组，为试点工作的有序开展提供了有力的组织保障，也为探索中国特色的金融科技创新监管体系奠定了基础。到目前为止，第二批试点应用已完成公示。相比于第一批，第二批试点应用出现了新的特点：申报主体由原来仅允许持牌机构申报，拓展为科技公司在满足相关业务、技术要求的前提下可联合金融机构共同申报，但涉及的金融服务创新和金融应用场景则须由持牌金融机构提供。该测试点的目的在于尊重科技公司的创新地位，使其能够充分发挥创新活力，打磨出可以满足金融行业共性需要同时符合金融监管要求的科技产品。此外，第二批试点应用的机构更为多样广泛，该次试点首次引入保险科技类应用，科技赋能保险业务创新。这些新的变化表明北京金融科技创新监管试点工作正在不断走向深入，横向拓宽金融业务覆盖范围，纵向延伸参与机构性质，试点范畴向着横、纵两个方向有序拓展。

可以看出，金融科技监管创新试点可以针对具体金融问题，制定具体的协调监管方案，通过试点实施，在降低成本和损失的情况下，检测其实施成果，并针对其中的问题进行改进，获取新的宝贵经验，制定新的监管方案，不断丰富金融协调监管的内容，更全面地应对金融领域的监管问题和挑战，以达到更好的监管效果。

二、非现场监管与穿透式监管提升金融协调监管广度与深度

非现场监管作为利用数据进行统一规范流程的监管手段,可以在初级阶段基本覆盖所有企业和机构。并且,通过建立标准化流程,可以得到统一可比的检测结果,并根据标准化的监管规则对检测结果进行判定,相比传统监管手段,进一步扩大了监管范围,提高了监管效率。

穿透式监管则可以增强金融协调监管对金融科技创新下金融产品结构不断复杂化的监管能力。在金融科技进一步创新的同时,产品有着复杂化的趋向,金融主体往往借助交易结构的复杂化去规避行业监管或者其他行政规制,降低企业成本。同时,产品结构的复杂化又会加剧信息不对称,可能损害金融消费者的利益。而穿透式监管通过对资金链每个环节的追踪和监管,透析金融产品本质和金融交易行为,并进行相应的监管,它的本质是一种信息披露,监管执法将所有利益主体直接"穿透",对内幕交易、违规关联等行为进行有效监管。同时,它也涉及多方金融监管协调,可以对资金链上的每个金融监管机构进行穿透式监管,获取其对应监管内容。同时,它也是每个链节上的信息提供者,通过穿透式监管形成多方共同参与协作的协调监管模式,加大金融监管的力度。

三、粤港澳大湾区协调监管提供监管创新平台

《粤港澳大湾区发展规划纲要》和《深圳建设中国特色社会主义先行示范区的意见》均提出了加快金融科技创新,促进跨境金融、金融互联互通和绿色金融等方面的发展要求。《粤港澳大湾区发展规划纲要》明确指出,要深入贯彻习近平新时代中国特色社会主义思想和党的十九大精神,统筹推进"五位一体"总体布局和协调推进"四个全面"战略布局,全面准确贯彻"一国两制""港人治港""澳人治澳"、高度自治的方针,严格依照宪法和基本法办事,坚持新发展理念,充分认识和利用"一国两制"制度优势、港澳独特优势和广东改革开放先行先试优势,解放思想,大胆探索,不断深化粤港澳互利合作,进一步建立互利共赢的区域合作关系,推动区域经济协同发展,为港澳发展注入新动能,为全国推进供给侧结构性改革、实施创新驱动发展战略、构建开放型经济新体制提供支撑,建设富有活力和国际竞争力的一流湾区和世界级城市群,打造高质量发展的典范。

同时，在这样的大方向下，四部委也出台了相关的金融支持政策，助力金融协调监管跨境贸易，为进一步的金融开放保驾护航。如《关于金融支持粤港澳大湾区建设的意见》（以下简称《意见》），对促进粤港澳大湾区投融资、跨境贸易、金融业开放以及提升湾区创新水平等关键领域都提出了指导性意见。《意见》中提到，允许港澳机构投资者通过合格境外有限合伙人（QFLP）参与投资粤港澳大湾区内地私募股权投资基金和创业投资企业（基金）；要有序推进合格境内有限合伙人（QDLP）和合格境内投资企业（QDIE）试点，支持内地私募股权投资基金境外投资；要根据收支形势适时逆周期调节，防范跨境资金流动风险。《意见》提出要扩大金融业对外开放，通过推动内地与港澳地区的金融合作，扩大银行业、证券业、保险业的开放，其中重点领域包括逐步开放港澳人民币清算行参与内地银行间拆借市场，推动两地金融市场和金融基础设施的互联互通。在金融科技方面，《意见》提出要深化大湾区的金融科技合作，包括建设区块链贸易融资信息服务平台，保护银行之间的数字化信息分享与交换的安全。在金融监管协调方面，《意见》提出要建立粤港澳大湾区金融监管协调沟通机制，通过增强协调加强对跨境金融风险的防范。

然而，伴随着粤港澳金融合作的深入推进，金融风险隐患逐渐凸显，主要表现为金融机构会借助两地监管力度不同进行跨境监管套利、金融风险跨境交叉传染以及跨境资金在大湾区之间异常流动。同时，粤港澳大湾区存在"一国两制""三套监管体系"的特征，在金融制度和金融环境方面存在较大的差异，跨境市场的互联互通给现行体制机制带来新的挑战，大湾区的金融监管协调任务艰巨。

首先是金融机构跨境监管套利的挑战。近些年，随着三地互设金融机构政策放宽，截至2018年年末，粤港澳三地金融机构互设的分支机构已超过200家，而在金融监管方面，大湾区之间的监管模式和监管体制存在较大差别，跨境互设的金融机构可能通过三地的监管力度不同从而进行监管套利，增加跨境监管的难度。其次是金融风险跨境交叉传染。不仅粤港澳大湾区金融机构互设增多，而且其金融业务合作也在不断加强，因此金融风险容易交叉传染、相互扩散。加之粤港澳之间缺乏统一的监管主体和健全的监管协调机制，各金融监管部门难以对风险的外溢及逃避监管现象形成有效遏制。最后是跨境资金在大湾区之间异常流动，随着粤港澳间的资金流通量迅速增加，异常资金的跨境流动更加难以被发现。

跨境金融监管沙盒可能是解决上述粤港澳金融互联互通面临的问题和风险、主动防范和化解不当金融创新带来重大风险、推动粤港澳大湾区金融科技创新健康发展的重要解决方案之一。首先，针对大湾区三地金融监管规则不尽相同的问题，监管沙盒可以通过暂时在沙盒内降低行政许可、放宽监管要求、限制行政处罚的使用条件等方面协调三地的金融监管。其次，对于跨境金融产品，监管沙盒重点监察并纠正未上市产品和服务的各类风险，在金融产品进入金融市场前就可以检测其是否符合现行监管规则的要求，达到鼓励创新的同时重视效率的监管。最后，监管沙盒具有全新的监管空间，也是一个提供测试的虚拟金融市场，同时具备独立性和完整性，在监管方面包括准入、运营和退出监管等全环节的监管，而且各个环节都呈现出不同于传统金融监管的特点。由此，监管沙盒可以做到对金融产品每个环节的具体监管，且不受三地金融传统监管中的现实规则限制。

◆思考讨论题◆

1. 广东省在中央与地方金融监管协调的改革历程中做出了哪些努力？目前的央地金融监管协调体制存在着哪些问题？未来的调整方向是什么？

2. 中国多层次资本市场有哪些潜在的金融风险？其金融监管协调存在哪些难点？

3. 美国的多层次资本市场金融监管协调有哪些特点？对中国的金融监管协调实践有怎样的指导意义？

4. 新时代监管技术发展为金融监管协调带来了怎样的活力？以粤港澳大湾区为例，在积极推动金融科技创新的过程中会遇到哪些问题？如何解决？

第二编

金融风险与金融监管协调

第五章　房地产泡沫风险与金融监管协调

第一节　房地产行业发展历程

一、起步阶段（1990—1998年）

改革开放后，中国经济发展迅速，1992年邓小平南方谈话后，国家开始全面推行住房公积金制度，并对住房相关制度进行积极改革，房地产投资热情高涨，但是关于房地产的违规贷款、违规操作问题也开始出现，海南、惠州、北海等地还出现了倒卖土地的乱象。1993年，朱镕基总理提出要"关水龙头"，要求银行对企业的期货、股票和房地产类投资停止贷款。1994年7月5日，《中华人民共和国房地产管理法》通过，奠定了中国房地产业的法律地位和依法管理的基础；同年，国务院颁发《关于深化城镇住房制度改革的决定》；1997年8月的中央北戴河会议提出了"将城市居民住宅的开发作为中国国民经济新的增长点"。

二、提速阶段（1998—2003年）

1997年实施宏观调控政策之后，中国各省房价大面积回落，虽然达到了价格下调的预期，却使得海口90%以上的房地产公司破产倒闭，加之1997年亚洲金融危机的爆发，中国房地产行业大面积崩溃。基于此，中国政府在1998年宣布全面停止福利分房，同时购房主体发生变化，中国房地产行业逐渐回温。2001年，中国申奥成功并加入了WTO，促使房地产价格的增长以及投机者的大量涌现。2003年，政府首次提出购买第二套房产提高首付比例并且利率上浮，以求减缓房地产价格增长的速度。

三、暴涨与调控阶段（2003年至今）

2003年发布的《关于促进房地产市场持续健康发展的通知》（18号文）首次明确房地产为国民经济的支柱产业，中国房地产业进入到一个空前绝后的发展阶段。仅2003年第三季度，北京地区商品房价格上涨了13%。其相关产业也大受其益，仅2003年，国内钢铁需求暴涨50%，水泥暴涨40%。2004年，中央政府出台了"8·YD·31大限"、房地产贷款风险管理等政策。2005年，住建部发布"国八条"以及"新国八条"，要求加大土地供应调控力度，加强对普通商品房和经济适用房价格的调控等经济手段，加大对房地产交易行为的调节力度，加强金融监管。随后，中央7部门联合出台"25号文"，打击炒地及禁止期房转让。2006年年初，北京、广州、深圳等大中城市的房价再度飞涨。之后，"国六条""国十五条"陆续出台，进一步明确了"十一五"期间普通商品住房、经济适用住房和廉租住房的建设目标。

2007年，中国房地产价格出现第二个巅峰，政府不得不收紧金融政策。半年后，美国次贷危机爆发，中国房地产行业进入停滞期，政府出台政策救市。2009年，房地产价格从下跌中回涨。2010年，中国开始了号称"史上最严调控"的实施。2012年，央行针对房地产行业贷款比例及贷款利率进行下调，房地产价格缓慢回升。2014年，央行、银监会公布了《关于进一步做好住房金融服务工作的通知》，提出第二套房地产认定标准由"认房又认贷"改为"认贷不认房"。

2016年2月，财政部、国家税务总局、住房和城乡建设部3部门联合发布《关于调整房地产交易环节契税、营业税优惠政策的通知》；12月，为限制"炒房客"，政府在中央经济工作会议上首次提出了"长效机制"，坚持"房子是用来住的，不是用来炒的"这一定位。2017年8月，各地陆续开始了房地产行业违规检查，对于误导、炒作、捂盘惜售、暗中加价、捆绑打手等违规销售行为，轻则公开通报、处罚，列入各地失信黑名单，重则追究刑事责任。

2019年3月，两会表态"防止房市大起大落"，提出平衡稳增长与防风险关系，推进房地产税立法；4月，中央政治局会议重申"房住不炒"；7月，中央政治局会议首提"不将房地产作为短期刺激经济的手段"；12月，中央经济工作会议重申"坚持房住不炒的定位，全面落实因城施策，稳地价、稳房价、稳预期的长效机制"。当前，房企整体融资环境依旧偏紧，监管核心在于房企融资用途的合规性，保证未来施工和竣工的有序进行。未来，稳定仍是房地产调控政策主基调，限购、限价、限售、限签"四限"政策仍是地方调控重要抓手，人才新政还要继续发力，继续进一步落实房地产长效管理机制。

第二节 中国房地产泡沫测度方法

一、指标法

（一）指标体系法

该方法由谢经荣最先提出并使用，是指通过一定标准选取一系列反映房地产发展状况的指标来构造一个评价体系，再用于测度房地产泡沫的一种方法。一般来说，测度指标包括预示指标、指示指标和滞后指标三大类。近年来，学界也对该方法进行了更加深入的探究，例如，从房地产供求及价格变化角度出发，房地产泡沫的测度指标可以进一步细分为房屋价格指标、需求指标和供给指标三大类。

（二）综合指数法

该方法是基于一定原则对各单项指标指数做加权平均，形成一个泡沫测度系数来测度房地产泡沫的方法，使用频率较高的指标有房价增长率/GDP增长率、房价收入比等。一般来说，计算泡沫测度系数主要有2种方式：一是直接使用各指标的几何平均数；二是先对指标进行无量纲化处理，再对处理后的各指标以不同的权重做加权平均得到泡沫测度系数。房地产泡沫测度系数越大，说明房地产市场泡沫越严重。

（三）市场修正法

该方法最早由洪开荣提出，从供求差异角度出发，综合考虑各因素对房地产泡沫的影响；从机制上来讲，经济环境会影响修正系数的大小，进而正向影响泡沫实际值产生。该方法需要计算房地产泡沫测度综合系数、经济增长修正系数、产业贡献修正系数以及交易状况修正系数等指标。在物业总空置率等其他数值不变的情况下，若上述三个修正系数存在一个大于1，则房地产泡沫呈现增加趋势。

（四）功效系数法

该方法最早由李维哲和曲波共同提出，要求从房地产业生产、交易、消费和金融4个方面选取测度指标构建评价指标体系，来测度房地产泡沫。具体到计算，要先计算各指标的功效系数，再加权得出综合预警系数。预警系数越小，房地产市场存在的泡沫程度越大；如果预警系数小于60，表明房地产市场存在泡沫；反之，则说明房地产市场没有泡沫或正处在崩溃期。

二、理论价格法

（一）收益还原法

评估收益性是房地产价格的基本计算方法，该方法将资产未来收益的现值与现有市场价值进行比较，预期未来收益现值与当前价格的差额就是房地产市场的泡沫程度。其缺陷在于，不具备潜在收入的不动产无法使用本方法。

（二）边际收益法

该方法是在运用边际收益率算出基础价值的基础上，比较实际价格与基础价格的差异，得出二者的相对偏离程度，并以此测度房地产泡沫程度的一种方法。与其他方法相比，该方法获得的结果具有更高的准确性。

三、统计检验法

（一）方差上限检验法

当市场有效时，房地产未来各期收益的理性预期贴现模型可以正确描述房地产的实际价格，即：

$$P^t = P_t + u_t$$

该式中，P^t 为市场实际价格，P_t 为房地产未来各期性预期收入的贴现价格，u_t 为误差项。在理性预期下，理论价格 P^t 的方差比市场实际价格 P_t 的方差小，即：

$$Var(P_t) \leq Var(P_t^*)$$

若上不等式不成立，则可能存在房地产价格泡沫。

（二）设定性检验法

该方法由 WEST 最先提出并使用，要求先建立股票价格与滞后一期股票的估计式，再建立红利前一期股票红利关系的估计式，得到 2 个估计式的股票红利的贴现值，最后通过比较 2 个结果判断房地产泡沫情况。若 2 个估计式的参数是一致的，则表明房地产市场中不存在泡沫；反之，则表明市场中存在泡沫。

（三）单位根和协整检验法

为防止"伪回归"问题的出现，统计学通常运用单位根检验法以检验变量的平稳性。如果检验结果为平稳，则说明房地产市场中不存在泡沫；反之，则说明存在投机性泡沫。为提高判断的准确性，还可以在单位根检验的基础上进行协整检验。例如，若将未来租金收入作为衡量房地产当前价值的方式，当房地产价格与租金收入之间不存在长期均衡关系时，就存在房地产泡沫。

（四）共积分检验

该理论认为，在市场有效情况下，房地产理论价格与市场价格是应该存在共积分关系的，可用单位根检验来判别其平稳性。如果资产价格的时间序列是非平稳的，则表明存在投机性泡沫。

（五）投机度检验法

该方法最先由莱文提出，认为影响房地产投资收益变化的主要变量为可支配收入、贷款利率和过去房价增长率，以房地产业投机变量的数值大小来衡量房地产市场投机行为，进而判断房地产市场泡沫情况。该变量的数值越大，房地产市场存在泡沫的可能性越高。

第三节　房地产泡沫形成机理与危害

一、房地产泡沫形成机理

（一）房地产的固有特性容易产生泡沫

房地产作为特殊商品，具有固有特性。

首先，土地稀缺性使房地产同样具有稀缺性，房地产还具有需求弹性大而供给弹性小的特点。当需求增加时，其价格会以更大幅度上涨；在因为稀缺性而不能及时增加供给的情况下，需求与供给的差距进一步拉开，房地产的价格进一步上涨，最终导致房地产泡沫的产生。在中国人口众多的背景下，土地更显得有限，这种极不匹配的供求关系也使房地产价格存在着大幅上涨的空间和可能。此外，中国大多数土地归属于政府，一方面，地方政府热衷于以更高的价格出售土地而获得财政收入，另一方面，国家对土地审批和出让均设立了严格的规定，昂贵的土地价格和严格的出让规定既阻碍土地供给的增加，一定程度上导致土地供给的缺乏，也使得房地产价格继续水涨船高，泡沫持续扩大。

其次，房地产具有很强烈的需求，其需求主要可以分为三种类型。第一，消费性需求。消费性需求是由人们的居住需要而形成的房地产需求，也是房地产需求中占比最高的需求。主要体现在居民家庭对住宅地产的需求具有广泛性和普遍性。第二，生产性需求。生产性需求指生产部门或者服务部门为了满足生产和经营的需求而对房地产产生的需求。如工厂需要厂房和仓库、商店需要实体店铺、企业需要办公用地等用以满足经营的需求，这类需求往往与区域内的生产经营活动息息相关。第三，投资性需求。这是由房地产资产功能引申出来的需求，投资者购买房地产并不是出于居住或者生产等目的，而是希望通过买卖时的价差满足保值或者增值的目的。由于中国人口众多，而且对于"家"具有独特的传统文化和观念，因此第一类需求较大且短时间内难以下降。随着中国经济高速发展，大批劳动力从欠发达地区流向发达地区，一方面加剧了发达地区的消费性需求，另一方面也推动了生产性需求，并通过持续抬升房价间接推动了投资性需求。此外，土地和房地产这种特殊商品缺少替代品，无法通过开发替代品等方式减少消费者对房地产的需求，如"经济适用房"这类明显带有福利和补贴色彩的房屋也不适合大规模建设，消费者对房地产的刚性需求推动着价格持续上涨，也使得房地产泡沫持续累加。

最后，房地产具有耐久性。通常而言，建筑物可使用时间长达数十年，而且使用损耗小，这种价值量大且具有耐久性的稀缺资源是良好的投资工具。投资者在购入房产后，可以选择在短时间内房价上升时便出售获利；如果短时间内房价并没有迅速上升，还可以选择长期出租，并等待房价上涨之后再出售获利。这种风险小且收益稳定的特点吸引了许多投资者以及资金。在房地产的投资品功能越来越强的同时，其虚拟资产的性质也会更强,导致房地产价格愈发受到市场需求的影响,引发房地产泡沫。

(二)房地产投资存在大量投资需求与投机需求

真实需求不会导致泡沫的产生,而投资性需求等虚拟需求则会产生泡沫。真实需求指消费者是为了获取房地产的使用价值而形成的需求,如用于自身居住或用于再生产所形成的需求,投资性需求则主要指消费者购房的主要原因是希望通过买卖过程中的价差获利。目前,许多人购买房地产并不是为了居住或者生产,而是为了投资甚至投机,适当的投资能够活跃资本市场、有利于经济发展,但过度投资或者投机只会破坏市场秩序,推动价格对实际价值的偏离。这种行为不仅严重影响了房地产秩序,影响了资源的有效配置,还会导致房地产存在虚假繁荣,造成大量泡沫。

"温州炒房团"便是这一泡沫形成机理的现实证据。部分温州商人经过多年的财富积累后,带着大量的资金四处寻找投资机会。1998—2001年,温州的民间资本最先大量投入温州的房地产,2001年温州市区的房价快速从2000元/平方米飙升至7000元/平方米,涨幅高达250%。随后,温州炒房团更是陆陆续续开赴上海、杭州、北京等地,并创下了3天花费5000多万元买走上海100多套房子的炒房纪录。在随后几年,又向各地房地产投入了大约2000亿元。在给自己带来巨大收益的同时,也大大推动了房地产泡沫的产生。

(三)信贷扩张推动大量资金进入房地产形成泡沫

房地产行业属于资本密集型行业,房地产的供求均离不开金融业的支持。健全的金融体制能够激励社会闲散资金向生产性投资转换,引导资金流向效率更高的部门。但近些年中国金融与实体经济发展并不同步,以金融为代表的虚拟经济与实体经济相背离的趋势愈发明显。在不健全的金融体制下,金融机构会为了扩大信贷规模、追求市场份额,忽视对借款流程的把控,轻易将大量信贷资金推向房地产投资,为房地产行业的投机行为创造了条件。近年来,房地产价格不断提升,这使持有大量房地产资产信贷的资本价值增加,可以起到提高银行等金融机构资本充足率、利润的作用,因此抵押物价值的上升使得银行更加愿意为购买房地产等业务提供借贷,放松贷款条件。在金融业的支持下,投机者的购房能力也随着房地产价格的提高而增强,投机者可以将价格上涨的房地产重新抵押给银行进而获得相应的贷款继续购房,并在购置的房产升值后重复这一流程,推动更多银行信贷资产流向房地产业，从而推动房地产价格进一步上升。

信贷扩张不仅面向房地产投资者，还面向房地产开发商。随着中国房地产规模的不断扩大，开发房地产需要大量资金，开发商往往会通过抵押等方式向银行贷款。由于房地产属于不动产，容易被查封和变卖，因此银行会乐意向房地产开发商发放抵押贷款，推动大量资金源源不断涌向房地产市场。由于市场中缺少必要的风险管控手段和意识，房地产业在被过度开发的同时，积累了大量金融风险，成为房地产泡沫的隐患。

此外，在限购政策出台前，投机资本能够轻易在不同行业中进出。大型城市的房地产凭借着其独特的投资价值，吸引了大量投机资本。一旦大城市的房地产价格存在上涨的预期，投机资本会立刻进入，推动房屋价格持续快速上涨，并最终形成房地产泡沫。一旦未来预期房地产价格下跌，投机资本会在短期内迅速脱离本地房地产市场，造成房地产资金短缺以及短时间的供给增加，导致房地产泡沫破灭。一旦房地产泡沫破灭，必然会造成房地产价格持续下跌，抵押品大幅贬值将使得银行面临大量呆账、坏账的困境，给银行的稳定经营和金融的平稳运行带来冲击。

（四）政府的宏观调控与土地供给

此前，中国在土地供应方式上存在"双轨制"，即可以通过两种方式完成土地供应：一是政府无偿将土地划拨给使用单位；二是通过市场化手段将国有土地通过招标、挂牌、拍卖等手段出让。在现实中，第一种无偿划拨方式往往缺乏事后监督，在土地供给有限和市场机制不完善的情况下，容易滋生权力寻租现象，导致公平的土地市场环境受到损害，为房地产泡沫的形成提供了温床。

此外，在中央和地方实施税收分享后，各级政府的财政收入减少，为了获得更多的财政收入以投入地方发展和建设，地方政府通过操控土地供给和土地价格获得大量收入，这也导致了土地资源紧缺和土地价格上涨。在中国近年房地产业发展迅猛、房价水涨船高的背景下，高价出售土地更是成为地方政府财政收入的重要来源。2015年，北京通过出售土地成交额突破2000亿元，尽管相比于2014年减少了38宗土地交易，且建设用地和规划建筑面积均大幅下滑，但土地出让金却能够再创新高，说明土地的单价不断上升。地方政府作为土地的主要供应者，提高最低价格不仅有利于增加财政收入，也有利于提高地区生产总值。因此，地方政府存在保持高房价的激励，在追求短期经济和政治目标的同时，也间接推动了房地产泡沫的积累。

（五）投资者对房地产未来价格的非理性预期

根据行为金融理论，消费者往往不会通过可处理的信息进行理性分析，而更多通过直觉推断法对未来进行预期，这种方式会使得消费者对价格趋势的判断带有强烈的主观性。在房地产泡沫形成的初期，房地产的价格上涨幅度超出人们的预期，因此也使消费者产生了未来房地产价格会具有更大增长率的预期，从而加入投资房地产的浪潮中。巨额资本和大批投机者的加入导致短时间内房地产需求大幅度增加、供给量减少，房价得以继续上涨。上涨的房价也给予投资性需求持续的支撑，使价格预期和需求预期之间的正反馈效应得以实现，因此陷入了"房价越涨越买，越买越涨"的恶性循环。一旦未来因为经济萎缩或者金融危机，导致对房地产投资性需求的骤减，将使得这一恶性循环无以为继而引发泡沫破裂危机。

此外，投资性需求还有着"羊群效应"和"聚堆效应"。由于信息不充分，投资者存在着一定程度的盲从，其投资决策会受到其他投资者的影响。在这一效应中，投资者不以自身效用最大化为原则，而主要依赖其他参与者的行为和预期形成自己的预期，并根据多数人的行为进行决策。在现实中，当市场中出现一群通过房地产投资获利的"榜样"时，其他投资者会对房地产未来价格产生非理性预期，相信既然有这么多人购买房地产，那么，房地产价格就仍然会上升从而带来高回报。因此，其他投资者会纷纷跟从其行为，加入房地产的投资中，推动房地产价格上涨，并凭着暴利的吸引力吸收下一批房地产投机者，继续扩大房地产行业的泡沫。

二、房地产泡沫的危害

（一）危及金融平稳运行，对实体经济造成冲击

银行等金融机构是房地产业资金的重要来源之一。银行一方面加大对房地产开发商的贷款，以获取高额利润，另一方面会通过房地产信贷方式向投资者发放信贷。为了扩大自身经营规模并从中获利，而忽视了贷款者的资质和风险。伴随着房价的不断攀升，金融业越来越多资金投入房地产行业中，对投机行为起到了推波助澜的作用。金融业与房地产的命运同时也愈加紧密，这也意味着房地产泡沫正对金融的平稳运行造成威胁。以房

地产信贷为例，其抵押物主要为土地或者房产，一旦房地产泡沫破裂、房产价格不断下跌，借贷方可能会以放弃房地产的方式违约，使得银行出现呆账或坏账，进而危害到银行等金融机构的经营。银行不同于一般企业，一般企业倒闭只会影响到自身或者股东，但银行作为系统性重要金融机构，一旦倒闭，则会对一大批企业的资金链造成冲击，还可能引起储户对存款安全性的担忧，从而引发挤兑现象或者连锁反应，冲击到整个银行乃至金融体系。

近几十年，房地产泡沫已经引发多次金融危机，其中，对全球经济影响最大的2008年金融海啸便起源于房地产泡沫。在美国"9·11"事件后，美联储采取了完全宽松的货币政策来刺激经济，以防止美国经济陷入衰退，这也使得银行等各类金融机构大力发放住房按揭贷款，并逐渐放低贷款要求，让一些信用记录不佳或偿还能力较弱的次级信用贷款人也能获得住房按揭贷款，银行又将这些次级贷款证券化或衍生化。在美国房地产持续繁荣和较低利率的背景下，次级抵押贷款迅速发展，在急速增长的同时也给住房购买者提供了过度的流动性以及过度便利的金融杠杆。然而，当房地产交易量减少、房价下跌时，房地产泡沫开始破裂，房贷迅速成为负资产，与房地产相关的证券化产品迅速被市场抛弃。整个证券化产品链条在短时间内断裂，并引发了市场恐慌性抛售，与房地产相关的金融产品价格急速下跌，持有这些产品的金融机构便随之崩塌。由于金融机构普遍存在业务关联，且均有涉及房地产行业的业务或者衍生产品，因此绝大多数金融机构均在房地产泡沫破裂的过程中受到了重创。2008年7月，房地美和房利美两大房贷公司严重亏损，陷入困境，并于同年9月被美国财政部接管；2008年9月，大型商业银行雷曼兄弟申请破产保护，美国国际集团（AIG）出现融资危机并随后被政府接管。发生在美国的金融危机很快便通过国际金融业务进一步传导至全球，引发了全球金融海啸。

（二）资源配置效率下降，不利于实体经济发展

房地产泡沫的积累会导致资源配置方式受到扭曲，在房地产泡沫形成的过程中，房地产价格不断攀升，投资房地产可以带来更高的回报率。因此，大量资本从经济部门流向房地产行业。大量资本源源不断流向房地产领域，会造成区域内资源配置效率的下降。一方面，导致实体经济发展所需资金不足，造成经济结构失衡的现象；另一方面，也会使得企业过度涉

及房地产市场，不利于企业的风险把控和健康经营。一旦房地产泡沫破裂，将会通过投资链传导至实体经济，危及企业的正常经营，甚至引发企业的倒闭潮，严重阻碍社会经济发展。

以日本为例。1985年，美国、日本、法国、英国和德国达成《广场协议》。此后，日元迅速升值，日本政府为了补贴因日元升值而受到打击的出口产业，开始实施金融宽松政策，使得社会中产生了过多的流通资金，并鼓励资金流入房地产和股票市场。20世纪70年代后期，日本的银行的融资重点从优质制造企业转向不动产、个人住宅等的融资，加之股票市场处于上升通道，日本国内兴起了对土地交易市场的投机热潮。随着以转卖为目的的土地交易量增加，地价迅速上涨，更多的消费者发现炒房地产能够获得巨大收益后，纷纷将积蓄或者贷款投入房地产这场大泡沫中。从1986—1989年，日本的房价上涨了2倍，甚至在1990年，当时东京23个区的总地价与美国全部国土等同。在地价持续上涨的情况下，银行更愿意以不断升值的土地作为担保发放房地产信贷，推动大量资金流向房地产业，甚至许多大型企业的高额利润均主要来源于房地产业和股市，放松了对主营业务的经营和管理，主营业务缺乏足够的租金，使得企业素质普遍下降。房地产价格的上涨也使得大城市与其他地区、房地产持有者与非持有者的资产差距越来越大，社会分配的不公平也招致了巨大的社会问题。1991年后，随着日元套利空间日益缩小，国际资本获利后撤离，日本房地产泡沫开始破裂，并迅速由东京蔓延至全国。其间，日本房地产根本无法交易，陆续竣工的楼房没有住户，到处都是空置的房屋，房地产价格一泻千里。1992年，日本政府出台地价税，规定持有土地者每年需要按照相应比例纳税，导致囤积大量土地的投资者纷纷出售土地，引起价格进一步下跌。至1993年，日本房地产业全面崩溃。房地产业的崩溃导致许多银行背负了巨额不良债，也导致许多参与房地产投资的实体经济企业受到了重创。

（三）对消费者个人财富造成冲击，引发社会动荡

房地产泡沫同样会对消费者产生误导，在房价不断上升的过程中，消费者存在未来房价持续上涨的预期，会本着投资、投机或者是使用等目的，将大量个人积蓄或抵押贷款购置房地产。一旦泡沫破裂，消费者将面临个人财产缩水、债务负担加重等问题。此外，房地产泡沫破裂会对企业

经营造成冲击，企业收益的减少会导致雇佣环境的恶化，居民的实际收入会因此减少，甚至还可能因为企业倒闭而失去工作。受经济不景气以及个人收入水平下降的影响，居民会对未来抱有悲观的预期，因此会减少本期消费并增加储蓄以防不测，个人消费的萎缩又将导致社会陷入一个较长时期的消费缩水和内需不足的境况，甚至引发严重的政治和社会危机。

20世纪80年代中期，泰国政府陆续出台一系列政策刺激房地产业，促进了房地产市场的发展与繁荣。海湾战争结束后，大量投机者和资本涌入泰国房地产市场，加上银行宽松的信贷政策，房价迅速攀升，在3年内上涨了3倍，房地产泡沫开始积累。与此同时，马来西亚、印度尼西亚等东南亚国家同样存在房地产价格急剧上涨的现象，马来西亚在1988—1992年房价上涨3倍，印度尼西亚在1988—1991年3年内上涨4倍。然而，在此期间，这些国家并没有对房地产泡沫进行很好的调控，最终国内房地产的供给大大超过了需求，导致房地产泡沫的破裂。房地产泡沫的破裂严重冲击了个人财富，随着房价的急速下跌，许多房地产所有者因此背上巨额债务，加上金融危机的发生，大量工厂倒闭，失业人口剧增，进而导致了社会动荡。以马来西亚为例，1997年房地产泡沫破灭以后，犯罪率比1996年增加了38%，更在1998年第一季度继续上升53%。在经济状况持续变差的情况下，社会各界对政府的不满爆发，工人、学生反政府的示威游行引起暴乱，社会动荡不安。

第四节　房地产泡沫与金融监管协调

一、房地产泡沫与金融机构

房地产泡沫的积累与金融机构的过度放贷等行为密切相关，要监管和防范房地产泡沫，首先要把控好资金的"水龙头"，对与房地产业务密切相关的金融机构实施监管。这些金融机构主要为房地产业提供筹集资金、融通资金并提供结算等金融服务，其中主要分为两类：专业性房地产金融机构和非专业性房地产金融机构。

（一）专业性房地产金融机构

中国专业性房地产金融机构主要包括住房储蓄银行、住房公积金管理中心和房地产投资基金。其中，住房储蓄银行是专营房地产业存款、信贷和结算业务的金融企业，其特点是先存后贷，即住房储蓄客户要先存款，达到规定条件后才能取得贷款。具体而言，首先，储户需要根据未来购房需要和储蓄能力与住房储蓄银行签订合同。其次，需要按照合同在规定时间内将一定数额的存款存入配贷资金库。在满足所有配贷条件后，银行审核抵押物以及客户的资信状况，并通过后给储户发放贷款。这种银行最早出现在20世纪80年代中期，中国分别在烟台和蚌埠成立住房储蓄银行，前者股东年均回报率为13%～15%，后者资产规模与存贷款余额等指标均以超过每年20%的速度增长。然而，在20世纪90年代，中国建立了公积金制度后，用公积金管理中心取代了住房储蓄银行的职能，住房储蓄银行随之转型、改制或被合并。2004年2月，住房储蓄银行重新在中国出现，中德住房储蓄银行在天津开业，这也是中国第一家按照国际通行运行模式建立的住房储蓄银行。

住房公积金管理中心则是隶属于地方政府的事业单位，主要负责管理企业或单位，为职工缴存长期住房储金，这笔储金只能用于购买、建造、翻建、大修自住住房。房地产投资基金是主要投资于房地产或有关公司发行的股票的投资基金，包括直接投资房地产公司股票和间接投资房地产业的基金。

（二）非专业房地产金融机构

非专业房地产金融机构内容非常广泛，包括为房地产提供筹资、融资和结算等服务的金融机构，也包括为融资活动提供担保或保险的金融机构，其中包括银行类、保险公司类、证券公司类、信托公司类以及其他类。银行类包括四大国有银行、全国性股份商业银行、区域性股份商业银行和外资银行；其他类包括金融资产管理公司、信用社、财务公司等。

二、房地产泡沫与金融监管协调

（一）加强金融监管协调以应对房地产业混业业务

房地产业与金融业关系密切，且与多种金融机构均有业务往来，其中包括银行类、保险公司类、证券公司类、信托公司类等。只有存在一个能够对各金融行业形成统一监管的金融监管体系，才能对房地产泡沫形成有效的监管和治理。然而，中国长期处于分业监管体系之下，由中国人民银行、银监会、证监会和保监会形成的"一行三会"体系对相应的金融行业进行监管。在这一体系下，各部门之间信息分享渠道不畅，且缺乏联动机制。在实际工作中，中国人民银行作为中国的中央银行享有制定货币政策的权利，但与银行风险相关的数据或信息却主要集中于银监会，因此中央银行的货币政策未必能够充分考虑到房地产泡沫。此外，房地产业与多种金融机构均有业务往来，无论是银监会、证监会还是保监会，均无法完整地对所有业务进行监管，难以形成统一的、有效的监管。

为了缓解这种现象，中国先后在2017年7月设立国务院金融稳定发展委员会，在2018年3月将银监会和保监会合并组建银保监会，完成了从"一行三会"到"一委一行两会"的转变，加强了监管和决策环节的协调。2020年1月，中国人民银行宣布将在各省（区、市）建立金融委办公室地方协调机制，加强中央和地方在金融监管、风险处置、信息共享和消费者权益保护等方面的协作。未来仍然需要继续完善金融监管协调工作，尤其是在房地产泡沫的防范和治理工作上，要积极推动房地产监管信息共享，规范好各部门的监管职责和范围，协调做好房地产风险防范和泡沫治理等工作。但即便上述部门能在监管协调过程中共享数据并协同行动，在实际监管中仍然缺少一个针对房地产信贷管理的专门部门，这也导致在监管中存在专业性有所欠缺的问题，比如中国在房地产泡沫等方面的数据统计体系上还存在指标模糊、数据不准确等缺陷。中国可以考虑仿照美国设立的联邦住宅贷款银行委员会，在监管机构下设一个专门管理房地产业的办公室，由此办公室制订与房地产业相关的金融业务的监管工作计划、制定监管指标以及测量方式、统筹和协调与房地产业相关的金融监管工作。

（二）明确中央与地方对房地产金融业务的监管职责

中国房地产业不仅在跨行业监管方面缺乏协调机制，在中央与地方监管中同样缺乏协调机制，在实际监管中会因为不同地区发展的不平衡性，而使得中央发布的政策难以满足所有地方的监管需求，导致政策无法顺利实施。2013年，国务院发布了新的"国五条"，明确规定转让二手房需征收20%的个税等。然而，在发布1个月后，各地制定细则的工作却难以推进，山东省烟台市甚至在按照"国五条"实施1天后，便紧急叫停这一政策。此外，由于各地区发展状况不一，房地产行业与金融行业更是呈现各地特征各异的情况，而且房地产金融政策遵循"一城一策"原则，使得中央的垂直监管模式容易造成监管空白和监管套利等问题。因此，需要加强地方政府在地方的金融监管以及房地产泡沫治理等职能。

在2017年7月全国金融工作会议中，李克强总理提出金融监管要坚持中央统一规则，压实地方监管责任，加强金融监管问责。在中央的要求下，各级政府纷纷开展金融机构改革，并陆续设立了地方金融监督管理局，负责促进当地金融发展、金融服务和金融市场建设工作，这也意味着中国在央地金融监管中确立了中央垂直监管与地方属地监管并行的双层金融监管结构。具体到监管中，中央负责管理大、中金融机构，地方管理小微金融机构；中央对全国业务进行统一监管，地方则对区域内业务进行监管；在政策颁布与实施上，中央负责制定统一的方针政策，并指导监督地方执行，地方负责制定实施细则和操作办法，具体组织实施。改革后的央地监管体系，能够更有效地对"一城一策"的房地产金融业务形成监管，各地区金融工作可在不违反中央大政策框架前提下根据具体情况调整；能更好地配合地方政府实施"一城一策"房地产市场调控政策，推动房地产市场健康稳定发展。央地监管体系未来应该推动金融机构落实"房住不炒"的定位，严格执行授信集中度、房地产金融等监管政策要求，合理管控房地产贷款规模和增速，确保房地产贷款新增占比水平得到有效控制，防止资金违规流入房地产市场；还应当加强对个人消费贷款、信用卡透支、个人经营性贷款等个人信贷业务的风险管控，做实个人偿债能力评估，抑制居民杠杆率过快增长。

◆思考讨论题◆

1. 简述房地产行业发展的主要阶段。

2. 房地产泡沫的形成机理是什么？对中国的经济社会发展具有怎样的危害？

3. 如何通过金融监管协调机制缓解中国的房地产泡沫风险？相关政策目前实施效果如何？

第六章　商业银行隐性金融风险与金融监管协调

第一节　中国商业银行隐性金融风险与金融协调监管的背景

一、系统性金融风险防控任重而道远

系统性金融风险一般指单个金融事件如金融机构倒闭、债务违约等引起整个金融体系的危机，并导致经济遭受重大损失的风险。党的十九大报告提出："健全金融监管体系，守住不发生系统性金融风险的底线。"2017年12月，为了减轻中国现实金融风险压力，中央经济工作会议提出要"打好防范化解重大风险攻坚战，重点是防控金融风险"。近年来，中国金融发展取得了巨大进展，金融改革开放有序推进，金融机构活力增强，金融创新持续推进，金融监管不断改进。但在快速发展过程中，金融体系也日益复杂，金融风险也变得更加复杂，如金融体系中杠杆率过高、不良资产过多等，一旦风险爆发，会进一步引发系统性金融风险。为了切实降低系统性风险，中国政府做了大量探索并进行了一系列改革，包括重点关注重要风险领域，监管主体审慎把握风险处置时机和方式，加强信用基础设施建设，保持金融监管对系统性金融风险的敏感性等。

在经过一系列治理后，风险上升势头也得到初步遏制，但系统性金融风险压力依然很大，金融基础的脆弱性未能够在根本上得到扭转，中国金融市场仍然面临着总量巨大的金融风险以及复杂程度较高的结构性金融风险。尤其是近两年，以中美关系日趋紧张为代表的全球经济的不确定性明显上升、贸易保护主义日趋明显，加上国际市场上长期缺失协调机制，中国还将面临部分从外部输入的金融风险。因此，对系统性风险的防范，不

能有丝毫摇摆，监管当局要提升识别系统性金融风险的能力，把握金融风险转换趋势，拓展监管视野。央行也应积极主动作为，准确把握"金融回归本源"的科学内涵，从而有效防范化解系统性金融风险，保持金融领域稳定、健康发展。

二、系统性金融风险的核心——商业银行风险

系统重要性金融机构是指因规模较大、结构和业务复杂度较高、与其他金融机构关联性较强，在金融体系中提供难以替代的关键服务，一旦发生重大风险事件，将对金融体系和实体经济产生重大不利影响，可能引发系统性风险的金融机构。这些金融机构又可以分为系统重要性银行业机构、证券业机构、保险业机构以及国务院金融稳定发展委员会认定的其他具有系统重要性、从事金融业务的机构。

在中国金融体系中，商业银行对推动中国经济健康发展具有重要作用。从资产体量上看，中国金融市场总资产共 300 万亿元，其中，银行业就占了 89%，其总资产高达 268 万亿元，可见银行业在中国金融体系中具有举足轻重的地位。由于中国的间接融资体系依然以银行业为主导，因此系统性风险与银行的关系非常密切。

而商业银行面临的主要风险中，又以流动性风险和由不良贷款造成的违约引发的信用风险为主，这 2 种风险同时也极易触发系统性金融风险。流动性风险是由银行的经营特征所决定的，银行的负债大都是流动性极强的，而其资产却往往有一定期限，这也使银行的资产负债表存在着天然不匹配的特点，因而流动性风险成为银行首要风险。此外，由于存在信息不对称等，银行发生流动性问题时容易产生挤兑，并且一家银行的挤兑可能导致存款人对整个银行体系丧失信心，引发全面挤兑，从而导致系统性金融风险。随着电子技术和信息处理技术的发展，金融自由化简化了居民变换银行储蓄货币组合的操作流程，因此银行体系更易受到攻击。

长期以来，中国系统性金融风险潜在因素主要表现为商业银行对企业的巨额不良贷款。2019 年，银行处置不良贷款 2.3 万亿元，商业银行逾期90 天以上贷款纳入不良资产管理，其中，中国商业银行不良贷款率为1.86%，远低于 5% 的监管标准。拨备覆盖率为 186.08%，贷款损失准备余额达 4.5 万亿元，有充足的缓冲垫应对不良率上升。虽然贷款乱象问题持续减少，增量问题得到遏制，但仍存在较大风险，主要表现为银行系

的不良比率仍然偏高、盈利水平偏低。此外，商业银行贷款集中度过大，对集团企业客户多头授信和重点行业集中授信的现象普遍存在，不利于分散经营和防止关联交易风险，往往导致风险扩散和负面效应放大，从而产生系统性风险。

三、中国商业银行新风险——隐性金融风险

系统性金融风险可分为显性金融风险和隐性金融风险两大类。显性金融风险是指监管者较易观测、可以及时进行防范和化解的金融风险，譬如，以银行报表披露的不良贷款率衡量银行的风险。隐性金融风险是指监管者不易察觉、难以在第一时间发现和准确评估的金融风险。2008年次贷危机给中国经济运行带来了困难与挑战，经济下行压力较大，结构调整阵痛显现，企业生产经营困难增大，部分经济风险特别是系统性金融风险已有所显现。防范和管控系统性金融风险，将成为新常态化下，中国金融改革与发展的关键。在经济发展新常态的约束下，各类隐性的系统性金融风险逐步显性化。由此可见，在一定的历史条件和政策下，显性金融风险与隐性金融风险可以相互转化。

当前，国内外复杂的经济环境正给银行资产质量带来新的威胁与挑战。一方面，中国已进入经济增长的新常态，在经济增速放缓与经济结构转型的双重约束下，部分企业的违约风险显著上升。与此同时，"三去一降一补"任务的持续推进、地方政府债务以及民营企业生存困境等问题都可能对银行的资产质量产生结构性冲击。另一方面，国际经济中个别国家的单边主义行为与贸易保护主义行为威胁到部分进出口企业的生产经营，而企业的经营风险最终有可能演化为商业银行体系的坏账风险。

更为严峻的是，除了银行披露的资产风险信息之外（如不良贷款率等公开数据），银行体系内还潜藏着大量的隐性金融风险。近年来，商业银行体系内曾先后爆出隐性风险"被动显性化"的丑闻事件。2016年12月，广发银行惠州分行员工被曝私刻公章，为侨兴集团的10亿债券出具违规担保，帮助其通过"以债还贷"的行为来隐藏不良贷款；2017年4月，不良贷款率（披露的）长期为"0"的浦发银行成都分行被曝隐藏千亿坏账；2019年5月，包商银行因其严重的信用风险被银保监会接管；等等。这些风险事件都以金额重大、情节严重为特点，凸显隐性金融风险的现实危害性。

隐性金融风险是造成金融风险的重要原因。隐性金融风险的存在导致金融监管者无法及时发现银行资产质量恶化，也难以有效应对、化解金融风险传染，最终导致金融监管者在系统性金融风险的防范过程中表现出严重的滞后性。以次贷危机为例，在次贷危机发生之前，美国银行业利用影子银行体系（即通过资产证券化的方式）将大量高风险的资产转移到表外，采取规避资本金约束、杠杆率限制等监管措施，不断放大杠杆、金融机构，不顾后果地追逐高风险背后的高利润。在这一过程中，有关银行业的风险信息被隐藏在极为不透明的影子银行体系中，监管部门难以快速、准确地判断出银行体系的风险状况和风险演化趋势，监管部门内部在金融危机发生之初就是否救市、如何救市等问题难以达成共识，延误了救市时机。

结合国内的经济环境与金融风险的现实环境，鉴于当前中国商业银行体系面临较高的资产压力，而商业银行体系内又存在隐藏风险的内在激励，对银行的风险监管不仅需要关注以不良贷款率为代表的显性金融风险，还需要关注未反映在银行资产报表上的隐性金融风险。为了防止商业银行体系内潜在的资产风险转化为难以识别的隐性金融风险，并进一步切断隐性金融风险的风险传染链条、阻断金融风险的蔓延和扩散，金融监管应当着力推进金融风险的显性化，激励银行主动揭示其资产质量和风险水平。对隐性金融风险的监管存在三点现实意义。

（1）隐性金融风险的显性化有助于金融监管部门识别到真实的银行风险。

（2）隐性金融风险的显性化有助于金融监管部门及时、有效地对金融风险采取干预、治理政策。

（3）隐性金融风险地显性化有助于提高监管效率。

第二节　商业银行隐性金融风险现状与剖析

进入新常态，随着经济发展速度、结构和方式发生变化，银行业发展出现了更多不确定性，各种隐性金融风险进一步凸显，潜在风险逐步加大。整体而言，现阶段具有代表性的银行隐性金融风险分为两大类：银行隐藏不良贷款和银行从事影子银行业务。银行通过各种方式隐藏不良贷款,使财务报表中披露的不良率难以反映出真实的资产质量,真实资产质量与披露资产质量的差异构成了隐性金融风险。此外,银行还会借助复杂且不透明的影子银行业务活动将高风险资产转移至表外,导致监管层难以准确识别银行风险,银行体系内出现不为监管层所察觉的隐性金融风险。

一、商业银行隐藏不良贷款

当前,中国经济正处于在经济增速下行与结构调整加速的转型期,产能过剩、企业加杠杆和经济泡沫化问题相互交织,并通过企业之间互保所形成的担保链条加速传导,使经济下行的商业银行信贷资产质量风险管控更难掌控,金融机构资产质量演变日趋严峻,导致商业银行面临上升压力。商业银行为通过贷款质量考核和完成账面财务计划,对部分贷款采取"借新还旧"和以贷收息的做法,使部分贷款尚且反映在名义上的正常或逾期形态,导致监管层不能识别真实的资产质量,从而引发隐性金融风险。

(一)银行隐藏不良贷款的方式

近年来,银行体系内隐藏不良贷款的监管套利乱象逐渐显露。图6-1展示了两种典型的隐藏不良贷款方式,"借新还旧"和不良贷款的虚假出表。

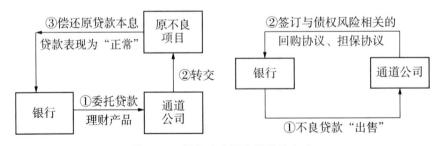

图6-1 银行隐藏不良贷款的方式

1. 嫁接通道公司的"借新还旧"

当一家公司因经营不善、资金紧张而难以偿还到期贷款时,银行假借委托贷款或理财产品等名义将信贷资金交给通道公司,再由通道公司将资金转交原贷款公司,原贷款公司使用这笔资金来偿还自身原本无力偿还的银行贷款。借贷双方通过嫁接通道公司实现对原贷款项目的"借新还旧",

看似原贷款公司按约偿还到期贷款，实质上则是银行通过特定的渠道实现还款贷款资金的"循环"——将自己的资金还给自己。

2. 不良贷款的虚假出表

当贷款出现违约时，银行将不良贷款打包出售给通道公司，实现不良贷款的"出表"，再通过与通道公司签订相应的回购协议、担保协议等"买回"不良债权。这种模式下，不良贷款看似转售第三方，但实际的债权风险仍由银行承担。

银行隐藏内部不良贷款带来了极大的隐性金融风险，其中较为典型的是广发银行惠州分行违规担保案（"侨兴债"事件）和浦发银行成都分行违规授信案。

(1) 广发银行惠州分行违规担保事件。2016年12月，侨兴集团下属公司侨兴电讯、侨兴电信的10亿元私募债违约事件牵扯出广发银行惠州分行的违规担保事件。在2014年，为保障侨兴集团下属公司的贷款本息能够如约偿付，广发银行惠州分行员工私刻公章并对侨兴集团的私募债券出具违规的兜底保函，以此达到"以债还贷"的目的。实际上，广发银行惠州分行的涉案金额远不止10亿元。通过"银信合作""银银合作"等业务模式，该行还为侨兴集团的信托贷款、理财产品等融资工具提供多项违规担保，总计涉案金额高达到120亿元，涉及21家银行业金融机构和6家信托机构。银监会的调查结果显示，涉案金额主要用于掩盖广发银行惠州分行的巨额不良资产。

(2) 浦发银行成都分行违规授信事件。2017年4月，不良贷款率长期为"0"的浦发银行成都分行被曝隐藏千亿坏账。自2013年起，受到产能过剩、经济下行等冲击影响，浦发银行成都分行煤炭行业的信贷风险逐渐显露。面对体量巨大的不良贷款压力，浦发银行成都分行选择利用"空壳公司"和"承债式收购"等手段粉饰其资产质量。空壳公司首先对原不良贷款项目发起收购，再以自身名义向银行取得贷款，将取得的贷款用来偿还被收购的不良贷款。因此，新增的空壳公司贷款成功置换了原先在银行资产负债表上的不良贷款。据统计，浦发银行成都分行为煤炭企业违规授信高达775亿元，涉案的空壳公司有1493家。

（二）商业银行真实不良贷款率的实证分析

上文对银行隐藏不良贷款的方式进行了阐述，为更准确、全面地揭示银行隐藏不良贷款的事实,我们选定测算银行真实不良贷款率进行具体实证分析。本部分采用2005年至2017年非金融上市企业的季度财务数据来估算不同行业的真实不良贷款率,使用的上市公司财务数据来自国泰安数据库,银行体系披露的不同行业的不良贷款率数据来自银监会年报。

测算的关键在于如何识别出真实的不良贷款。需要指出的是,对于任何一家商业银行,由于其真实不良贷款率属于绝密信息,要准确无误地测度真实不良贷款率难度很大。这里仅仅提供一种可能的估算方法,即利用企业的财务数据间接地讨论,统计有多少出现违约但没有破产的企业仍然占据着银行贷款,进而推测银行是否有隐藏不良贷款的行为。

理论上来说,当一家企业连续一段时间失去了创造利润的"造血能力",则意味着这家企业的经营状况出现了问题,发生债务违约的概率较大。基于盈利能力来判别一家企业是否是无力还款的问题企业,我们使用企业的利息负担作为判断盈利能力能否支撑企业履行偿债义务的基准。当一家企业连续一段时间不能创造出大于利息负担的利润,在这种情况下,如果银行不为这家企业提供债务展期或其他形式的"救助",该企业发生债务违约风险加大,企业的银行贷款有很大的概率成为不良贷款。在特定行业中,通过计算企业贷款存在利润无法覆盖利息负担占总企业占比推测该行业的真实不良贷款率,将推算比率与银行披露的行业不良贷款率进行对比,如果两者存在显著差异,则能够从一定程度上说明银行存在隐藏不良贷款的监管规避行为。具体估算有三步。

首先,识别上市企业的盈利能力是否出现问题。这里的利润指标是息税前净利润与折旧、摊销之和,也即息税折旧摊销前利润,以不低估企业盈利能力。若企业的息税折旧摊销前利润连续两个季度小于利息负担(以财务费用为代理变量),则该企业被定义为有违约风险的问题企业,以避免高估不良贷款率。其次,我们以一家企业财务报表中披露的长期借款与短期借款之和作为企业贷款规模的代理变量,分别对行业内全部企业和问题企业的贷款规模进行加总,计算出行业内上市公司的贷款总额和可能违约的贷款总额。最后,将一个行业可能违约的上市公司贷款总额除以该行业上市公司的贷款总额,以此代表该行业的真实不良贷款率。例如,假设某行业一共有100家上市公司,总贷款为200亿元,其中有8家上市企业的息税折旧摊销前利润连续两个季度无法覆盖其利息负担,这8家上市公司的贷款总额为15亿元,则该行业的真实不良贷款率为7.5%(15/200)。

图 6-2 分别报告了 2005—2008 年和 2009—2017 年不同行业真实不良贷款率与披露不良贷款率的散点图。图中的实线是 45 度线，是判断银行有无监管套利的基准线。若银行不存在隐藏不良贷款的监管套利活动，那么二者的散点图会较为对称地分布在 45 度线附近。而一旦二者的散点图集中落在 45 度线以上的区间，则说明真实不良贷款率高于披露不良贷款率，即银行存在监管套利行为。由图 6-2 右图可知，在 2009 年以前，尽管散点并没有位于 45 度线附近，但却较为对称地分布在 45 度线的两侧，并未集中地落在 45 度线的上方，表明没有证据说明银行存在隐藏不良贷款。在 2009 年以后，大部分的散点都位于 45 度线的上方，表明银行体系内很可能存在着隐藏不良贷款的行为。

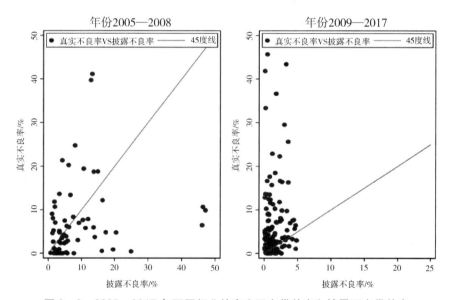

图 6-2 2005—2017 年不同行业的真实不良贷款率和披露不良贷款率

以上事实表明，2009 年之后，银行体系的披露不良贷款率与估算的真实不良贷款率之间具有稳健的差异，并且，银行体系披露的账面不良贷款率显著地低于估算的真实不良贷款率。这意味着银行体系内很可能存在着未被披露的不良贷款。中国银行业报表上反映出来的风险很可能低于真实的风险水平，国家应对银行体系内的隐性金融风险问题应当予以关注和重视。

二、银行从事影子银行业务

（一）商业银行从事影子业务的主要模式

中国影子银行的形成跟当前金融体系存在的诸多失衡有重要关系。中国的影子银行形成的基本逻辑为：商业银行绕过传统存贷业务，利用资产负债表内外的其他项目进行业务创新，并通过与非银行金融机构开展合作来达到信用扩张的目的。在此逻辑下，中国影子银行呈现三个特点：资金主要来源于银行，资金主体仍是储户的储蓄资金；资金主要投放于银行的客户；银行发挥主导作用，券商、信托公司等仅体现为通道。表内信贷资产表外化成功将影子银行业务、高风险业务转移到了资产负债表外，导致房地产、地方政府隐性债务等"灰犀牛"风险的发生。如商业银行把一些不合规的房地产项目、融资平台项目通过"潜规则"打包成新的资管（如券商定向资管，券商委托定向投资的一个潜规则是通过委托定向投资把银行原买入返售项下的业务转入同业存放项下，但并不计入资产负债表，为银行出表提供便利）借助影子银行业务来规避监管，使得原本因综合评分不达标无法从银行贷款或被禁止从银行贷款的企业或组织（如具有较大违约风险的房地产开发商、地方政府等）通过特定渠道成功从银行贷款，形成高风险业务。由于整个过程中监管层没法注意到银行业务活动的风险性，从而导致隐性金融风险。

对于商业银行而言，大部分选择将债权转移，即该部分资产持有人变更实现表内到表外的搬运，商业银行参与影子银行的主要模式包括银行理财产品、银信合作、银证合作、同业业务模式四大类。下文将以银信合作和同业业务模式进行阐述。

银行信贷资金违规进入楼市，其中兴业银行、中信银行较为典型。以兴业银行为例，2018年，其因违规将信贷资金流入房地产项目被罚5870万元。兴业银行采用"明股实债"方式，通过资管通道曲线为房地产项目提供土地款融资，表内外资金直接或变相用于土地转让金融资，规避了资金用途的限制。违规向"四证"不全、开发商或其控股股东资质不达标、资本金未足额到位的房地产项目直接提供融资，资金通过影子银行渠道如利用集合信托、券商资管等作为媒介将理财产品资金流入房地产市场，严重阻碍了前端融资模式的发展。房地产企业融资过度挤占银行信贷资源，商业银行无法做到实时监管、有效监管，业务风险加剧。2019年，中信银行存在大量信贷资金挪用涌入房地产开发业务现象。以住房租赁贷款为例，由于违法审慎经营原则缺乏行之有效的贷款事前审核和贷后资金追踪，个人综合消费贷款、经营性贷款、"首付贷"、信用卡透支等资金挪用于购房，流动资金借款通过影子银行渠道违规流入房地产市场；并购贷款、经营性物业贷款等贷款管理不审慎，资金被挪用于开发房地产；通过流动资金授信、经营性物业授信等为房地产开发项目提供融资，罚款2280万元。银行资金多渠道集中流入房地产开发项目，其中不乏资质不合格、经营状况差的企业，极易发生资金链断裂导致投资资金无法收回或收回成本较大，信息不对称导致监管层产生商业银行资金用途合规合法的表象，高风险业务屡禁不止。

再如邮储银行79亿票据案。2016年12月末，武威文昌路支行原行长被发现以邮储银行武威市分行名义违法违规套取票据资金，涉案票据票面金额高达79亿元。从案件性质来看，这是一起银行内部员工与外部不法分子内外勾结、伪造各类文件和印章、违法违规办理多项业务、非法套取和挪用资金的重大案件。主要表现为，违规通过票据转贴现业务进行监管套利；违规与票据中介、资金掮客合作开展票据业务或交易；违规办理无真实贸易背景银行承兑汇票业务等。

造成案发的主要原因有三。第一，银行内控管理缺失。案发机构中的岗位制约机制完全失衡，对印章、合同、账户等要素的管理十分混乱，同时，在运行中也无法有效监测大额异常交易。这一系列内控管理的缺失为违法犯罪行为提供了漏洞。第二，合规意识淡薄。涉及该案的相关机构有一些员工违规参与票据中介或资金掮客的交易，甚至与不法分子串通作案，谋取私利。第三，严重违规经营。相关机构本不具备资质开展非标理财产品投资，却违规接受第三方金融机构信用担保，并违规签订显性或隐性回购条款、"倒打款"，甚至"不见票""不背书"开展票据交易，丧失合规操作的底线。

值得注意的是，此次79亿票据大案发生时间是在2016年12月末。彼时，农业银行北京分行39亿票据案成为票据市场乱象的导火索。案发短短一周后，1月29日，中信银行兰州分行再次曝出9.69亿票据风险事件。随后，天津银行上海分行（涉案金额7.86亿元）、龙江银行（涉案金额6亿元）、宁波银行（涉案金额32亿元）、广发银行（涉案金额10亿元)、工商银行(涉案13亿元电子票据)等票据风险事件先后爆发。从已有的公开数据看,发生在银行间转贴现市场的纸质票据是票据业务风险的重灾区。上述6起票据大案累计风险金额高达108.7亿元。而此次邮储票据大案则属于当时未被曝光的票据大案。2年前的农业银行以及诸多银行票据同业转贴现环节中爆发的风险事件,发现了不少银行内部员工与外部不法分子内外勾结,将票据"一票两卖"套出银行间同业市场,有的流入股市。此次邮储票据大案中的"违法违规套取票据资金"几乎如出一辙。

(二)商业银行进行同业业务的实证分析

为进一步量化商业银行参与影子银行带来的风险,本书选择同业业务进行实证分析。本部分主要数据依据目前A股16家上市商业银行2008—2018年公布的同业开展数据,数据来源于上市银行年报。

首先,同业业务整体增长速度过快,数量庞大。据统计数据显示,16家上市商业银行同业资产规模从2008年年末到2018年年末的年复合增长率为22.1%,而同期商业银行资产规模年复合增长率为17.72%;从2008年年末到2018年年末,同业负债规模复合增长率为25.6%,而同期负债规模总额年复合增长率为16.13%(见图6-3)。不论是同业资产规模还是同业负债规模,数量都非常庞大,增长速度也明显超过整体资产负债规模。其中,买入返售金融资产、存放同业、卖出回购等业务,涉及非银行金融机构,如资管中介、通道公司、融资平台等第三方机构,如此大规模的同业负债资产,却长期处于监管不到位或监管缺失的状态,一旦出现问题,容易引发隐性金融风险。

其次,同业业务的占比过高,导致会存在更大的金融传染风险。根据银行业金融机构风险传染的定义可知,这种风险是因交易对手、关联机构、金融市场等发生波动而对整个银行体系造成直接或间接的负面影响,那么,当同业业务的占比过高时,单个机构的风险更容易影响到其他机构乃至市场。根据上市商业银行2008—2018年同业业务数据,同业业务占比过高主要体现在同业资产占比规模较大和同业资产负债占比较高,其中,同业负债规模更是已超过20%,成为资金来源中比重较高的渠道。一旦受到外界冲击而造成部分业务存在信用违约,将很有可能从局部通过业务链条传导至整个银行体系乃至金融市场,这也给金融平稳运行埋下了较大的风险隐患。

图6-3 上市公司同业资产、同业负债规模走势

最后,存在资产转移规避会计准则使报表反映不真实的风险。如图6-4所示,历年不同同业资产的比例有较大差异,但买入返售金融资产占比一直是最高的。买入返售金融资产尽管从会计角度来看符合金融资产

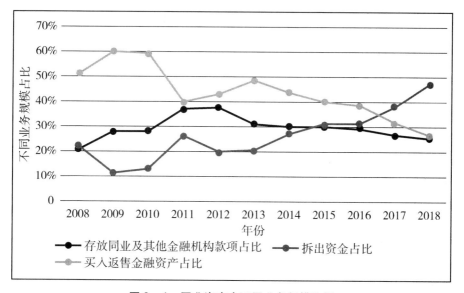

图6-4 同业资产中不同业务规模比例

转移的范围，但一旦外部条件发生重大变化，表外资产就有可能重新转入表内资产。例如，目前国内商业银行信贷资产中有许多房地产企业贷款，这也意味着金融市场与房地产市场息息相关，一旦房地产市场受到冲击而导致整体价格下跌，那么，价外期权转变为价内期权，原本已转移到表外的信贷资产有可能重新回到表内，或商业银行为躲避监管利用会计准则的漏洞将原本属于表内资产转移至表外，从而带来报表的不真实反映，进而造成银行隐性金融风险。

第三节 隐性金融风险的形成机制和监管协调存在的问题

一、隐性金融风险的形成机制

鉴于银行存在大量难以察觉的隐性金融风险，必须深入研究其形成机制以制定对策。

（一）商业银行隐藏不良贷款的形成机制

严格的不良贷款问责制是导致银行隐藏不良贷款的重要原因。虽然不良贷款的问责制度能够提高银行最初发放贷款时的微观审慎度，激励银行对贷款对象进行认真的筛选、严格监督资金使用情况、主动避免腐败和关联交易等，以此提高贷款质量，减少日后发生不良贷款的可能性。但是，一旦发生了一笔不良贷款，在严格的问责制度下，银行有可能出于规避问责将有动机去掩盖不良贷款。如果监管者不能及时发现银行隐藏不良贷款的监管套利行为，这些被隐藏的不良贷款将成为未被察觉的隐性金融风险。从某种程度上来讲，问责制度是导致银行"事后"受到逆向激励、引发隐性金融风险的制度性因素。

当宏观经济风险较大时，隐藏不良贷款的隐性金融风险会更加突出。因为银行不良贷款率通常都会随经济下行而增加，过于严格的问责可能增大监管者观察到隐性金融风险的难度。宏观经济下行时，企业盈利能力降低，企业贷款成为不良贷款的可能性增大，银行披露（清算）不良贷款的"收益"较低（银行清算不良贷款的收益主要来自将清算剩余投资到新的信贷项目），此时银行不仅缺乏披露（清算）不良贷款的意愿，还有激励去隐藏不良贷款、规避问责,由此酝酿出隐性金融风险。当宏观经济风险较大时,尽管对不良贷款的严格问责有助于提高银行事前发放贷款时的审慎度,并降低未来的不良贷款发生率,但更会增加银行事后掩饰不良贷款的动机。

当银行可以隐藏不良贷款时,针对不良贷款的问责机制难以有效治理金融风险。如果银行不可以隐藏不良贷款,则银行事前信贷不审慎的道德风险是主要的风险来源,这时,监管者只需采用严格的问责机制就可防控因信贷不审慎所导致的不良贷款风险;而如果银行可以隐藏不良贷款,则银行事后隐藏不良贷款的道德风险也会带来金融风险,在一定条件下,监管者无法协调银行在事前、事后的道德风险,这时,监管者或者面临因问责不严所导致的显性不良贷款风险,或者面临因问责过严所导致的隐性金融风险。

(二) 商业银行从事影子银行业务的形成机制

中国商业银行的贷款利率和存贷比等一直受到严格限制和监督,因此银行不能完全通过传统贷款渠道来满足各类贷款需求,例如,通过传统贷款渠道很难满足地方融资平台、房地产企业等融资主体,从而促进了银信合作、银证合作以及银行同业业务的急剧增长;与此同时,商业银行通过同业市场绕开信贷规模管制,腾挪信贷指标,向影子银行体系提供资金。

关于银行从事影子银行的动机,已有许多专家学者做了大量的研究与实证工作。其中,主流观点普遍认同监管套利是影子银行的发展目标,而存款竞争加剧影子银行的发展。迫于业绩压力,商业银行发展影子银行业务的目的本身之一是监管套利,图6-5描述了现存主流监管套利流程。贷款比率和存款比率高、业绩好的银行,例如四大国有商业银行以及位于地区金融发展水平高的省份的银行,其买入返售金融资产业务规模更小,说明银行业绩压力以及外部金融发展水平是影响商业银行开展影子银行业务的重要因素。商业银行参与影子银行的主要模式包括银行理财产品、银信合作、委托贷款、同业业务模式四大类。

商业银行进行监管套利的核心驱动因素为监管资本套利(RCA)、存贷比套利以及信贷额度和投向套利。

在监管资本套利方面,银行主要借助不同金融业态之间的监管力度或制度差异,通过绕科目房贷等方式形成各种通道类业务从而进行监管套

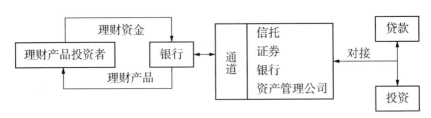

图6-5 主流监管套利流程

利。在中国此前分业经营、分业监管的体制下,银行因为处于核心地位而受到最严格的监管,而券商、信托等非银行金融机构却未受到资本充足率等指标的监管,因此,这两种业态间便存在监管差异,存在着套利空间。银行为了逃避金融监管和资本监管,一方面,会借助券商、信托等机构变相金融融资行为,例如开展信托受益权、定向资产管理计划等,这类行为在满足银行借贷需求的同时,能够避开金融监管对资本的要求,也隐藏了机构的真实信贷规模。另一方面,在同业市场中,银行通过自身信贷资产转让以提高自身资本充足率,并进一步释放信贷空间。

在存贷比套利方面,存贷比监管条例的初衷是约束银行的过度放贷行为,通过控制放贷规模来控制金融风险。然而,在银行普遍具有扩大信贷规模的目标下,银行会通过各种渠道来规避存贷比的约束。例如,银行可以通过金融创新、借道同业或者借道不受到存贷比限制的其他金融机构发放贷款,然后再存回银行增加存款,从而能够一定程度上缓解存贷比带来的约束。而这一贷出转入的过程,直接促进了中国影子银行的发展,提高了融资成本,削弱了资本充足率等监管工具的有效性,积累了风险。

在信贷额度和投向套利方面,尽管信贷额度控制和信贷投向指引是宏观调控政策,不算监管政策,但由于中国宏观调控政策往往带有较强的行政色彩,因而同样具有监管政策的强制性特征。银行监管套利投向房地产领域的行为,从最初的银信合作发展为信托受益权、定向资产管理计划等,其中通道业务、信托仍为重要接口,从信托行业对房地产的融资规模变化可部分地观察到出于规避贷款投向监管而衍生的投向套利行为。

二、隐性风险监管协调存在的问题

(一) 隐性风险缺乏全面的监管协调体系

以商业银行从事影子银行业务引发的隐性风险为例,影子银行业务对于商业银行往往是表外业务，其业务具有明显的跨行业、跨产品和跨区域的特征，部分业务已经超越了银行业的传统业务。中国此前对金融业的监管主要采取机构监管为主、功能监管为辅的方式，在"一行三会"的分业监管体系下，各监管部门自成系统、相互独立，各个监管部门间缺乏信息共享机制，因此监管部门主要对所属行业的金融业务和产品进行监管，而难以对跨行业业务形成有效的监管。这也意味着，银行业主要监管机构银监会难以对商业银行所参与的影子银行业务实施监管，使得商业银行存在大量隐性风险，容易引发系统性风险。尽管中国多次设立金融监管协调部际联席会议制度，希望通过定期会议交流等方式促进监管机构对跨行业业务的监管协调。然而，由于缺乏立法程序和实施细则，缺乏法律作为监管部门监管协调工作的依据和保障，因此普遍存在监管协调过程中权责不清等现象。监管部门会为了自身利益而进行监管竞争，导致监管空白和监管重叠。此外，监管部门之前的数据信息口径不一，即便在监管协调下也无法汇总分析，无法建立起对整个金融体系的有效监管制度。金融监管协调部际联席会议制度通常定期举行，而影子银行业务更新换代迅速，会议频率显然难以满足金融监管协调的需求。

(二) 监管部门的监管措施不到位

隐性风险的治理离不开监管部门的有效监管。当前，隐性风险日趋严重，与监管制度不完善、监管目标不明确、监管法律不健全等具有重要关系。首先，中国在银行隐性风险监管方面的法律法规仍不健全。商业银行参与影子银行业务或者隐藏不良贷款等行为均具有一定隐蔽性，对其实施有效监管存在一定难度，加之目前缺少一套健全的法律体系作为指导和保障，使得对这类行为的监管协调难以展开。其次，监管部门对隐性风险的监管目标不明确。隐性风险的产生渠道多种多样，其中影子银行作为隐性风险产生的主要渠道更是具有多种层次，主体包括商业银行、非银行业金融机构、准金融机构和民间借贷等，其业务同样具有跨市场、跨业务、跨区域等特点，监管目标的多样性也给金融监管带来了挑战。最后，对隐性风险的监督约束制度不完善。第三方支付公司也是易产生隐性风险的主体之一，尽管中国人民银行此前确立了第三方支付公司的准入机制，但此机制细节仍不够完善，如何对其进行监管仍不明确，监管机制也同样不够健全。

（三）监管协调机制滞后于金融创新

金融创新使得金融业务和金融产品发展速度加快，使得不同市场和层次的界限日趋模糊，联系更加紧密，也产生了大量不受监管的隐性风险。以商业银行为例，金融创新推动了金融产品和工具的创新，也推动商业银行在创新业务的基础上，与证券业、保险业等其他金融行业混合发展，产生了银证合作、银保合作等多种模式，使得原有监管协调机制显现出局限性。金融风险监管协调与金融创新是一种动态螺旋式发展的过程，在金融创新不断加速的背景下，金融监管协调的发展处于滞后状态，目前存在着监管措施不到位、监管协调机制不健全等多种问题。如果监管协调机制仍长期处于滞后状态，将无法有效地防范金融创新所产生的隐性金融风险，会引发金融市场系统性风险并进一步冲击实体行业。

第四节　隐性金融风险的金融监管协调

以上商业银行的隐性金融风险，对中国系统性金融风险防范形成了严峻的挑战。银行的监管规避行为会提高银行乃至金融体系的风险水平。银行的信息不透明问题会伴随银行过度的风险承担行为，而提高银行的风险水平。对应到监管套利问题中，监管套利活动帮助银行突破监管约束，银行有机会采取更为激进的投资策略，增加对高风险资产的投资比例，而这种难以被监管者察觉的异常风险承担行为使得银行体系积累了大量的潜在金融风险。针对这些隐性风险，本节主要介绍相应的金融监管协调的对策。

一、发挥金融监管协调机制的全局作用

影子银行发展迅猛的主要原因是监管力度不足以及监管不到位。中国此前在金融自由化的影响下，各类金融产品和业务极大丰富，第三方理财及网络金融的新兴业务和产品不断更新和发展，这也使得影子银行迅速发展。此前，中国的金融监管体系属于"一行三会"分业监管模式，缺乏对影子银行跨市场业务的有效监管。尽管存在金融监管协调部际联席会议制度，但一季度一次的会议频率显然不足以满足监管需求，加之分管不同行

业的监管机构为了部门利益会放松监管力度从而开展监管竞争。因此，在对影子银行的监管中存在大量模糊地带和空白地带，给予了商业银行巨大的监管套利空间。

银行通过多种方式隐藏不良贷款以及从事影子银行业务，提高了银行的隐性风险。因此，中国于2017年11月成立了国务院金融稳定发展委员会，以加强对隐性风险的监管协调，尤其是由商业银行从事影子银行业务而引发的隐性风险。金融监管协调机制能够提供金融监管的层级，能够对各个监管机构形成引导和监督，统筹并监督各个监管机构对金融领域形成全覆盖，从而对影子银行业务形成有效和全面的监管。这也将推动银行的资金脱虚向实，资金不再在金融市场中空转，而流向实体经济，支持实体经济的发展，服务于实体经济。

二、健全隐性金融风险监管法律法规

当前，中国针对商业银行经营风险监管协调的法律主要包括《中华人民共和国中国人民银行法》《中华人民共和国银行业监督管理法》《中华人民共和国商业银行法》《中华人民共和国信托法》等，但这些法律内容仍然宽泛，不够具体。以商业银行从事影子银行业务为例，尽管中国近年来出台了一些规范影子银行经营行为的法规，但由于影子银行业务和产品的多样性和创新性，相关法规相对滞后，不能对影子银行业务的风险形成有效监管协调。未来仍然需要加强对隐性金融风险的研究，推动一系列相关法律法规的制定和出台，规范各个金融监管机构的权力和责任，引导和统筹金融监管机构对隐性金融风险的监管协调。对于银行业而言，尤其需要出台关于存款人的存款保险制度的法律法规，对存款人的利益形成有效保护，并在此基础上出台关于金融机构破产的法律法规，规范金融机构的市场退出机制。

三、强化金融机构的信息公开披露

隐性金融风险存在的根本原因在于金融机构的透明度不高，导致其风险不能及时、全面地被监管机构所发现和识别。因此，强化金融机构的信息公开披露是对金融行业实施有效监管的根本前提。首先，监管部门应当协调建立一套适用于不同金融行业的统计和监测标准，并且形成数据信息共享机制，使监管部门能够及时掌握市场最新信息，形成对影子银行等混业机构的有效监管。其次，扩大金融机构信息披露的范围、内容和频率，在制定标准前，需要充分考虑到不同金融行业、机构的差异性，权衡披露成本和必要性。最后，应当明确信息披露的奖惩机制，并且明确监管部门对信息披露的监管范围和职责，通过监管和正向激励确保机构及时、有效地披露必要信息。

四、针对银行隐藏不良贷款风险的监管协调策略

当商业银行发生不良贷款时，严格的问责使银行缺乏披露（清算）不良贷款的意愿，反而使其受激励去隐藏不良贷款、规避问责，最终酝酿出隐性金融风险。在此，我们提出三条防范化解隐性金融风险中银行隐藏不良贷款的具体建议。

（一）全面排查银行的存量资产质量

为了清晰、准确地识别当前商业银行体系内的金融风险水平，金融监管部门需要对存量信贷资产的资产质量进行全面排查，尤其是针对早期宽松信贷政策下的信贷资产，如4万亿刺激计划中的平台类贷款、房地产价格快速增长时的房产类贷款等。

（二）实施逆周期监管

商业银行监管规避的动机与宏观经济风险存在密切关联。为此，对银行不良贷款的监管力度可根据宏观经济环境的变化进行动态调整。中国已于2011年出台《商业银行贷款损失准备管理办法》，建立起动态（逆周期）拨备监管制度。从银行的内在激励出发，当宏观经济状况较好时，商业银行隐藏风险的动机相对较小，金融监管部门可对商业银行施加更为严格的监管，例如要求较高的拨备计提、加大对不良贷款的问责力度等。反之，当宏观经济下行压力较大时，商业银行隐藏风险的动机相对较强，金融监管部门可以适度提高对银行不良贷款的容忍度，例如允许银行适当减少拨备计提、适度降低对不良贷款的问责力度等。这种逆周期的监管思路旨在激励银行主动揭示风险信息、抑制银行隐藏风险的动机，以便金融监管部门采取进一步的措施化解潜在的金融风险，避免发生系统性金融风险和金融危机。

（三）穿透性监管与过程性监管的重要性

鉴于信息不对称下的银行不透明问题是导致隐性金融风险的根本原

因，金融监管应尽力提高银行的透明度，削弱银行隐藏风险的能力。为了达到这一目的，金融监管部门需要加强对商业银行的穿透性监管。进一步地，考虑到金融创新下复杂的业务结构和产品结构加大了监管难度，金融监管部门需要加强在商业银行业务进行过程中的过程性监管。除了以风险结果为导向的金融监管外，还需要关注业务流程的合规性、强调产品结构的分层监管等。深入的穿透性监管、细化的过程性监管将有助于缓解银行风险不透明的问题。

五、针对银行从事影子银行业务风险的监管协调策略

银行主导的影子业务的发展也蕴藏了极大的问题及风险：首先，在中国，影子银行业务实质上是商业银行的表外信贷业务，在中国以国家信用为隐性担保的背景下，投资者可能会把风险溢价收益率当成无风险收益率，造成无风险利率错误定价；其次，商业银行通过其他机构和市场实现的影子银行业务绕开了表内贷款所需要的监管，导致存在更大的违约风险，带来风险隐患；最后，中国影子银行并未实现资金的有效配置，绕道后的资金更多地流向了高风险部门，如房地产行业、地方政府平台，给中国金融平稳运行、资金高效运用、经济结构转型升级带来了挑战。因此，中国需要针对上述监管套利现象制定一系列改革措施，推出更多举措对影子业务风险进行监管。

（一）存贷比指标应进一步削弱

此前，政府为了应对流动性风险，通过存贷比来控制银行的信贷规模、保持银行稳健性的目标，但在现代银行体系下存在一定的局限性，在实际经营中存贷比信贷紧缩的实质作用不大，75%监管红线也多次被突破，存贷比反而成为中小银行将表内业务绕道表外逐利的推动力。事实上，全国人大常委会于2015年8月已通过了修改后的《中华人民共和国商业银行法》，删除了实施已有20年之久的存贷比不能超过75%的规定，改为流动性监控指标，存贷比将由监管指标转变为参考指标。

（二）提升地方政府投资的效率和监督

目前，中国对政府（尤其是地方政府）主导的投资缺乏有效监督，尤其体现在投资效率、质量和资金可持续性等方面。普遍存在的预算软约束，导致金融机构在体制和利益的牵引下，必然会通过各种渠道避开监

管,继续将资金流入平台公司或地方政府债券市场。

(三) 有序引导银行竞争,防止银行过度竞争危及银行系统安全

当前,银行进行存款竞争是影子银行迅速发展的重要推力,在竞争压力下,商业银行纷纷通过影子银行扩大贷款规模。因此,如果希望从根本上减少风险,需要防止盲目推动银行竞争。当前,中国银行在互联网金融兴起的背景下,正处于业务转型的探索期,如果此时推进银行竞争,可能会导致银行通过影子承担风险,对银行体系的稳定运行产生不利影响。而且中国大型商业银行资产占比远低于美国、欧洲等发达国家的大型银行资产占比水平。因此,在当前中国多重金融改革叠加时期,要逐步放开银行竞争,防止银行过度竞争导致金融风险增加。

六、推动金融科技用于隐性风险监管协调

由于信息不对称下的银行不透明问题是导致隐性金融风险的根本原因,若能通过金融科技手段提高信息透明度,将对防范隐性金融风险大有裨益。金融科技的发展有助于推进数字化、标准化的金融监管,进而提升金融监管的效率,降低金融监管的成本。在守住不发生系统性金融风险的总体要求下,金融监管部门可采用加大试点大数据等金融科技手段在金融监管中的运用,尤其是在穿透性监管与过程性监管中的应用方式。金融监管部门可以考虑使用金融科技手段完成对商业银行体系业务过程与资金动向的实时监测。进一步地,通过将实时监测结果数字化、指标化,进而搭建实时的金融风险监测体系和风险预警体系,金融监管部门可以高效地实现对商业银行的动态监管。

积极促进金融科技在监管领域的应用。科技进步日新月异,技术迭代速度越来越快,金融市场的变化始终先于监管措施,但监管是规范创新、保障可持续发展不可或缺的外部约束力量。因此,促进监管科技的实施与应用必不可少。国际上,英、美等国在监管科技领域起步较早,各国都在积极布局。中国监管科技的应用也在加快步伐:2017年5月,中国人民银行成立金融科技委员会,明确提出加强监管科技的实践应用,提升金融风险的甄别、防范和化解能力。2018年两会期间,北京市宣布用区块链加强北京信用体系监管;贵州省贵阳市通过搭建"数控金融"平台,将大数

据和区块链等技术应用到金融监管领域，全方位、全过程监控金融风险，实现线上线下、业务层面与监管层面的实时交互对接，提高监管的信息化水平和监管效率。

当前，科技与金融二元交融，形成了全新的业态、机构和产品。金融科技发展的动力源于成本、效率和需求，但是，金融科技提升金融效率的同时伴随着技术失灵、数据安全风险、监管套利和顺周期性风险，并加重了系统性风险的复杂性。中国尚未针对金融科技设立统一的监管部门，现有监管框架对金融科技出现"监管失灵"的问题，无法及时应对。监管当局亟待建立新型、有效的监管框架，使得金融监管有章可循、有法可依。在提出建立金融科技监管的探索性框架的同时，要保障该监管框架的良性运转，应坚持"协同自律""包容试错""敏捷高效""科技向善"四大原则。

◆思考讨论题◆

1. 中国系统性金融风险的核心是什么？中国商业银行面临的新风险是什么？
2. 简述商业银行隐性金融风险现状，隐性金融风险的形成机制。
3. 目前，对于商业银行隐性风险，中国在监管协调方面存在什么问题？
4. 针对商业银行隐性风险，金融监管协调有什么对策？

第七章 地方政府隐性债务风险与金融监管协调

第一节 地方政府债务起源及历史演化

一、1978—1994 年：分级包干财政体制背景下，地方政府债务初见端倪

（一）1978—1984 年

1978 年改革开放来，中央提出"分级管理"及调动地方政府积极性的指导意见，并逐步推行市场经济下的财政管理体制，开始实行"划分收支、分级包干"的财政体制，地方政府开始行使越来越多的经济决策权，有了通过各种途径和利用各种资源发展经济的冲动。次年，有 8 个县区当年举借了政府负有偿还责任的债务，这也是我国地方政府最早负有偿还责任的债务。1982 年，《关于进一步实行基本建设拨款改贷款的通知》发布。这个时期，中国投融资体系不发达，融资渠道有限，导致地方政府的资金来源与快速增长的投资需求难以适应，部分地方政府开始举借债务。同时，在"拨转贷"过程中，违规现象严重，大量的基本建设项目存在立项不规范的情况，导致了地方政府债务的集中出现。

（二）1985—1987 年

此阶段，中国实行"划分税种，核定收支、分级包干"的财政体制，进一步完善了分级包干财政体制，调动了地方政府积极性，也由此导致了普遍的盲目投资过度。随着地方政府财权的扩大和发展经济积极性的不断提高，许多地方政府基本建设资金不足，于是向中央政府提出要求发行地方政府债券以募集资金。国务院于 1985 年印发了《关于暂停不发行地方债券的通知》，但该文件没有明确禁止地方政府举借债务，各地方政府仍

然通过债券以外的方式举借债务。

（三）1988—1994年

此阶段，中国开始全方位实行财政承包制。1988年，国务院发布《国务院关于印发投资管理体制近期改革方案的通知》，中国各省、自治区、直辖市和计划单列市政府相继成立了投资公司。地方政府逐渐开始转变融资方式，通过投融资公司举债，这一阶段，大量的县级政府和市级政府开始举债。

二、1995—2003年：地方融资平台稳步发展，地方政府债务大规模膨胀

随着市场化的不断深化，"分级包干"的制度弊端日益突出，国家财力分散。1979—1994年，财政收入的"两个比重"连续下降，中央财政赤字急剧增加。中国于1994年实施了财政预算体制的重大改革，并颁布实施了《中华人民共和国预算法》，明确禁止地方举债行为，规定各级政府预算做到收支平衡，不列赤字。随着"分税制"的深入实施，地方政府"财权"和"事权"不对称的问题越发明显，给地方政府带来过大的财政压力，通过融资平台举债就成为地方政府维持财政收支平衡的重要手段。

1995年1月1日，《中华人民共和国预算法》正式实施，同年颁布实施了《中华人民共和国担保法》。然而，许多外国政府、国际金融机构和一些国内经济组织在签订融资合同时，都要求地方财政予以担保。地方各级政府迫于压力，才不得不授意地方财政部门予以担保。

1998年，东南亚金融危机爆发，波及中国经济发展，中央政府开始实施积极的财政政策。1998—2005年，中央财政发行的9900亿元长期建设国债投资资金中，1/3转贷给地方政府使用，形成了较大规模的地方政府债务。同时，地方政府为了追求政绩，开始大量投入资金，盲目开发投资建设。1998年，"打捆贷款"模式试点并逐步推动，成为地方政府债务的重要构成部分。

三、2004—2014年：地方融资平台井喷式发展，地方政府债务规模急剧扩张

2004年，国务院出台了《关于投资体制改革的决定》，一定程度上放

松了对地方政府融资公司融资管理的规定,这使以基础设施建设项目为融资目的的地方政府融资平台公司快速发展起来。此外,2004年,各级城市土地储备工作全面开展,为地方政府融资提供了制度支持。2003年,国务院发布"18号"文件,明确将房地产行业定位为拉动国民经济发展的支柱产业之一,房地产开发及投资迅速增长。从2005年起,中国连续实施7年的积极财政政策正式被稳健的财政政策取代。2008年美国次贷危机使得全球经济遭受重创,中央提出了4万亿的救助计划,要求各地结合项目建设需要向中央申请资金支持。2009年3月,中国人民银行发布《关于进一步加强信贷结构调整促进国民经济平稳较快发展的指导意见》,融资平台出现了"井喷式"发展,地方政府债务规模急剧膨胀。与此同时,监管层对地方政府债务风险的关注,使得地方政府新的融资变得非常困难,资金难以为继。

四、2015年至今:新《中华人民共和国预算法》实施,地方政府可发行债券

2014年8月31日,全国人大常委会通过了关于修改《中华人民共和国预算法》的决定。然而,在中国目前分税制这一制度背景下,地方政府财政缺口并没有得到有效改善,融资平台继续充当着为地方政府寻求资金来源的角色,大规模的发行城投债以及以信托为主的其他新的融资方式出现。

这一阶段,虽然地方政府债务较之前更为透明,地方政府举债、用债和还债有了法律依据,但是受到债务额度的限制及经济发展的压力,依法发行债券无法满足地区发展需要,促使其他新的融资方式出现且往往由地方政府提供质押担保,这也给地方政府性债务管理带来新的挑战。

第二节 中国地方政府债务风险防范的两个重点问题

一、地方融资平台"借旧还新"问题

在2014年国家明确要求剥离融资平台的政府融资职能之后,地方融资平台的融资目的发生了结构性变化,每年新增发行的城投债中,用于

"借新还旧"的资金规模开始超过了用于基础投资的资金规模，城投债的主要融资目的已从基建投资转化为偿还存量负债，由此形成了地方融资平台"借新还旧"的问题。由于"去杠杆"等宏观调控政策，2017年以来，城投债的发行总量已经稍有回落，但募集资金用途转向偿还存量债务的趋势却更加强劲。近年来，地方融资平台很可能陷入了债务融资与"借新还旧"的恶性循环。

（一）"借新还旧"的隐性违约风险形成的原因

地方融资平台发展初期，融资平台的债务规模相对比较小，地方融资平台的流动性压力不大，地方融资平台的"借新还旧"主要目的是保障项目建设资金、调整债务成本等。

1. 投资驱动

地方融资平台的投资活动能够创造地区生产总值，并为地方政府获取晋升锦标赛中的政治资本。为此，地方融资平台容易产生很强的投资冲动。而由于地方融资平台的自有资金（或内源资金）属于有限的稀缺资源，如果地方融资平台将自有资金用于偿还到期债务，则其可用于投资的资金就少了。为了保障投资项目有充足的建设资金和营运资金，地方融资平台很可能优先将自有资金投向基建项目，之后再通过举借新的债务来偿还到期债务。换言之，地方融资平台"借新还旧"的原因并不是缺少流动资金，而是为了保障投资支出。

2. 调整债务成本

在地方融资平台的发展初期，受限于融资渠道的单一性，其筹资活动主要依靠以银行信贷为代表的间接融资。而随着债券市场的逐步发展以及发债条件的变化，地方融资平台的融资渠道逐渐多元化。在此过程中，如果债券市场的融资成本低于银行信贷的融资成本，则地方融资平台可以主动将高息贷款置换为低息债券，以此节省利息成本、提高成本效率。

然而，随着地方融资平台的发展，地方融资平台的债务规模愈发庞大。尤其是在经历过4万亿财政刺激计划中超常规投、融资后，地方融资平台面临大规模到期债务压力，为了避免发生债务违约，地方融资平台不得不依赖"借新还旧"来偿还到期的存量债务。在此条件下，由于大量偿还到期的存量债务，地方融资平台可能面临现金流短缺、速动比例降低等流动性压力。受困于流动性压力的地方融资平台不得不进行"借新还旧"的债务周转，以避免发生债务违约。具体来说，如果地方融资平台当年待偿还债务规模越大，则其"借新还旧"的发生可能性就更大；同时，地方融资平台"借新还旧"的发生次数、发生规模也会随到期债务压力而增加。

(二)"借新还旧"的危害

当地方融资平台"借新还旧"后，其营业收入会逐渐下滑而经营风险则日渐增加，进而很难认为地方融资平台在未来有足够的自有资金来偿还"借新还旧"过程中的新增债务。即在完成"借新还旧"之后，地方融资平台未来的偿债能力不确定性较之前变大。尤其要注意的是，"借新还旧"后地方融资平台未来偿债能力的不确定性可以看作一种隐性违约风险，其原因是：由于地方融资平台当前顺利地完成了到期债务的兑付，债务违约风险被"借新还旧"所"隐形"，进而容易造成违约风险很小的假象，但实际上，地方融资平台缺乏创造收益和现金流的造血能力，债务违约风险很大。

"借新还旧"并未实质性地降低地方融资平台的利息负担，反而还会导致未来的债券融资面临债券期限变短且债券成本变高的问题。换言之，尽管"借新还旧"帮助地方融资平台缓释了短期的债务压力、避免了债务违约，但却没有从根本上化解地方融资平台的债务风险，而是将短期债务压力拖延为长期债务压力，而仅仅是实现了短期偿债压力和长期偿债压力之间的期限转换，甚至还可能会加重融资平台的利息负担和长期债务压力。资金短缺且主营业务绩效低下的地方融资平台很可能陷入"偿债压力—借新还旧—偿债压力"的债务循环，并导致债务风险像滚雪球般越滚越大。一旦发生某种外部性冲击，使地方融资平台难以在债券市场上筹措到足够的资金，地方融资平台就会面临巨大的流动性风险和债务违约风险。

(三) 防范措施

监管部门应关注地方融资平台的"借新还旧"行为，尤其是由流动性压力所导致的"借新还旧"行为。考虑到"借新还旧"能够补充地方融资平台的流动性、暂时性地提高地方融资平台的偿债能力，监管机构应当允许地方融资平台在债券市场上"借新还旧"。然而，由于"借新还旧"只是提供了短期债务压力和长期债务压力的转换机制，却并不能实质性地消除地方融资平台的债务风险。监管部门需要对地方融资平台的"借新还旧"规模实施有效的监督与管理，关注地方融资平台的真实流动性状况，防止本该进入破产程序的地方融资平台却因"借新还旧"而长期存在于市场，避免"借新还旧"所导致的债务风险危害到金融安全。除此之外，有必要通过债务置换、地方融资平台的市场化转型等各种方式化解地方债务的风险压力。高企的存量债务规模和匮乏的主营业务效益是导致地方融资平台不得不依赖"借新还旧"以缓释债务风险的直接原因。有鉴于此,监管部门需要适当地开展债务置换以消化地方融资平台难以负担的债务压力。与此同时,监管部门还需要剥离地方融资平台所承担的政策性投、融资职能,加速推动地方融资平台的市场化转型,以此提高地方融资平台的盈利能力,使其获取自负盈亏、自担风险的"造血能力"。

二、PPP 类隐性地方债务问题

(一) PPP 的运作模式

PPP 模式的初衷是保障公共品供给、减轻地方债务风险,真 PPP 的运作模式如图 7-1 所示。PPP 模式理应是地方政府和社会资本共同发起成立一家项目公司(SPV),一起持有这家项目公司的股权,再由这家项目公司对特定的 PPP 项目进行建设、运营、管理,政企双方共享项目成功的收益,共担项目失败的风险。纯粹的 PPP 合约是一种类似于股权融资的不完全合约,对地方政府的约束力较小,如果地方政府不为社会资本方的权益保障做出实质性的政策安排,则社会资本对地方政府行为的预期将是,一旦发生公共利益与社会资本私人利益不可兼得的情形(鉴于 PPP 项目的长周期性,发生这种情形的概率会很高),地方政府会选择"牺牲"社会资本的私人利益,以此换取公共利益。

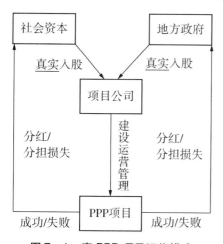

图 7-1 真 PPP 项目运作模式

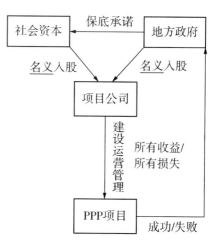

图 7-2 假 PPP 项目运作模式

相反，在明股实债型 PPP 的运作模式中（见图 7-2），当地方政府与中央政府之间的沟通成本足够高，地方政府难以向中央政府证明补偿社会资本这一行为的合理性时，社会资本和地方政府将陷入一种合作困境。社会资本很难相信在事后能够得到地方政府的补偿，地方政府知道社会资本的顾虑，但很难打消这一顾虑，在中央严控地方债务规模的背景下，为了更"有效"地打消社会资本顾虑、更快地开展项目建设，地方政府不再让社会资本承担任何不确定性，直接把 PPP 这种不完全合约（浮动收益）转化为债权融资这种完全合约（固定收益）。但是无论如何，相对于不完全合约的真 PPP 而言，债务性的假 PPP 的不确定性会远远低于前者，并且从现实来看，政府在债务融资上的违约成本相当大，因此，地方政府给予社会资本的固定回报通常是可信承诺。社会资本表面上持有项目公司的股权，但实质上社会资本是地方政府的债权人，主要职能是为 PPP 项目提供资金支持。更重要的是，在明股实债 PPP 的交易结构中，地方政府会给予社会资本保底承诺，主要形式包括：

（1）约定在未来特定的时间以特定的金额回购社会资本方的股权。

（2）给予社会资本方最低收益承诺。

（3）承担社会资本方的投资损失。

（4）建立 PPP 产业基金，地方政府作为劣后方承担项目所有风险，而社会资本作为优先级享受固定回报。在以上交易结构下，项目的所有风险都集聚到地方政府一方（明股实债的专项建设基金和政府引导基金与此类似）。虽然这产生了新的且是隐性的地方债务，但是地方政府能够以更低的交易成本（包括融资成本、政策制定和执行成本、时间成本等）获得社会资本的资金投入。

从某种程度上来说，地方政府将 PPP 模式异化为"明股实债"的隐性地方债，不仅是地方政府规避中央监管的一种监管套利行为，也是地方政府克服 PPP 合约不完全性、以更低的交易成本吸引社会资本资金的一种"金融创新"。

（二）PPP 异化为隐性地方债风险的根源

1. 地方政府利用 PPP 规避中央政府的监管

2014 年新《中华人民共和国预算法》和 43 号文出台后，发行地方政府债券成为地方政府唯一一种规范、合法的举债渠道，像过去那样通过地方融资平台举借政府性债务的"后门"受到了新《中华人民共和国预算法》和43号文的严格限制。在"堵后门、开前门"的政策导向下，地方政府的融资渠道大大收缩，但是，保障公共品供给、促进经济增长需要庞大的资金投入，由此导致地方政府的融资需求无法得到满足，地方投资存在较大的资金缺口。为满足开展公共投资的资金需求，地方政府以PPP之名行债务融资之实，向社会资本"借"资金来为公共项目融资，将PPP模式当作规避中央监管的工具，大大增加了地方债务风险。

2. 地方政府通过"明股实债"来增大PPP对社会资本的吸引力

PPP项目具有长周期性、高投入性、高不确定性等特征，并且还涉及地方政府、社会资本和社会公众之间的博弈和利益分配问题（例如，在PPP项目建设、运营期间，社会公众的公共利益和社会资本的私人利益发生冲突的情况时有发生，以维护公共利益为己任的地方政府通常会选择"牺牲"社会资本的私人利益——以调整政策或更改合约的方式，来达到维护公共利益的目的，其后果往往是社会资本的私人利益受损），由此决定了，社会资本参与PPP模式存在较高的风险，在利益保障机制缺位的情况下，社会资本将缺乏参与PPP的积极性。地方政府通过给予社会资本固定回报的承诺、签订担保和回购协议等方式把PPP转化为明股实债PPP，让社会资本获得固定回报，进而能够大大降低社会资本的投资风险，提高社会资本的参与积极性。但是，这也增加了明股实债PPP项目的隐性债务压力。

3. PPP模式金融监管协调现状

2017年年底和2018年年初，国资委、财政部、银监会和证监会密集出台了一系列监管政策，对PPP类项目进入了严监管时期，央企参与PPP受到更严格的杠杆率限制，出表渠道也基本被封堵。因此，在严格监管背景下，央企将谨慎参与PPP。

一方面，国资委为了规范央企参与PPP的行为，控制风险，在2017年11月下发《关于加强中央企业PPP业务风险管控的通知》（国资发财管〔2017〕192号）。192号文规定，"多措并举加大项目资本金投入，但不得通过引入'明股实债'类股权资金或购买劣后级份额等方式承担本应由其他方承担的风险"，这限制了央企不能作为有限合伙基金的劣后级LP，从而降低了信托计划资金进入基金的吸引力。这是由于央企作为劣后级LP和普通合伙人GP，承担经营风险和无限连带责任，可以为信托或资管资金的收益提供一定保证。

另一方面，2017年11月，中国人民银行《关于规范金融机构资产管理业务的指导意见（征求意见稿）》从资金源头堵住央企的出表路径。资管新规指出"资产管理产品可以投资一层资产管理产品，但所投资的资产管理产品不得再投资其他资产管理产品"，这就是为了避免多层嵌套和期限错配。PPP基金的结构设计中不仅包含信托计划和资管计划，也可能包括基金母公司，存在多层嵌套和期限错配问题。银行理财资金的期限一般较短，而PPP项目期限一般都是长达10年以上，通常是30年。银行理财资金通过信托和资管计划以滚动形式和多层嵌套得以投资PPP资金，存在较大期限错配风险。

随着金融监管加码，银信信托计划和银证资管计划规模将大幅缩减，这会导致央企出表类PPP项目资本金的落实可能出现困难。面对优先级LP资金流失，央企有四种选择：第一，将自有资金注入，或者将该PPP项目合并入表内，资产负债率上升；第二，将PPP项目资产证券化，这将成为未来央企降低杠杆率的主要途径；第三，寻求PPP相关产业基金支持，注入资金成为优先级LP；第四，放弃PPP项目，导致PPP项目无法推进，将会被财政部清理出库。

（三）具体建议

地方政府与社会资本之间的风险界定越明晰，社会资本的合法权益越能够得到保障，政企双方均能够获得与自身承担风险匹配的收益，从而地方政府会更少地开展明股实债PPP项目，而是倾向于以规范的形式开展PPP，由PPP明股实债形成的隐性地方债也越少。结合2018年政府工作报告中"防控地方政府债务风险"的精神，我们提出以下四点建议。

（1）适宜采用PPP模式的公共项目才能采用PPP模式，坚持政府支出的"按效付费"原则，并加大对地方政府借PPP之名违规举债的甄别和问责力度，堵上地方政府举借隐性地方债务的"后门"，防止隐性地方债务不断膨胀以及由此产生的隐性金融风险。在10%预算"红线"的约束下，对于纯公益性的、无法产生足够的现金流的项目，应严格禁止地方政府以PPP的模式来开展该项目，防止地方政府把支出责任安排在财政预算中。同时，对于适宜采用PPP模式的项目，应当遵循按效付费的原则，即地方政府根据项目的绩效好坏向社会资本进行支付，社会资本的收益与项目绩效挂钩，社会资本自身需要承担绩效不达标时的收益损失风险。坚持按效付费的原则有助于避免地方政府承担过高的支出责任以及由此产生的隐性债务风险。

（2）采用"按效付费＋按风险补偿"的政策组合拳来治理PPP明股实债的问题。按效付费的积极作用在于规范政府的支出责任，但是，仅仅是按效付费还难以解决地方政府出于弥补社会资本参与激励、减少社会资本参与风险而把PPP明股实债化的问题。为解决这一问题，在按效付费原则的基础上，还应增加按风险补偿的原则，即当地方政府出于维护公共利益而干预PPP项目进而对社会资本的收益产生不利影响时，应当根据社会资本事前承担的风险大小来对社会资本进行补偿。按风险补偿原则有助于保障社会资本的合法权益，以此提高社会资本参与真PPP的激励，从根本上减少地方政府开展明股实债PPP的必要性，进而有效防止隐性地方债务风险。按效付费的目的是避免地方政府支出不必要的支出，而按风险补偿的目的是确保地方政府支出必要的支出，这两种政策相得益彰。

（3）完善有关事后补偿社会资本合法权益的相关政策。地方政府可以尝试引入第三方机制，把是否补偿社会资本、补偿多少的决定，交由有公信力和专业化水平的第三方，例如专业的PPP评估机构，这有助于保证补偿决定的合理性和公正性。同时，中央政府还需要完善央地沟通机制，形成地方政府能够在事后依法、公开、合理地补偿社会资本的正向激励机制，为地方政府合理补偿社会资本合法权益提供法律依据和可行方案。例如，对于规模较大、信息较为透明的PPP项目，当需要对社会资本进行补偿时，可由中央政府牵头成立协调小组，决定是否补偿社会资本和补偿金额。

（4）对PPP项目中的财政支出责任进行风险监控，将相关责任纳入地方财政风险测试的范围，同时对地方财政风险测试建立较为统一的测试体系。一是对于因为支出责任未能履行而引发政府债务的情况，在现实中不确定性较大，应按照《政府和社会资本合作项目财政承受能力论证指引》中风险承担的测算金额确定其具体发生的金额多少，并且应作为重要事项在综合财务报告附注中予以披示。二是如果该地区的中期预算制度和政府综合财务报告制度都还未健全，在推行单纯政府付费式的PPP模式时一定要谨慎，需全面严格地监管财政补贴的合理性和地方跨期支付能力。此外，对于PPP项目可能出现的"下级政府未及时足额向社会资本支付政府付费"情况,须明确究竟是哪方的责任。

第三节 加强地方政府债务风险的金融监管协调

一、完善分权制,深化财税体制改革

(一)合理划分事权

一方面,地方政府需进一步细化政府事权与支出责任。中国地方经济建设存在着事权的层层下移、财政和支出划分不清晰等问题,行政管理体制的冗杂使得经济建设只是从表面上转移到了地方政府。因此,一要适当下放财权给地方,如给予地方中心城市下属各区、县以及代管的县级市更多财政自主权;二要进一步细化地方支出责任,以保证各级政府间的权责相匹配。此外,要明确政府和市场的关系,明确政府的支出责任,同时,让市场在资源配置中起决定性作用,减少职能的交叉重叠。另一方面,国务院要分配财权和事权,适度加强中央权力,同时减少中央直接插手地方事务。环境治理、社会保障、食品安全、国防和军队建设等问题由中央财政负责,中央和地方政府各尽所能,各司其职,做到财政事权履行权责明确和全过程覆盖。

(二)简化政府和财政的管理级次

2009年,中国实行了"省直管县",逐渐形成中央—省—县(市)的三级行政体系,县域经济因此得到了快速发展。我们要继续简化政府和财政的管理层次,加强中央对省政府、省政府对县的支持力度,从本地的实际情况出发加强民生领域建设。此外,应按照"一级政权、一级事权、一级财权、一级税基、一级预算、一级产权、一级举债权"的原则探索更有效率的顶层设计,规范政府行政行为。

(三)完善转移支付制度

首先,要逐渐废除税收返还制度;其次,要完善一般转移支付制度,整合转移支付内容,根据具体数量和规模确定科学的资金分配方式,使分配方式更加向西部地区、少数民族地区、县乡倾斜;最后,要建立科学规范的转移支付标准,明确各级政府职责,加大对转移支付资金的监管和审

计力度，提高资金使用效率。

（四）完善地方税收体系

要深化税收制度改革，完善地方税体系，逐步提高直接税比重；要坚持以税收效率与税收公平为原则，正确选择主体税种与辅助税种；要加快资源税改革，调整消费税征收，推进房产税改革，开征环境保护税，改变车购税收入归属；要适当下放税收权限，特别是增强边远落后地区的财政自主权，加强预算编制的完备性和资金使用的科学性。

二、加强地方政府债务的制度建设

（一）完善行政监督制度

一方面，地方债发行要积极配合国家的宏观调控，由中央审核和分配额度。具体来说，可以专门设立地方债券监督管理机构，对发债各方面进行审计，编制预算，按一定标准向地方发放债务额度，并将其纳入国家财政预算。另一方面，要建立长期责任制，强化地方政府隐性债务绩效管理。具体来说，要建立地方债务的长期追究制度，对重大问题责任人追究行政责任和法律责任；要贯彻落实《关于做好2018年地方政府债务管理工作的通知》，建立完善"举债必问效、无效必问责"的政府隐性债务绩效管理机制；不唯GDP论，在地方债方面，要考虑资金的使用效率和偿还安全，项目工程的经济和社会效益等。

（二）完善法律体系建设

修改《中华人民共和国预算法》中禁止地方政府发行债务的提供担保的条款，允许地方政府发债和担保；修订地方公债法，对地方债规模、用途、审批、偿还、评级等各个环节制定标准规范，并根据《中华人民共和国税法》适度免除地方债所得税；研究制定地方政府破产法，明确责任，在地方政府资不抵债时允许破产，清算现有资产，启动债务重组和偿还程序，追究相关责任人。

（三）加强市场监管制度

一方面，要建立严格且统一的信用评级体系，解决由于各地经济发展水平不一、地方债风险程度不同而产生的信息不对称问题。可以委托独立性强、信誉良好的评级机构如会计师事务所、律师事务所、保险公司等，对地方发债进行全方面评估，公布发债主体财务状况和信用评级，对偿还进行保障，由投资者自主选择。另一方面，要加强信息披露，缩小中央政府对地方债数据的掌握偏差。首先，面向中央政府这一层次，地方政府需要披露债务的规模、期限以及偿还等具体事项；其次，面向人民代表大会这一层次，财政部门需要向本级人大汇报所在地区的地方财务状况，再交由人大进行审议和监督；最后，面向社会公众这一层次，地方政府需要披露资产负债表以及具体的债务偿还情况等，接受媒体以及广大群众的监督和评价。此外，可以参考美国相关经验，实行债券保险制度。具体来说，债券保险可以保证地方政府无法偿还债务时，保险机构代为还本付息，从而实现增强地方政府的信用评级、减轻债务风险的目的。

◆思考讨论题◆

1. 简述中国地方政府隐性债务的起源及其演化过程。
2. 中国地方政府债务风险防范的重点问题是什么？应当相应采取哪些防范措施？
3. 应该如何加强对地方债务风险的金融监管协调？

第三编

金融科技与金融监管协调

第八章 中国金融科技的发展与应用

第一节 金融科技概述

一、金融科技的基本概念

金融业的发展是一个不断交互融合和创新的过程,在其发展中能吸收一切对本身发展有价值的内容,如金融业务创新、金融衍生品创新、金融管理创新、金融科技创新等,且其与新事物的融合与发展能在短时间内广泛普及并产生变革。科技同样具有这一性质,在众多迭代过程中完成跨越式的发展,其成果可广泛与其他行业交融并相互发展。这一特性使得金融与科技的交融顺理成章,金融科技便是以市场中的金融需求为导向,运用先进的科学技术提高金融服务水平。

金融科技翻译自英文的一个创新词汇 FINTECH,是 financial technology 的缩写,指金融与科技的交互与发展。目前,该词被广泛接受的定义来自全球金融治理的牵头机构——金融稳定理事会,该组织在 2016 年 3 月发布的《金融科技的描述与分析框架报告》中对金融科技做出了初步定义,指通过技术与金融交互融合,并能够对金融市场、金融机构和金融服务产生重大影响的业务形式、技术应用以及流程与产品。2019 年,中国人民银行印发的《金融科技发展规划(2019—2021 年)》对金融科技在中国的目标进行了进一步阐述,认为金融科技就是用技术驱动金融创新,旨在运用现代科技成果改造或创新产品、经营模式、业务流程等,推动中国金融发展提质增效。

二、金融科技的发展概况

(一)金融科技1.0时代

金融科技的1.0时代指的是金融数字化时代,其标志是金融业融合了计算机和通信技术,使金融服务的数字化程度不断提高。具体而言,即金融业将计算机技术如网络技术、数据库技术等应用到办公、业务或产品中,从而提高运营效率并降低运营成本。

20世纪初,美国银行之间的支付或者结算还需要通过现金或黄金等实物进行交付,在运营过程中造成了一定混乱,尤其是跨区域银行之间的清算。随后,美联储在统一各成员行必须按面值清算其他银行开出的支票的基础上,于1914年开始运行自己的清算系统——联邦储备通信系统(federal reserve communication system,也称FEDWIRE),改变了原有清算方式,并从每周清算发展到每日清算,极大地提高了清算效率。1968年,为了进一步提高银行的清算效率、更好地服务客户,自动清算系统(ACH)应运而生,其主要进行现金集中、雇员工资发放、财政部养老金与社会福利发放、固定金额资金如保险、住房抵押贷款利息的支付、企业间货款的支付。1970年,纽约清算所建立了银行同业支付系统(clearing-house interbank payment system,CHIPS),以电子化方式替代了原有的纸质清算。同时,金融科技也逐渐从服务银行内部体系转为面向客户。20世纪60年代初,信用卡与磁条技术结合了现在所用信用卡的雏形——磁条信用卡,大大减少了塑料信用卡和金属信用卡所带来的安全问题。1967年6月,位于伦敦北郊的英国伦敦巴克莱银行安装了世界上第一台ATM机;1973年,IBM 3890等支票处理机投入使用。

随着信息化的深入发展,20世纪80开始,金融行业的数据处理能力大幅提升,数据的处理速度、安全性已经得到保障。1989年10月,英格米特兰银行创办了全球第一家直销银行,即不设线下网点、由银行搭建纯互联网平台的银行。在直销银行的经营模式下,直销银行不发放实体银行卡,客户主要通过电子设备来远程获取银行的服务。由此,大大减少了物理成本和人工成本,能够提供更加便捷和优惠的服务。直销银行的设立也标志着信息化与金融业交融的成熟。

相比于发达国家先进的金融市场,中国在金融科技上的起步较晚。20

世纪 80 年代，珠海成为改革开放的前沿，当时已有不少港澳商人和旅客前来度假或投资。在港澳旅客使用银行卡的习惯的影响下，珠海一些商店或酒店设置了银行卡支付机器，为珠海发行银行卡带来了契机。1985 年，中国银行珠海分行正式推出了中国第一张信用卡——中银卡，并在 1987 年加入了 VISA 和万事达两大国际组织。此时，中国第一个电子支付系统正在紧密研发中。改革开放以来，随着商品经济的发展，银行的业务量以及信息量迅速增长，但中国当时的银行业仍然采用手工填制报表并通过邮件或者电报传送的方式处理联行业务。这种方式不仅效率低，严重影响社会资金的流动与周转，也难以为决策机构提供用于制定政策或法律法规的数据信息，中国急需一套全国通用、自动传递信息和结算资金的电子支付系统。在金融业与计算机业两个行业科研人员的艰苦奋斗下，中国联行计算机网络试点项目于 1988 年 8 月宣告完成，之后更名为全国电子联行系统（EIS），并于 1991 年在全国上线。它运用了现代计算机与卫星通信技术处理中国银行业的汇划清算业务，具有"快、准、平、清、安全"等特点，是中国第一例利用前沿技术推动金融业业务制度变革的案例，也是中国金融科技的里程碑，为中国经济和金融发展提供了强大的推动力。1995 年，中国进一步实施了电子联行系统的"天地对接"工程，通过中国人民银行的同城清算网络将中国人民银行发报行（收报行）和专业银行（汇入行）相联以实现转汇业务，进一步提高了系统运行效率。

（二）金融科技 2.0 时代

随着数字化的发展，科技尤其是信息科技与金融的合作更加深入，在金融科技 2.0 时代，互联网开始展现出在信息传递、信息收集和信息处理方面的优势。互联网的普及使得许多线上平台陆续出现，这些平台可以借助移动终端和互联网吸引众多用户并收集信息，还能通过互联网的无界性消除金融业务的地理边界，极大地降低了运营成本和沟通成本。此外，互联网信息的相对透明也满足了金融业对风险管控和信息透明的需求，降低了交易风险。因此，这一阶段，金融与互联网平台相互融合，在互联网平台这一全新商业环境中开展业务。在合作中，互联网企业可以依托自身互联网技术或者信息通信技术来开展金融服务，也可以与传统金融机构推出服务；传统金融服务可以使用互联网企业开发的平台来进行线上服务和经营，利用互联网广大的用户和庞大的数据量，实现金融业务的精准对接和风险管控。金融科技 2.0 时代本质上是对传统金融渠道的变革,最具代表性的包括互联网金融、P2P 网络借贷、众筹等。

以互联网金融为例,1995 年 10 月,世界上第一家真正意义上的网络银行——第一安全网络银行(SFNB)在美国成立,其具有脱离传统具体物理介质的实体银行模式,完全依靠互联网运营,不仅提供传统银行的业务,还借助互联网的优势提供方便客户的网络金融产品。成立 3 年间,吸引了 1 万多名客户,存款额达 4 亿美元。其除技术部门外的其他部门在 1998 年被加拿大皇家银行收购。目前,SFNB 主要为传统银行提供网络银行服务。随之在 20 世纪末期,保险公司网络直销、第三方比价平台纷纷出现,一方面说明金融业对互联网技术的认可,另一方面也说明金融与科技的结合极大地迎合了市场。2005 年 3 月,世界上第一家 P2P——ZOPA 在英国成立,其依托电脑或手机等移动设备,在个人与个人之间进行互助借贷。

虽然中国在金融科技 2.0 时代起步较晚,但得益于近年来互联网企业的飞速发展,中国互联网金融在部分领域已经处于世界领先地位。2007 年,中国第一家 P2P 拍拍贷在上海成立,短短 2 年间,注册用户便突破 10 万人,在 2012 年,公司经营范围拓展至更为广泛的"金融信息服务"领域,是 P2P 网络借贷行业内第一家拿到金融信息服务资质的公司;2017 年,拍拍贷在美国纽交所顺利上市。自 2010 年起,互联网以及智能手机在中国的迅速普及,移动支付快速增长,至 2016 年,非现金支付已经占整个支付系统超过 72%,电子支付占非现金支付金融的 68%。在互联网银行方面,2014 年,中国第一家互联网银行——微众银行在深圳成立。该银行既无营业网点,也无营业柜台,更无须财产担保,而是通过人脸识别技术和大数据信用评级发放贷款。2020 年 8 月,在胡润研究院发布的《苏州高新区·2020 胡润全球独角兽榜》中,微众银行以价值 1500 亿元位列第 11 位。金融与互联网平台技术的广泛结合,既给广大消费者带来了生活上的便利,也为中国经济和金融发展注入极大的推动力。

(三)金融科技 3.0 时代

在金融科技 3.0 时代,互联网技术已经成为金融科技的基础和依托,在此基础上又进一步衍生出大数据、区块链、云计算和人工智能等新兴信息技术,为金融行业带来了强劲的推动力。其中,大数据具有数据量大、处理速度快、数据类型多、数据透明度高以及数据价值高等特征，在如今的数据爆炸时代，金融业需要大数据技术来对业务中需要的大量数据进行采集、存储和分析，这一需求尤其体现在金融监管领域、风险管控领域、金融营销领域等，如反洗钱、个人征信、金融产品销售、智能信贷、第三方支付、客户需求挖掘、风险评估等。区块链则是一种去中心化的分布式数据库，在这数据库中，存储的数据和信息具有不可伪造、全程留痕、可以追溯、公开透明、集体维护等特征，有助于降低金融机构的交易风险和运行成本。云计算是一种新型IT服务模式，它首先将巨大的数据计算任务拆分成小任务，并通过互联网将任务分配给大量服务系组成的系统进行处理和分析，再将计算结果合并返回。云计算可以使金融机构或者消费者在很短时间内完成巨大数据的处理和运算，有助于提高金融机构对数据的处理效率。此外，还有互联网企业建设金融云服务，打造专供金融机构使用的云计算服务平台，这些可定制、可拓展的多租户金融服务，能够减少金融机构的系统建设成本和维修成本，还能为缺乏开发力量的中小金融机构提供租赁服务，助力中小金融机构稳步发展。人工智能则依靠大数据和云计算，并配合深度学习算法提高了复杂任务的处理效率。具体而言，人工智能技术是研究、开发用于模拟、延伸和扩展人的智能的理论、方法、技术及应用系统的一门新的技术科学，其中包含语音识别、机器学习、计算机视觉、语言处理等多个子领域。一方面，人工智能可以通过模拟人的功能，为客户提供批量化和个性化的服务；另一方面，也能通过其强大的计算能力和传输能力，加强金融交易和分析中的决策，加强金融运行中的风险防范和监管。

近年来，金融机构与互联网企业在大数据、区块链、云计算和人工智能等新兴信息技术的基础上开展合作。2012年，Ripple成立于加利福尼亚州，其通过区块链分布式账本技术建立的价值网络，能够为金融机构提供一种全新的全球金融结算解决方案。2016年11月，托克（Trafigura）商贸公司和法国外贸（Natixis）银行利用美国得克萨斯州的原油贸易渠道来模拟区块链的运行，区块链技术能够利用其特性省去贸易流程中多种文书工作；并在2017年3月，测试将区块链技术运用到石油市场贸易中，寻求更加廉价的方式简化现有贸易流程。

在征信反欺诈方面，Zestfinance将大数据分析和机器学习融合起来以评估贷款者的信用分数和违约风险，并为部分第三方次级贷款者进行信用担保。传统的信用评分体系通常具有 500 个变量,然后从中选择约 50 个来进行量化评估;而在 Zestfinance 模型中,需要用到 100000 个变量,利用 10 个预测分析模型进行集成学习以及多角度学习等,得出第三方贷款者的信用分。在 2011 年 6 月成立的 Siftscience 通过机器学习技术优化网络欺诈检测模型,为存在在线交易、数字货币等需求的行业提供防欺诈等功能。仅 2016 年,Siftscience 便查封了 900 网例欺诈性收费,帮助消费者节省超过 10 亿美元。

三、金融科技未来发展

(一)推动金融业务重点从 B2C 转向 B2B

在金融科技方面,其应用场景可以区分为 B2C 和 B2B,其中 B2C 指 business-to-consumer,即企业直接面向消费者业务模式;B2B 指 business-to-business,即企业与企业之间通过专用网络或互联网,进行数据信息的交换、传递,开展交易活动的商业模式。相比而言,拓展 B2C 业务所需要的技术不高,采用互联网平台以及基础算法即可满足大量用户的需求。在互联网普及之后,通过移动终端的 App,将快捷、便利和安全的金融服务渗透到人们的生活中,培养了消费者进行线上消费和理财投资等习惯。在运营中,通过建立社群等方式积极促进用户互动,提高用户黏性,极大地增强了金融科技服务的吸引力,促进了金融业务的持续拓展。在互联网企业的推波助澜下,B2C 模式大受欢迎且持续扩张,2016 年亚洲地区的金融科技风险投资集中于 B2C 模式,占比 89%。

相比于 B2C 模式看重销售方式和销售平台,B2B 模式需要为企业间的电子商务搭建平台,更加看重企业间网络的建立、数据的及时传递与安全、供应链体系的稳固等,显然需要更高的技术;同时,B2B 模式不需要像 B2C 模式一样靠规模经济方式降低售价获取利润,而主要靠企业间网络的建立来巩固它的销售。科技处于领先地位的美国早已转向 B2B 模式,北美地区在 2016 年的 B2B 模式投资比例已经超过 B2C 模式。未来,在流量红利逐渐消失的背景下,中国乃至亚洲的金融服务中心将会从 B2C 转向 B2B,从消费互联网转向产业互联网。

(二)金融需求反向推动金融科技发展

金融技术在满足金融需求的同时,也将在金融需求的驱动下不断发展创新。这主要是因为金融科技在被运用到实际业务中后，推动了金融行业转型发展并出现了全新的金融业务或产品，而全新的金融业务和产品也在不断衍生出新的技术需求，将实现对金融科技创新发展的反向驱动。具体而言，一方面，新技术应用推动金融行业向普惠金融、小微金融和智能金融等方向转型发展，而全新的金融业务或模式又衍生出在营销、风控等多个子领域的一系列新需求，要求新的金融技术创新来满足。另一方面，互联网与金融的结合所带来的创新产生了一系列的监管问题，同样对金融监管提出了新的要求，需要监管科技创新来实现和支撑。从未来的发展趋势看，随着金融与科技的结合更加紧密，技术与需求相互驱动作用将更加明显，金融科技的技术创新与应用发展将有望进入更加良性的循环互动阶段。

（三）通过金融科技提升金融监管效率

通常而言，金融监管与金融创新呈现螺旋上升关系，金融监管往往滞后于金融创新，在某些时候会凸显金融监管的局限性。这主要是因为现代金融监管是被动的、事后的，由于金融监管具有一定信息不对称性，因此只有在金融部门运行中出现违规行为或者高风险行为并进而造成一定后果后才能被注意到，之后监管部门才会进一步研究此风险并探讨如何将其纳入监管。在具体情况中，由于监管者对金融创新未能有足够的认知和操作经验，导致短时间内难以制定出有效的监管方案并实施精准的监管，这都导致金融监管滞后于金融创新，尤其在当今金融科技迭代升级迅速的今天更是如此。在信息技术的广泛影响下，金融业业态产生了巨大变化，强大的计算能力使得金融业务和产品交易更加频繁和迅速，因此也会产生更大量、更多类型的数据。在这种背景下，传统监管还基于手动的、传统结构性数据的监管模式，显然不足以应对新业态下的金融创新，未来监管部门一定会将金融科技用于金融监管中，在金融监管中注入处理信息传输及时、信息速度更快、信息更加透明等特点。

英国是世界上金融服务最完善、金融监管体系最健全的国家之一，英国金融市场行为监管局（FCA）也是全球对金融监管最为完善的机构之一，其早在2015年便提出金融监管应当结合金融科技，以满足多样化的金融监管要求，简化监管流程。当金融监管借助金融科技后，监管机构能够创新监管方式，通过大数据、云计算等方式收集、存储并运算相关数据，克服人工操作带来的低效率和低透明度，能够实时监管整个金融市场，从而更加高效、准确地完成风险监管与防范。此外，还可以让监管部门发挥监管协调功能，加强与金融科技公司的沟通和合作，在鼓励创新的基础上，通过合作研究识别特定技术所带来的潜在风险，一方面靠金融监管当局对风险进行识别和处理，另一方面也可以通过制定行业自律规则等加强金融科技公司的自身风险防控意识。

第二节　金融科技关键驱动技术

一、大数据

（一）大数据概述

随着信息技术的广泛运用，人类社会迎来了数据爆炸的时代，根据国际权威机构 Statista 的统计和预测，全球数据量在 2019 年有望达到 41 ZB，大数据将会对我们的经济生活产生重大变革。这一新兴名词最早由全球知名管理咨询公司麦肯锡提出，麦肯锡在报告《大数据：创新、竞争和生产力的下一个前沿领域》中提出："数据，已经渗透到当今每一个行业和业务职能领域，成为重要的生产因素。人们对于海量数据的挖掘和运用，预示着新一波生产率增长和消费者盈余浪潮的到来。"目前，社会各界关于大数据的概念尚未形成统一。麦肯锡全球研究所将大数据定义为：一种规模巨大，以至于传统数据库软件工具无法对其进行获取、存储、管理和分析的数据集合，具有数据规模大、数据流转快、数据类型多样和价值密度低等特征。研究机构 Gartner 则认为大数据是一种需要全新处理模式处理的、具有海量和多样化特征的、能够使企业具有更强大决策力和流程优化能力的信息资产。中国 2015 年颁发的《促进大数据发展行动纲要》则认为大数据是以容量大、类型多、存取速度快、应用价值高为主要特征的数据集合，正快速发展为对数量巨大、来源分散、格式多样的数据进行采集、存储和关联分析，从中发现新知识、创造新价值、提升新能力的新一代信息技术和服务业态。尽管定义尚未统一，我们仍然不难从多种定义中发现大数据的基本特征在于"大"，其应用重点和价值在于从海量数据中提取信息。

（二）大数据的特征

关于大数据的特征，目前较受认可的说法是 IBM 提出的"5V"特点。

（1）数据量大（volume）：大数据的基本特征是数据量大，同步行业或不同部门所需要用到的大数据标准数据集大小不同，而数据集大小也通常随着技术进步而变大。大数据的起始计量单位至少是 P（1000 个 T）、E（100 万个 T）或 Z（10 亿个 T）。

（2）数据类型多（variety）：数据爆炸时代的特征，不仅体现在数据量大，还体现在数据类型繁多，其包括结构化数据、半结构化数据和非结构化数据等。具体类型上，包括音频、视频、网络日志、图片、位置信息等。5G 时代还将出现更多数据类型，也对数据处理能力提出更高要求。

（3）处理速度快（velocity）：这是大数据技术区别于传统数据技术的显著特征，数据的最终目的是运算与分析，因此只有具有足够快的处理速度，才能体现出大数据的价值。如搜索引擎，需要在很短时间内从海量数据中匹配出用户想获取的信息和数据。

（4）数据真实（veracity）：大数据不仅要求数量大，而且对质量具有严格要求，只有质量高的数据才能从中获得正确的、有效的结果或效用，才能使大数据具有可观的利用价值。

（5）数据价值（value）：大数据具有极高的使用价值，但由于数据量过大，因此大数据的数据价值密度相对较低。这也意味着我们应该通过结合业务逻辑和算法迭代提高数据的使用效率，努力挖掘大数据中隐含着的有效信息和价值。如较佳的基金团队能够从高频海量的交易数据中获取到有用的信息，并用来提高基金绩效。

（三）大数据的应用价值

对于大数据的应用价值，管同伟（2020）认为，在征信市场中，传统技术难以挖掘出数据中隐含的与征信相关的信息，但通过大数据技术，能够从海量技术中构建信息评价模型，从而获取借款者的信用分数，为解决征信难题提供了一个全新思路。

此外，大数据在非金融领域同样具有极大应用价值。如中国重庆市成立了重庆能存大数据投资股份有限公司，希望通过生产、就业、气象、卫生、教育等方面产生的数据来获得传统技术难以获得的信息，以提高分析与决策水平。在医学界，大数据能够通过收集大量基因信息、血液信息以及药用效果等,提高医疗水平,为患者提供更加精准的医疗服务。

二、区块链

(一) 区块链的概念

区块链的概念起源于比特币,在 2008 年 11 月,一位自称中本聪 (Satoshi Nakamoto) 的人发表了 *Bitcoin: A Peer-to-Peer Electronic Cash System*,阐述了基于 P2P 网络技术、加密技术、时间戳技术、区块链技术等的电子现金系统的构架理念。并在 2009 年 1 月创造出了第一个区块,在几天之后创造了第二块区块并与第一块形成链,区块链就此诞生。区块链本质是去中心化的共享数据库,是一种管理持续增长的、能够按顺序整理成区块并且具有防篡改功能的分布式账本数据库。

作为一个数据库,区块链的首要作用是储存信息,使用者能够在区块链中存入并读取任何有需要的信息。其次,区块链的分布式性质意味着没有管理员,任何使用者均可以通过架设服务器等方式加入区块链网络中,成为其中的节点。在区块链中,所有节点都是平等的,这也意味着与中心化网络拥有管理员不同,区块链中所有节点需要共同参与全网数据的维护,没有管理员身份能够篡改里面的内容。

(二) 区块链的特征

区块链是一种去中心化的分布式数据库,在这数据库中,存储的数据和信息具有不可篡改、可以追溯、公开透明、集体维护等特征,有助于降低金融机构的交易风险和运行成本。

1. 不可篡改且可以追溯

传统信息系统主要通过层层设防的访问控制来保障系统安全,任何人都需要通过多层认证后才能进入数据库,进行存储或读取数据。区块链采取了另一种思路来维护系统安全,如采用了密码学中的哈希算法等,加之每个区块包含前一个区块的加密三列、时间标记和交易数据,这使得区块链历史记录无法被人为篡改,保证了系统内容的安全。研究表明,只要用户没有掌握超过 50% 的数据节点,就无法修改网络数据,避免了人为篡改数据的可能。

2. 公开透明

区块链系统是开源的,除了部分交易双方的私有信息会被加密,其他数据对所有人开放，任何人都可以通过接口查询区块链中的数据，使得整个系统高度透明。

3. 集体维护

区块链是去中心化的数据库，不存在中心化的硬件或者管理员身份，所有节点的权利和义务都是均等的。因此在应用区块链技术进行多边协作时，能够以对等的方式将各方连接起来，所有参与方共同维护一个系统，通过共识机制和智能合约来表达协作内容，实现更有弹性的协作方式。整个系统也不依赖其他第三方，减少了第三方信任机构的成本。

三、云计算

（一）云计算的概念

云计算具有多种定义，目前比较受认可的是美国国家标准与技术研究院所提出的定义：云计算是一种通过网络按需提供的、可动态调整的计算服务。云计算实际上是一种新型IT服务模式，它首先将巨大的数据计算任务拆分成小任务，并通过互联网将任务分配给大量服务器组成的系统进行处理和分析，再将计算结果合并返回。因此，云计算也被称作网格计算，能够在很短时间内完成巨大的运算，给客户提供强大的网络服务。

云计算中的"云"指的是一个庞大的网络系统，包含成千上万台服务器，云服务商以这些服务器为基础，为用户提供服务器、储存空间、数据库、网络等看不见的元素，仿佛被云掩盖。在这种服务模式下，网络用户不需要了解云计算的专业知识和构造细节，便可以使用云计算服务，从而降低了巨大的使用成本和学习成本。

（二）云计算的应用价值

通过云计算，可以使得金融机构或者消费者在很短时间内完成巨大数据的处理和运算，有助于提高金融机构对数据的处理效率。此外，还有助于互联网企业建设金融云服务，打造专供金融机构使用的云计算服务平台。这些可定制、可拓展的多租户金融服务，能够降低金融机构的系统建设成本和维修成本；还能为缺乏开发力量的中小金融机构提供租赁服务，使中小金融机构能更加专注于金融业务的创新发展，解决中国金融信息化中发展不平衡的问题，助力中小金融机构稳步发展。

四、人工智能

(一) 人工智能的概念

"人工智能"这个词在1956年由达特茅斯学院助理教授麦卡锡提出，指一种新的能以人类智能相似的方式做出反应的智能技术。如今人工智能依靠大数据和云计算，并配合深度学习算法提高了复杂任务的处理效率。具体而言，人工智能技术是研究、开发用于模拟、延伸和扩展人的智能的理论、方法、技术及应用系统的一门新的技术科学，其中包含语音识别、机器学习、计算机视觉、语言处理等多个子领域。人工智能的最终目的是借助技术来模拟人类智能，这意味着人工智能涉及的学科极为广泛，包括人文社科、数学、心理学、神经生理学等。

对"人工智能"的理解可以分为"人工"和"智能"。前者指为了特定目标而设计出来，并且能被人为控制的过程；后者是人工智能的核心，涉及"意识""自我""思维"等哲学概念。因为人对自身智能的了解尚有限，所以对构成人的智能的必要元素的了解也相对有限。

(二) 人工智能的应用价值

针对人工智能的应用价值，管同伟（2020）主要提出以下三点。

首先，人工智能块可以极大替代金融机构的客户服务。金融机构往往需要在运营中投入大量人力、物力，与客户直接接触以培养客户黏性，而且效果也与客户经理的经验和能力有较大关系，绩效不能得到有效保证。人工智能可以替代客户经理与客户的直接接触，及时且有效地满足客户的需求，极大降低了客户服务的成本。

其次，人工智能能够使服务链条智能化。人工智能能够改变传统服务链条，在前台能够用于服务客户，在中台则能够辅助金融分析决策和金融交易，在后台能够用于金融风险防控和监督。这也将给金融产品、服务渠道、决策工具、决策流程带来变革。

最后，人工智能能够极大提高金融机构的数据处理能力。人工智能实质上是用计算机技术来代替人工流程，计算机强大的运算能力将会极大提高与数据处理有关的工作的效率。此外，金融行业是一个能产生大量数据的行业，这些金融交易、市场分析等数据能够让人工智能进行深度学习，并持续提高其工作能力和服务能力，从而大大降低人力成本并提高金融机构的业务水平和风控能力。

第三节 金融科技在金融行业中的应用

一、大数据在金融行业的应用

（一）用户画像

用户画像分为个人用户画像和企业用户画像。个人用户画像可分为金融信息与非金融信息，数据类型包括个人信息、资产数据、信用数据和交易数据等。以银行举例，其个人用户画像主要依照三个步骤进行：第一，利用数据仓库进行数据集中，之后筛选出强相关的信息，将客户的定量信息定性化，生成DMP所需要的数据；第二，利用DMP进行基础标签和应用定制，再根据不同的业务场景需求对用户进行深度分析；第三，使用DMP引入外部数据，之后完善数据的场景设计，以求更精准识别目标用户。企业用户画像包括企业的生产、流通、运营、财务、销售和用户数据、相关产业链上下游等数据。因此，企业用户画像需要描述企业的基本情况、经营情况、资产负债状况、信用状况、贷款产品需求等，需要定性和定量分析相结合。

（二）精准营销

（1）实时营销。实时营销是根据用户的实时状态来营销，比如根据用户当时的所在地、用户最近一次的消费等信息来有针对性地进行营销，或者将改变生活状态的事件视为营销机会。

（2）个性化推荐。例如，银行可以根据用户偏好进行个性化服务，根据用户的年龄、资产规模、理财偏好等对用户群进行精准定位，分析其潜在的金融服务需求，进而进行有针对性的营销推广。

（3）用户生命周期管理。用户生命周期管理内容包括新用户获取、用户防流失和用户赢回等。

（三）风险管控

大数据风险管控，是指通过运用大数据构建模型的方法对客户进行风险控制和风险提示，通过采集大量客户的各项指标进行数据建模的大数据风控，可广泛应用于金融产品风险评估、保险赔付、证券、欺诈交易分析、黑产防范、消费贷款等多个领域。

二、云计算在金融行业的应用

（一）应用于金融数据处理系统

云计算可以应用于金融数据处理系统，即"云金融信息处理系统"，从而减少金融机构在硬件设备上的资金投入，实现降低金融机构运营成本的目的，提高资金配置效率。同时，云化的金融信息共享、处理和分析系统，可以使不同类型的金融机构分享金融全网信息，诸如证券、保险及信托公司，均可作为云金融信息处理系统的组成部分，在全金融系统内分享信息资源。而且，云金融信息处理系统实现了网络接口类型的统一，可以极大程度地降低诸多业务问题的处理难度，例如跨行业务办理。

（二）应用于金融机构安全系统

借鉴云计算在网络、计算机安全领域的成功经验，将云概念应用到金融网络的安全系统设计中，以此构建"云金融安全系统"，可进一步保障金融系统的信息安全。当前，部分国内网络及计算机安全软件推出了云安全解决方案，并将云安全服务作为核心竞争力产品。

（三）应用于金融机构产品服务体系

通过云化金融理念和金融机构线上优势，可以构建全方位客户产品服务体系。云金融系统，可以协同多家银行为客户提供云化资产管理服务，包括查询多家银行账户的余额总额，使用多家银行的现金余额进行协同支付等，均为客户提供了前所未有的便利性和客户体验。

三、人工智能在金融行业的应用

（一）人工智能服务

人工智能服务，简称智能客服，主要用于帮助人工客服更加科学地服务顾客，帮助客户管理层更高效地管理客服团队。智能客服可以通过网上在线客服、智能手机应用、即时通信等渠道，以知识库为核心，使用文本或语言等方式进行交互，实现智能问答和智能座席辅助等场景应用。通过人类自然交互方式的实现，以及服务过程中的自学优化，智能客服可以实现全流程、全维度的服务，从前端需求初步筛选（如贷款、办卡需求排查），到中期需求（如贷后管理），再到后期催收等环节，均可以介入。

（二）人工智能风控

人工智能风控，简称智能风控，本质是通过大数据平台的计算分析能力、机器学习或深度学习模型提升金融领域的风险管理能力。智能风控可以根据履约记录、社交行为、行为偏好、身份偏好和设备安全等"弱特征"进行用户风险评估，衡量客户的还款能力和意愿。与传统金融风控相比，智能风控并未改变"数据+模型+规则"的处理逻辑，而是突出了机器学习模型的应用，从更多的数据维度来刻画客户特征。

1. 智能催收

智能催收，实质是以人工智能技术来优化整个催收流程，依据催收标的的类型、被催收人画像、心理学理论和相关合规要求等，采用大数据模型算法确定催收计划和催收策略，同时在计划执行过程中进行实时反馈和调整，并在催收结束后为客户返回催收结果报告。人工智能可支持多路话务并行的操作，在提高工作效率的同时，大幅缩短了催收任务的执行时间。

2. 保险风险定价

随着人工智能的发展，数据与数据种类的大量增长带来了一个更可预测的风险管理环境，为保险企业改变评估风险方式提供了条件。保险公司可以结合投保人生活习惯、年龄、投保经历等基础信息，结合人工智能，挖掘投保人的保险偏好，针对性地设计个性化方案，提供差异化的产品及定价策略。

3. 智能理赔

利用人工智能技术，保险公司可以将很多处理流程自动化。基于"大数据+人工智能"的图像识别可以优化定损流程，缩短理赔周期，提高用户从投保到理赔的效率，辅助降低赔付成本，提升客户体验。当意外事故发生时，根据客户报警记录、就诊信息等，保险公司可快速对客户做出理赔决定，实现自动理赔，在降低成本的同时为客户提供便利。此外，人工智能的应用还可以为客户提供小额、高频、碎片化的产品，拓宽保险公司的产品线。

（三）智能投顾

智能投顾，实质是人工智能与专业投顾相结合的产物。相比传统投顾，人工智能可以实现对数据 24 小时不间断的处理、分析，加上其服务成本非常低，边际成本近乎为零，能够更好地服务广大投资人群，而且机器严格按照算法执行，可以完全不受人类情绪干扰地完成投资决策。目前，智能投顾系统主要包括大类资产配置智能投顾、投研型智能投顾与智能量化交易系统。

四、区块链在金融行业中的应用

（一）数字货币

数字货币的发行者不是货币当局，而是任何个人、企业或机构，它不依赖中心化货币当局的信用保证，而是基于去中心化的共识机制。以比特币为代表，比特币允许支付行为不必通过银行或交易清算中心等，可以直接转入他人账户，避免了高额手续费、监管体系和中间复杂的流程。管同伟（2020）认为，相比从货币发行和控制的角度来看，比特币有明显的优点：作为记账单位，最终流通的比特币总是略少于 2100 万个，并可划分为更小的单位；作为记账系统，比特币实现了不由中央发行机构发行新钱、维护交易的目标，在每笔交易前，钱币的有效性都必须经过检验确认，由加密算法保证交易安全，交易记录由全体网络计算机收录维护。

（二）区块链跨境支付

完成区块链跨境支付，首先需要将金融机构、外汇做市商等加入区块链支付网络，构建支付网关，由此可以满足所有参与支付结算的网关节点共同维护交易记录、参与一致性校验的需要，从而省去银行或金融机构间烦琐的对账流程，节省银行资源。与传统跨境支付模式相比，区块链跨境支付模式简化了流程，减少了大量人工操作，降低了交易成本，使得客户身份识别便捷可靠，实现了全天候支付、实时到账、简便提现等诸多功能。

（三）应用于供应链金融

区块链可以有效解决供应链金融的诸多痛点，如供应链多级企业间的信任传递及贸易端和资金端信息数据不可信问题。对于区块链在供应链金融中的应用价值，管同伟（2020）提出三点，具体来说，第一，共识机制保证了交易的真实性以及债权凭证的有效性，解决了金融机构对信息被篡改的顾虑；第二，智能合约加入后，贸易行为中交易方即可如约履行自身义务,使链条上的各方资金清算路径固化,有效管控履约风险;第三,区块链技术的加入,使得传统的供应链金融突破了仅存在于核心企业与一级供应商或经销商之间的狭小范围,可实现核心企业信息传递,切实帮助中小微企业解决融资难、融资贵问题。

(四) 数字票据

基于区块链技术实现的数字票据可以减少人工操作,实现票据价值传递的去中心化;同时,可有效防范票据市场风险,基于区块链信息的不可篡改性,票据一旦交易完成,将不会存在赖账现象;此外,系统的搭建、维护及数据存储可以大大降低系统开发运营及监管审计成本。

第四节 监管科技在金融监管中的应用

《监管科技蓝皮书》中,对于大数据在金融监管中的应用场景,白阳等(2019)从监管机构和金融机构两方面总结了如下内容。

一、大数据在金融监管中的应用

(一) 非现场监督

金融科技的进步已实现数据的高速、大范围传播,这使业务风险的隐匿性更强,增加了穿透式监管的难度,但同时相关风险特征也使依托数据分析的非现场监管成为传统监管方式的重要补充。随着大数据技术的成熟,相比以往被监管机构自行提供的报表等实物证明的现场监管,非现场监管"以客观真实数据说话"的方式既能够提高监管效率,又有效保障了监管的独立性。

为实现对非银行支付机构的合规性监管,近年来,中国人民银行致力于建设非银行支付机构非现场监管信息系统,截至 2019 年 6 月,系统已实现全量被监管支付机构的经营接入。通过收集、整理、统计分析支付机构的各项监管指标,并根据分析结构和有关规定采取相应的监管措施,充分发挥了中国人民银行作为监管主体的作用,提升了穿透式监管的效能和质量。

(二) 行业黑名单

大数据是甄别并共享风险信息、建立行业黑名单的重要技术。运用大数据技术快捷地爬取多平台查询，融合多来源数据对主体的负面信息进行监测，并构建全面的风险预警模型，比起传统的人工查询方式，可以大大降低成本。

中国银联"银行卡风险信息共享系统"通过整合互联网支付、电商、社交网络、安全厂商及银联自有的风险数据，将不良持卡人、可疑商户数据收集、整合、处理并对外开放，实现了银联、成员银行、司法机关之间有关各类银行卡风险信息的收集、共享、统计与发布。利用信息化技术对潜在风险进行检测及识别，在保障支付行业生态安全的同时，为各类风险分析应用及风险联合防范机制建设提供了基础。

(三) 监管报送——融合数仓的解决方案

随着监管报送对数据细节要求越来越深入，从早期主要要求报送汇总信息，到目前 EAST (Examination and Analysis System Technology) 需要全量明细信息，报送数据量急剧增长。对商业银行而言，由于传统的数据仓库具有封闭的一体机架构、有限的计算资源，其逐渐无法满足 PB 级明细数据有效存储、及时加工、报送工作的需求。

例如，华为通过融合数仓的解决方案，一方面利用大数据 Hadoop 系统存储性价比高的特性，构建统一数据库存储海量基础数据；另一方面利用分布式数据库计算能力强的特性，高效进行处理监管数据加工工作，满足监管部门报送时效性要求。同时，通过 SQL on Hadoop 能力，高效地将两者结合在一起，取长补短，真正做到了数据融合。此方案中的分布式数据库平台基于通用的 X86 服务器部署，采用开放、分布式架构，降低了总拥有成本 (TCO)，实现了性能的横向扩展。方案中的 Hadoop 数据共享平台，实现了跨多种数据统一存储及分布共享访问。另外，监管集市能够提供基于批量处理和联机查询的混合负载能力，以传统架构继承发展和新架构创新变革相结合，使 TCO 降低 25%。同时 MPP DB 与 Hadoop 的深度融合，多类型数据的统一存储分析，大幅提升了运营效率。全并行计算框架使性能提升 30%，实现业务上线快、决策快。

(四) 交易所监察系统高性能预警

交易所老交易监察系统基于传统数据库，不具备实时处理能力。老交易监察系统基于传统一体机建设，建设成本高，架构封闭，设备隔代不兼容，无法平滑扩展，面临性能瓶颈困境。同时，其缺乏对异构数据的处理能力，如对所有公告信息、网页数据等非结构化信息的提前分析较困难。

此方案用 Kafka + Flink 提供交易实时采集决策能力，基于分布式架构 MPP 数据库全面接管基于传统数据仓库一体机 OLAP 类业务；通过 ELK 提供 SQL on Hadoop 能力，下移数仓离线分析负载，满足交易所监察系统高吞吐、低时延的要求，较老系统的性能提升数十倍；实现实时预警向大数据平台迁移，构建新一代高性能预警体系；设计预警模型，基于大数据计算组件重构实施监察和预处理体系，提升预警实时处理性能；完善监察系统功能与流程，利用人工智能与机器学习技术进一步满足监察业务发展和科技监管需求；有针对性地选择分析工具进行重点性能优化，例如应用模型优化设计、数据挖掘、机器学习，实现新增监管业务，完善业务流程，提高监管业务功能易用性。

二、云计算在金融监管中的应用

《监管科技蓝皮书》中，对于云计算在金融监管中的具体应用，赵华等（2019）总结为以下两点。

云计算服务模型通常分为 IAAS、PAAS、SAAS 三种。对于监管机构，可把云计算作为高性能和易扩展基础设施，部署原有监管科技手段，完善和提升监管信息处理流程，降低监管成本。对于金融机构，可利用云计算使风险控制系统逐步完善，以满足监管要求，同时降低合规成本。以下介绍两个案例。

（一）中国人民银行清算总中心云计算平台设计

监管机构信息系统的部分功能有监管作业，如账户黑名单管理、风险账户的实时交易监控、风险交易及时警告等。随着目前业务量不断提升，现有业务系统流程繁复，无法快速应对需求；业务高峰预估困难，扩容耗时，减容困难；存储多为单设备孤岛，扩展能力差。中国人民银行清算总中心希望将一个全新、弹性、开放、快速上线、可扩展、安全可控的 IT 基础架构提供给大额实时支付、清算账户管理、跨行清算、外币支付等 40 余个业务系统使用。

此方案是基于华为云化解决方案实现的，整合底层各硬件资源，实现计算、存储、网络资源池充分共享，实现资源智能调配，灵活扩展。基于高端存储实现存储资源池化，提供 SSD、SAS、NL-SAS 混合存储配置，提供分级存储特性，以有效满足不同应用的性能要求，实现多应用存储资源池化。整体解决方案基于云化和资源池化的开放性架构，设备均采用安全可控技术，以满足监管部门安全可控等合规性要求。

（二）某商业银行云平台支持实时风险管控系统

随着零售业务的快速发展，某商业银行零售客户总量和两大 APP 月用户数量逐年增加，用户访问量越来越不可预测，且各类新型金融诈骗手段层出不穷，如违规商户盗取顾客信用卡信息、黑产盗刷信用卡等违法手段。同时，以"薅羊毛"为目的的团伙也越来越多，其以套取各类营销优惠活动为目标，给银行造成越来越多的营销费用损失。因此，某银行建设了基于 OpenStack 架构的 HUAWEI CLOUD Stack 云平台，实现了计算资源的快速、灵活发放部署，有效支撑整个反欺诈风控平台并行。

三、人工智能在金融监管中的应用

《监管科技蓝皮书》中，对于人工智能在金融监管中的具体应用，曹晓琦等（2019）主要提出以下方面。

（一）人工智能在反欺诈中的应用

在客户身份认证环节，计算机视觉的广泛使用大大提升了认证效率。通过 OCR 识别，可以智能读取用户的身份证、银行卡信息，减少手工填写环节；通过人脸识别，可以进行用户身份确认，该功能在联网核查、自主开卡、远程开户、支付结算等诸多领域已有广泛应用。2015 年发布的《中国人民银行关于改进个人银行账户服务，加强账户管理的通知》中提到，"提供个人银行账户开立服务时，有条件的银行可探索将生物特征识别技术和其他安全有效的技术手段作为核验开户申请人身份信息的辅助手段"。

知识图谱在反欺诈中的应用可以帮助人们更好地识别欺诈用户。欺诈行为在很多情况下会涉及复杂的关系网络，知识图谱可以对多维度、多层次的关系进行直接的展示，解决反欺诈中的难题。把用户的姓名、手机号码、IP 地址、位置信息等作为节点，把用户的交易信息、社会关系信息、通信信息等作为边，同时结合用户的其他非结构化大数据，如行为记录、消费记录、浏览记录等，来构建包含多数据源的关键网络，进行分析和预测，识别欺诈风险。如对于用户信息核验，不同的用户有相同的电话号码，则用户存在欺诈的可能性较高；如同一地址下过多的用户申请服务，则可能存在团体欺诈风险。

（二）人工智能在反洗钱中的应用

机器学习技术应用于可疑交易监测模型中，可以实现模型的性能自优化、阈值自调整，提升模型识别的准确率与效率。传统的可疑交易监测模型的建立依赖大量的规则，需要工作人员按经验来制定各种规则，同时在模型的运行中，一旦设计调整，就会影响到所有环节，这需要做大量的工作。可疑交易监测模型通常包含用户的基本信息如商户名称、组织机构代码、法定代表人信息等，以及交易信息如交易金额、交易笔数、交易集中度、交易时间、交易地点等，一个模型往往会涵盖几百个维度的特征。模型建立后，其优化可以通过机器学习来自动完成。基于标记好的正负样本集，机器学习可以实现自动学习，对负面情况进行识别，参考模型中的特征维度提取与洗钱行为相关的案例。同时，针对模型内识别出结果并经过人工核实的案件，无论是确认可疑的还是排除可疑的，都可以作为新的训练样本加入模型训练集中，外部的其他金融机构的洗钱案例也可以作为机器学习提供负面样本。通过对训练集的丰富和更新，可以实现机器学习模型的不断优化。

知识图谱技术在交易监测中，可以通过构建交易主体之间的关联关系，识别更深层次的风险，将用户之间的资金流向、关联关系等进行挖掘，构建关联网络，可以识别潜在的洗钱团伙。

（三）人工智能在金融机构合规管理中的应用

人工智能可以将监管规则进行技术化处理，进行智能解读和分析，可以帮助机构及时、充分地了解规则，并将其置于自身业务之中，提升合规效率、降低合规风险。此外，人工智能应用于合规报告中，有助于进行数据处理，自动化形成报告，使机构在数据上报的时效性和报告的准确性方面符合监管需求，提升合规效率。

四、区块链在金融监管中的应用

《监管科技蓝皮书》中，对于区块链在金融监管中的具体应用，区块链应用课题组（2019）提出以下方面。

（一）交易行为监控

区块链技术可以在交易中、后阶段帮助提升交易行为监控能力。在交易中阶段，规范不同类型业务的交易行为数据字典，将被监管机构上报的交易行为数据登记在区块链上，并实时进行校验和分析校验上报数据是否及时、交易数据是否完整；再对验证通过的数据进行发掘分析，自动生成合规报告或触发风险提示。在交易后阶段，通过区块链可追溯特性，跨机构、跨业务分析历史交易行为，识别关联风险、隐藏风险，并可以结合大数据和可视化技术，对风险分析结果做出提示和展示。总体来说，区块链增强了交易行为数据的可信性，而且可以从中获得常规风险识别难以获得的数据，对金融违规行为、客户风险行为进行实时的监测分析，有效提高交易行为监管的精确性和及时性，提高交易监测报表的准确性和完整性。

（二）合规数据报送

在基于区块链进行合规报送处理，构建一个分布式的可信任环境时，被监管机构和监管机构均作为链上节点，被监管机构将合规数据报送到区块链上，节点共同参与数据完整性校验，互相监督，共同治理；完成实时数据交互，减少人工干预，提高金融机构报送数据的能力，降低金融机构合规成本。在数据结构规范方面，区块链的智能合约可以对不同维度、不同类型的数据进行集中校验和处理分析，实现被审计机构之间数据的通用性。在数据传输的过程中，各机构使用节点数字证书对报送数据进行数据签名，采用加密算法对数据明文进行加密保护，确保数据的不可抵赖性、保密性和完整性。

（三）合同文件保全

基于区块链的电子合同保全方案，为电子合同提供可信、可靠的登记、存证、存储、验证等公共服务，同时兼顾用户体验和隐私保护的要求。在功能上，为互联网金融机构提供电子合同登记服务，将合同指纹记录在区块链上，将合同内容分散存储在多个机构；为投资人或借款人提供电子合同检索和下载服务；为所有人提供电子合同验证服务。在技术上，可以通过区块链实现存在证明以确保合同的可信保真，通过分布式多副本实现合同的可靠保全，采用多方协作的存储调度机制来共同实现容量扩展，采用文件碎片化机制实现合同信息的隐私保护。在业务上，可以有效服务互联网金融行业，降低被监管机构系统的复杂度，减少重复建设，同时实现对电子合同有效而统一的监管。

区块链电子合同保全方案可以促进对新型监管科技的探索。第一，有利于降低监管成本，实施有效的监管。采用技术手段将电子合同统一存证和存储，并且确保必要时能快速找到原始合同，这便利了监管措施的实施，提高了监管的有效性。第二，有利于降低合规成本，快速有效地实现合规。依靠区块链分布式的治理架构，依赖不同的存证平台、存储平台，从而降低每个参与者的合规成本。

◆思考讨论题◆

1. 金融科技的定义是什么？金融科技经历了哪些发展时代？
2. 金融科技未来发展的方向以及重点是什么？
3. 金融科技的关键驱动技术有哪些？它们在金融中有何应用？
4. 如何将金融科技融入现有金融监管手段中？

第九章　金融科技风险与金融监管协调

第一节　金融科技的潜在风险及其表现特征

一、金融科技的潜在风险

（一）金融科技的技术性风险

金融科技的技术性风险可以主要概括为四点。首先，计算机系统、认证系统等应用系统往往存在诸多漏洞。由于金融机构本身在技术方面不够专业，因此很容易受到黑客攻击，造成重要用户数据的丢失，从而不仅使金融机构遭受了损失，更造成了用户隐私的泄露，直接危害了投资人的资金安全。其次，由于平台往往无法在技术上确认账号的操作者是否为本人，很可能会出现有人冒名顶替交易客户身份，盗用账户的信息进行不法金融行为的情况，使得投资人蒙受巨大损失。再次，系统设计缺陷可能会导致潜在的操作性风险，金融机构人员在操作时系统无法识别错误操作，最终导致损失。最后，计算机病毒拥有极强的传染性，仅一个程序被感染，就可能威胁到计算机，甚至是整个交易互联网的安全。

（二）金融科技的系统性风险

金融科技由于其巨大的网络效应，加之参与个体广泛性，使其拥有更加广泛的社会化平台和更大的负外部性，对风险识别、风险管控、风险事件处理等问题的要求更高。随着金融科技的迅速发展，越来越多的金融工具、金融机构、金融市场之间的业务边界被打破，它们有机地组合在一起，一旦某一环节产生风险，很容易传导至其他金融科技业务中，甚至放大到整个金融体系，形成性系统性金融风险。

二、金融科技风险的表现特征

对于金融科技风险的具体表现特征,孙国峰(2020)主要提出六点内容,这里选取金融科技风险的内生性、互联网加剧了信息不对称导致的风险、范围经济增加了群体非理性三点以供学习。

(一)金融科技风险的内生性

金融科技的表现形式并没有改变金融的跨期交易和信用交易的本质,传统金融业态所有的风险在金融科技中仍然存在,各类风险的承担主体也仍然客观存在,只是当金融科技主体参与风险承担时,这种风险更加难以分割,使得市场对风险承担主体的识别更加困难。例如,金融科技业务中的引航网络金融业务是以传统的柜台业务为基础发展而来的,因此存在于银行业务的信用风险也将对其网络金融业务的开展有着直接的影响。

(二)互联网加剧了信息不对称导致的风险

由信息不对称造成的逆向选择和道德风险很大程度上引发了传统金融业态的风险。而金融科技的交易大多存在于虚拟平台与数字化空间之中,固有的技术门槛和互联网的"虚拟性"会加剧交易双方的信息不对称。互联网交易平台虽然简化了信用审批程序、缩短了交易流程,但代价是双方的信息不对称可能会更加严重。因为对于交易双方而言,简化了交易程序,必然让渡部分信息获取度作为成本;对于监管当局而言,想要实现穿透式监管,必须突破技术壁垒。在这种情况下,反而会加重交易主体的道德风险。融资方可能会过度承担风险,甚至使用非法欺诈手段,将风险转嫁至投资者和金融消费者身上。而投资方,特别是个体贷款人,可能也会利用信息不对称来套利。主要表现为:一类是通过虚构贷款能力,增加自身的信用等级,获得超过自身偿还能力的贷款;另一类是通过拆分贷款主体,发布借款信息,重复借贷,拆东墙补西墙。这些情况下,使用欺诈手段的机构反而因为非法牟取高额利润而处于竞争优势地位,而不具备相应信用评级的融资主体却能通过伪造信用占用更多的金融资源,导致市场呈现劣币驱逐良币的发展趋势,风险程度不断攀高。

此外,金融科技除了会加重交易双方的信息不对称以外,还会加重跨期的信息不对称,从而增加风险发生的概率。主要表现在两个方面:一方面,金融科技广泛运用的大数据本身存在跨期的信息不对称,它只能反映过去，而无法准确预测未来，只能遵循现有规律，在外生环境发生变化时却无能为力。当前，金融市场的风险点在于既有"黑天鹅"事件又有"灰犀牛"事件，大数据分析有时候会对人的投资决策和交易行为产生误导。另一方面，即使是在数据不够完整的新兴互联网金融体系中，金融科技也会产生严重的跨期信息不对称，很多互联网金融的投资收益模式都是通过虚假的、畸高的当期收益来骗取投资人的本金从而实现的。这在本质上是通过跨期信息不对称使投资人错把档期的本金当作未来投资的贴现。

（三）范围经济增加了群体非理性

在金融科技的运作框架中，各种金融机构与金融高科技公司提供的金融服务不断渗透趋同，机构之间的界限逐渐打破。从经济学视角来看，这是一种范围经济，即企业通过扩大经营范围，增加产品种类，生产两种或两种以上的产品而降低产品单位成本。金融科技的发展与应用可以使原本互相竞争的业务条线合并与融合，形成新的业务模式与产品，一方面提升了金融机构的服务能力，另一方面也推动了金融机构和非金融机构的融合。但是，这样也使得原本可以实现风险对冲的两个行业不能如期发挥作用，反而加大了非理性行为偏差。而对于个体投资者而言，一方面，其自身缺乏金融知识以及对信息和风险的理性判断；另一方面，互联网金融产品的操作界面都带有明显的心理暗示和隐藏的社交功能，容易导致使用者形成从众心理，从而扩大非理性投资，使个体非理性升级为群体非理性，增加了市场的不稳定性。

第二节　金融科技在金融业中的风险表现

讨论金融科技在金融业的风险表现需要区分具体的金融业环境，对于传统金融业和新兴互联网金融业，金融科技在传染路径、表现形式以及监管漏洞上呈现出明显差别。对于这一问题，孙国峰（2020）分别针对传统金融以及互联网金融的金融科技风险提出以下观点。

一、金融科技在传统金融中的风险表现

中国传统金融服务体系并不十分完善，而金融科技深耕于互联网，凭

借其普惠性与草根性获得了快速发展,对传统金融服务体系起到了补充作用。当前,纯技术公司和互联网公司正在与传统金融公司进行大量的跨界合作。在中国金融科技产业的实践过程中,多业态的中小微金融组织正在丰富传统金融机构体系,金融和科技行业外的市场参与者也凭借资深行业经验和客户数据探索发展中国的金融科技。在技术和业务层面,中国的金融科技正在寻求全方位的突破。在保险领域,一些P2P借贷平台正在向理财服务提供商转型。而作为技术型理财解决方案的提供者,智能投顾产品纳入了大数据和人工智能使得定制化路线上的金融咨询服务成为可能。

由于金融科技与传统金融的合作并没有改变其金融服务的本质,资金配置的基本功能没有变,所承载的债券、股权、保险、信托等金融契约内涵没有变,因此金融科技与传统金融各自产生的风险并没有特殊的表现形式。传统金融业态特别是银行业面临的信用风险、流动性风险、市场风险、声誉风险、操作风险和法律风险基本上也适用于金融科技。具体表现为以下几点。

(一) 操作风险和平台技术安全风险更具破坏性

金融科技在传统金融业态中的运用可能会产生操作风险,主要表现在两个方面:第一,存在缺陷的风险管理系统会使得金融科技机构网络业务的日常进行给金融科技公司带来潜在的系统风险。同时,当突发事件发生时,金融科技公司如果没有事前制定有效且充分的应急方案,则难以及时化解这些风险,并使自身遭受严重损失。第二,金融科技公司的工作人员操作错误、客户的疏忽或者同客户沟通信息出现问题,则可能引起网络金融账户故障。

同时,金融科技业务的发展依赖于网络交易平台,受技术和平台的影响较大,滞后的网络交易技术会使金融机构错失良好的交易机会,最终耗费大量的资源,投资效率低下。此外,如果选择的技术及平台无法与客户的软件版本匹配,将导致信息传输滞后,甚至无法传输。

(二) 数据风险与信息安全风险相互交织

以大数据推动金融创新是金融科技的主要特征和模式,数据的真实性与安全性是金融高科技发展的重要基础。然而,在推动金融科技发展的同时,大数据金融也带来了新的数据风险。

首先,大数据理论建立在"海量数据都是事实"的基础上,以大数据理论为基础的分析决策对数据的质量和数量十分敏感。但在现实应用中，收集到的数据很难不受人为筛选的影响，很可能导致数据中混杂一些虚假错误的信息，造成错误的分析、预测和决策，为交易带来巨大的损失。同时，随着数据类型的逐渐丰富和数据规模的逐渐升级，数据虚假风险也正在不断扩大。其次，即使保证了大数据的质量，大数据的分析也可能落入"虚假关系"的陷阱，即大数据分析揭示的事物之间的关系实际上并不存在。大数据分析不需要随机样本，不再需要传统方法中对因果关系的逻辑思辨和推断能力，这导致大数据得出的结论可能只是数据扩大带来的假象，进而使得决策者做出错误的决策并造成巨大的行业损失。再次，信息在使用过程中同样存在很大的风险隐患。随着大数据的发展，数据服务商将拥有前所未有的信息特权，通过信息的集中化管理和量化技术，数据服务商可以轻易获得用户的大量私密信息。因此，一旦数据服务商将目标对准政府机构或大型金融企业，并进行有针对性的信息搜集，就可能泄露重要的金融信息。最后，安全风险还可能来自潜在的数据入侵。大数据在金融领域的广泛运用将为黑客攻击金融业提供更多的机会。一方面，黑客可以利用大数据同时控制上百万台计算机并发动攻击，攻击的数量级远远超过传统的单点攻击。另一方面，由于大数据的价值密度较小，安全分析工具难以对价值点进行精确保护，因此隐藏在大数据中的黑客攻击能够误导安全监测，给金融业的网络安全分析带来新的挑战。除了黑客之外，还可能存在数据监听带来的信息安全问题。

（三）监管套利与法律风险需要引起重视

2015 年，中国在金融科技领域的投资占整个亚太地区金融科技投资份额的 56%，全球 31 家金融科技"独角兽"有 7 家在中国。热潮的背后也存在监管套利的风险。从概念上看，金融科技与互联网金融相比，更聚焦于科技本身。但是，金融科技公司在中国受到追捧的原因主要在于其与互联网金融公司的监管模式不同，互联网金融公司要受到银监会等监管机构的监督，而金融科技公司则不需要。因此，部分金融机构可能会出于监管套利的自利目的选择发展金融科技。在现实中，金融科技还存在着跨国监管套利的风险，往往需要进行国际协调来监管金融科技活动和产品，防止其转移至金融监管较为薄弱的地区进行不法金融活动。

传统金融业开展金融科技业务所面临的法律风险可以总结为两个方

面：第一，中国金融科技相关法律法规建设还不完善，其适用的法律法规主要源于原有的金融、商务等法律条文的引申和修订，这导致金融科技领域还存在大量法制空白，法律覆盖的范围有限，金融监管无法可依。第二，法律适用具有较大不确定性。在现阶段，一旦发生网络金融交易的损失，其责任的划分归属仍然存在很大争议，适用何种法律也无明确的规定，这导致了近年来网络金融犯罪事件的频繁发生，毫无疑问，这会给网络金融业务的发展带来严重阻碍。

二、金融科技在互联网金融中的风险表现

互联网金融是互联网技术推动下创新的交易模式，可能面对所有金融科技可能存在的交易风险、操作风险、法律风险。此外，金融机构和地方政府本身都可能存在套利倾向，金融机构可能会假借金融创新的名义进行非法集资，从而引发金融风险；地方政府也可能假借金融发展的名义进行金融干预，放松监管标准，形成监管洼地。

（一）私设"资金池"与非法集资

目前，中国客户资金第三方存管制度处于缺失状态，出借人资金大量涌入平台账户产生沉淀，形成"资金池"。有些平台会向出借人承诺一定的收益以套取资金，再以更高的利息借出资金赚取利差，这种行为涉嫌非法吸入公众存款。由于项目和资金完全由平台一手操控，借款人和出借人对于真实交易情况一无所知，平台实际上已成为"影子银行"。但是根据金融科技的内涵，网络平台应该仅仅是一个数据中介，而不应当是信用创造的主体。在交易过程中，平台应保持中立，仅对融资方进行审查，保证项目信息的真实性和客观性，此外，不应该具有任何的倾向性。但事实上，大多数平台并不具备专业金融机构的信贷审批能力和风险管理能力，难以尽到审查义务，不能甄别融资方的虚假信息或违规行为，而只是一味地追求规模扩张和客户数量，就很可能触及非法集资的法律红线。在不存在真实借款人的前提下，平台发布虚假的借款信息，诱使资金流入，将收取到的资金用于投资股票、房地产等高风险领域，或用于满足个人消费。平台将后期筹措的资金偿还前期资金的本金和利息，以此维持资金链的延续，这种情形严重侵害了消费者权益，极易引发区域性金融风险。

（二）互联网底层产业链

P2P 网贷、股权众筹、互联网保险领域违规行为一直是互联网金融监

管的难点。虽然2016年的"监管风暴"以及"合规行动"推动了互联网金融的合规经营建设，但该行业的底层产业链却并不乐观，行业里仍广泛充斥着暴力催收、裸贷、骗贷、校园高利贷、恶意套现、征信黑市等行业乱象，扰乱了整个行业的生态。

第三节 中国金融科技监管协调及其挑战

一、中国金融科技监管协调现状

在中国金融科技行业不断发展的同时，金融科技监管协调机制也相应进行了更新。起初，中国金融科技的监管侧重点在于商业银行的网络支付业务，而近年来随着互联网金融的迅速发展，P2P、股权众筹等互联网金融产品的推广，中国金融科技监管协调重心转向互联网金融，并在互联网金融监管协调方面推出了一系列政策法规。

（一）制定法律法规奠定监管协调基础

2015年7月，中国人民银行、银监会、证监会、保监会等10部委联合发布了《关于促进互联网金融健康发展的指导意见》（以下简称《指导意见》），标志着中国金融监管正式介入互联网金融，对互联网金融实施系统外部监管。《指导意见》指出，"互联网金融是传统金融机构与互联网企业利用互联网技术和信息通信技术实现资金融通、支付、出借和信息中介服务的新型金融业务模式"。这表明互联网金融的本质仍然属于金融，没有改变金融风险的隐蔽性、广泛性、传染性和突发性等特点，监管机构应当将互联网金融纳入监管。具体而言，互联网金融监管协调要以"依法监管、适度监管、分类监管、协同监管、创新监管"为原则，按照业务功能由相应监管机构负责，其中，互联网支付业务由人民银行负责监管，网络借贷、互联网信托业务、互联网消费金融业务由银监会负责，股权众筹融资、互联网基金销售由证监会负责，互联网保险业务则由保监会负责。《指导意见》的出台确定了互联网金融中主要业态的监管职责分工，使得各监管机构的监管责任得到了落实，监管边界得到了明确。

由于互联网金融存在大量跨行业业务，因此在监管机构各司其职的同时，也需要各监管部门加强组织协调。2016年4月，国务院印发了《互联网金融风险专项整治工作实施方案》(以下简称《方案》),鼓励和保护真正有价值的互联网金融创新,并整治违法违规行为。《方案》提出成立整治工作领导小组,由中国人民银行负责同志担任组长,银监会、证监会、保监会、工商总局和住房城乡建设部等部门负责人参加,其中,各部门分别负责相应领域的专项整治工作,并加强与其他部门的组织协调。

与此同时,监管部门也围绕着各自监管领域,按照监管法制化进程推出了相应领域的法律法规,比如《网络借贷信息中介机构业务活动管理暂行办法》《互联网保险业务监管暂行办法》《股权众筹风险专项整治工作实施方案》《非银行支付机构网络支付业务管理办法》等政策,逐步完善了金融科技监管协调框架。

(二) 设立金融监管专门机构

2017年5月,为了加强金融科技工作的研究规划和统筹协调,中国人民银行成立了金融科技委员会。一方面,可以加强研究金融科技发展对其他领域的影响,为中国金融科技发展战略规划与政策指引提供决策建议。另一方面,能够从中国实际情况出发,建立并健全金融科技创新管理机制,在保证金融稳定的情况下积极引导金融创新,同时将大数据、人工智能等新技术融入监管中以提升金融监管协调能力。金融科技委员会不仅包括中国人民银行内部的人,还包括各个商业银行、金融机构的成员,是央行为金融科技工作搭建的高端技术交流平台,以加强不同领域之间的互补作用,消除领域和程序上的限制。

(三) 启动金融科技"监管沙盒"

2018年12月,中国人民银行、发展改革委、科技部、工业和信息化部、人力资源社会保障部、卫生健康委六部委下发《关于开展金融科技应用试点工作的通知》,决定在北京市、上海市、江苏省、山东省、广东省、四川省、陕西省、浙江省、福建省、重庆市组织开展金融科技应用的试点,随之各试点地区开始了项目申报工作。这一试点工作实际上是在现有监管规定的前提下,探索科技与金融的结合是否能在风险得到控制的情况下提升金融服务效率,以及通过试点建立金融科技发展的体制机制,实际上是中国版本的"监管沙盒"。

2019年2月,国务院发布《国务院关于全面推进北京市服务业扩大开放综合试点工作方案的批复》(以下简称《批复》)。《批复》中提出,同意北京市率先开展金融科技创新监管试点，探索构建符合中国国情、与国际接轨的金融科技创新监管工具，引导持牌金融机构在依法合规、保护消费者权益的前提下，运用现代信息技术赋能金融提质增效，营造守正、安全、普惠、开放的金融科技创新发展环境。同年11月，各试点地区的具体试点方案均正式获批，开始筹备试点工作。同年12月，北京市正式在全国率先开始金融科技创新监管试点工作。2020年9月，国务院批复了《深化北京市新一轮服务业扩大开放综合试点建设国家服务业扩大开放综合示范区工作方案》，提出了打造国家服务业扩大开放综合示范区的总体要求，明确了到2025年、2030年阶段性发展目标；同时，对标国际先进贸易投资规则，聚焦科技服务、数字经济和数字贸易、金融服务、商贸文旅、教育服务、健康医疗等9个重点行业领域，结合重点园区示范发展、制度创新、要素供给，提出了四方面26条开放创新举措，在与自贸试验区政策联动、高新技术产业培育、创新创业、高端人才服务保障等多方面加大先行先试力度。

率先提出"监管沙盒"概念的英国与中国的做法不同。英国为了鼓励金融创新，其沙盒主要面对金融科技公司，接受没有牌照的机构进入沙盒进行测试，可在出箱后根据测试结果申请牌照；而中国的"监管沙盒"则主要是规范引导金融科技创新，所以要求金融机构持牌才可以申请进入"监管沙盒"测试，在测试产品或服务出箱后，就可以纳入正常的金融监管。此外，英国在"监管沙盒"中会给予被测试产品和服务一个宽松的监管环境，使沙盒内的企业能享受到一定的监管豁免权；而中国的"监管沙盒"鼓励的是在符合现有法律法规、部门规章基础上进行创新，创新不能突破监管红线。

第四节　金融科技监管协调的国际经验

一、美国的金融科技监管协调经验

（一）将金融科技纳入功能性监管体系

美国目前金融监管体系呈现"伞"式监管体制，采取功能性监管，美联储作为"伞尖"对金融控股公司进行监管，与财政部一同认定金融控股公司的子公司所允许经营的业务，并根据具体业务再分由不同监管机构进行监管。具体而言，负责银行业务的子公司由美联储等银行监管机构进行监管，从事证券业的子公司由证券交易委员会、商品期货交易委员会等监管，从事保险业务的子公司由州保险监管署监管。"伞"式监管结构在组织架构上保证了各级监管部门能够对相应业务进行监管。金融科技尽管给传统金融业务带来了冲击和变革，但并未改变金融市场的基本格局和金融业务的基本法律关系。因此，美国在对待金融科技时仍然以沿用现行金融法律和监管框架为主，即无论金融科技以何种业态出现，均按照金融业务的方式和种类归由相应的监管机构进行监管。

相关范例如网络借贷，网络借贷涉及了多行业业务，在实际操作中根据不同业务而归由不同机构监管。若网络贷款人向存款机构提供特定服务，需接受相应的金融机构如美联储、货币监理署等机构监管；若网络贷款人向网络客户发放贷款，则需要首先申请并获得所在州发放的贷款许可证，其贷款业务接受州一级机构的监管；向公众出售或发行票据的业务，则由证券交易委员会等证券业监管机构进行监管；如果交易过程中出现违反消费者保护相关规定的行为，则交由消费者金融保护局和联邦贸易委员会进行监管。又如 Lending Club 的 B2B 业务，这项业务将已发放贷款作为基础资产并通过互联网平台向投资者发行证券，涉及资产证券化，因此交由美国证券交易委员会进行监管。分业监管体系在美国已经存在多年，在不断改革与完善中，目前其职责已经十分明确，法规和监管体系相对成熟，因此能够对金融科技形成有效的监管。

在保持功能性监督原则不变的同时，在面对一些现有法律法规无法覆盖到的金融科技领域时，美国政府也会通过立法、出台行政命令等调整现有监管体系。如金融科技带动了股权众筹的发展。然而，此前美国在这方面存在着监管空白，因此在 2012 年，奥巴马政府推动了《创业企业融资法案》的出台，以适应经济金融发展形势，推动股权众筹和创业投资类项目的发展。

（二）将设置金融科技监管机构，加强协调监管

在金融科技方面，美国在联邦层面缺乏一家明确负责的、法定的监管主体和常设议事机构，这会导致在金融科技监管方面存在监管重叠或监管空白，也会存在监管专业性不高等问题，一方面不利于管理和规范金融科

技领域的风险和不足,另一方面也不利于保护金融科技公司以及金融科技的创新。

美国货币监管署一直有牵头监管金融科技领域的意向,近些年也有制定规则、颁发牌照、规范监管等具体计划。在2016年3月发布的《支持联邦银行系统负责任的金融创新》白皮书中,货币监管署提出要设立一个关注金融创新的办公室,对金融机构的创新产品进行审查。同年12月,为了加强市场的准入规范,货币监管署发布了《关于向金融企业发放特殊用途全国性银行牌照的提案》,提案中提到货币监管署考虑对金融科技公司发放特殊牌照,并将资本和流动性等作为评估要求。在2017年3月,货币监管署发布了《金融科技企业牌照申请评估章程》的草案,并认为实行准入监管主要是为了鼓励和促进金融科技公司规范发展。然而,这类方案也遭到了部分机构或专业人士的反对,他们认为发放牌照相当于对金融科技机构施以严格的资金和监管要求,不利于金融科技公司的技术创新;此外,颁发联邦统一牌照可能会使得一些机构借以逃避州相关法律和规定。

2019年3月,众议院议员David Scott提出《金融科技法案2019》,希望成立一系列金融科技领域的机构或办公室,如金融科技委员会、金融创新办公室、金融科技董事顾问委员会,以及明确上述监管主体间的协调机制和议事规则,解决监管重叠和监管空白问题,加强对金融科技初创企业的监管。具体而言,该法案希望在财政部内设"金融科技委员会",并由委员会设立金融科技初创企业的监管机构,除了设立的机构外,其他金融监管机构均无法对金融科技初创企业采取管辖行动;每个联邦金融监管机构都设立金融创新办公室,主要负责起草任务说明、协调金融监管行动、建立网站以便监管机构、金融科技初创企业和劳工局沟通交流等;设立金融科技董事顾问委员会,向监管机构提供政策法规和监管方面的建议;建立金融科技的监管协调机制,在采取任何执法行动时,均需与其他金融监管机构进行充分的沟通,避免出现监管冲突以及制定出相互冲突的法律法规。

(三)在维护金融稳定的前提下鼓励创新

为了降低金融创新过程中监管的不确定性,各界提出应当淡化政府的中心作用,而由监管机构与市场主体等开展广泛合作,双方关系转变成更加平等的协作关系。2012年11月，消费者金融保护局启动了"项目催化计划"。计划中包含一项测试信息披露豁免规定，规定表明经消费者金融保护局批准后，金融科技公司可以在不对外披露任何测试信息的情况下开展技术创新测试，之后再由消费者金融保护局根据测试数据判断是否达到落地经营并推广的标准。这一方案既保障了金融市场的稳定，也减少了金融机构在合法合规问题上的成本。消费者金融保护局还在2016年发布了《消费者金融保护局创新细则》，其中包含"无异议函细则"，旨在降低推出创新性金融服务和产品过程中的政策风险。

在金融科技不断发展的过程中，金融科技创新还会与传统金融法律发生冲撞，引发金融科技创新和合法合规的矛盾。为了平衡这一监管难题，《金融科技法案2019》为金融科技初创企业设立了"监管沙盒"机制，即允许这类企业在受限却安全的环境中从事科技创新试验，并给予它们一定程度的豁免权，以支持金融创新活动。

（四）金融科技监管协调要做到"框架引领、立法先行"

对于金融科技这类日益更新迭代的领域，需要一个完善的指导框架来加强各部门、机构对金融科技的理解，并在框架的原则之下开展金融科技的监管工作。法律作为一项强制性秩序，对于维护金融稳定、指导金融监管工作、明确金融监管职责以及维护金融创新具有重要的基础性作用。当然，"立法先行"不仅仅指法律，也包括了一系列具有规范性和约束性的规章制度。

2017年，美国政府发布了《金融科技框架》白皮书，全面系统阐释了关于金融科技政策设计和监管策略的政策目标和基本原则。其中，对金融服务行业提出的六大政策目标为：培育积极的金融创新创业，推动安全、实惠且公平的资本渠道，增强国内和海外的普惠金融和金融健康，应对金融稳定性风险，构建金融监管框架，维持国家竞争力。并在六大政策目标上提出了10项基本原则：完善金融生态系统，将消费者放在首位，提供安全的金融普惠和金融健康，识别并规避技术偏差，最大限度提高金融服务和产品的透明度，实现技术标准的互用性和协调性，重视网络安全、数据安全和隐私保护，提高金融机构的效率和效能，以及金融稳定性，继续加强跨部门协作。

为了更具体指导金融科技监管，美国政府还通过了多项法规，将监管要求和范式融入法律规范的条文中,为金融科技监管工作提供了保障。2014年,针对金融科技发展带来的虚拟货币业务,美国国税局发布了《2014-12一般税收细则》,规定可转换虚拟货币应当被视为一种财产,在实物交易过程中使用一方需要被征收营业税,收到可转换虚拟货币一方则不需要。这一细则规范了虚拟货币的使用,并通过征税方式将其纳入监管。

二、英国的金融科技监管协调经验

(一)对金融科技进行集中监管

2008年金融危机发生后,为了在金融监管中区分审慎监管和行为监管,减少审慎监管机构的复杂性,有效避免多个消费者保护部门各自为政的局面,英国出台的改革方案撤销了此前的金融服务管理局,并将金融服务管理局的职能拆分给审慎监管局和金融行为监管局,分别负责审慎监管和行为监管职能。其中,审慎监管局主要对存款机构、保险公司和系统重要性投资公司等金融机构实施审慎监管,以促进金融体系的稳定性和安全性,其采取主动监管的方式,基于前瞻性分析发现和识别金融机构的问题;金融行为监管局则对包含上述机构在内的各类金融机构进行监管,主要负责促进竞争,保护金融消费者权益并维护金融市场的发展。在金融科技监管方面,金融行为监管局依据《2000年金融服务与市场法案》对金融科技创新进行监管,平衡创新与风险的关系。

P2P和众筹业务在英国发展极为迅速,全球第一家P2P公司Zopa和全球第一家众筹平台Crowdcube均汇集在英国。为了对规模日益庞大的P2P和众筹业务形成有效监管,金融行为监管局在2014年发布了《通过互联网众筹或其他方式发行不易变现证券的监管办法》,规定经营P2P和P2C业务的"借贷类"众筹平台需经过监管机构批准才能设立,并提出了众筹平台最低审慎资本标准、信息报告制度、平台倒闭后借贷管理安排等多项基本监管规则。

(二)加强监管机构与科技创新企业的互联互通

在金融科技发展的过程中,金融监管机构与科技创新企业存在着互不了解的难题,监管机构对金融科技创新企业的商业模式、具体业务和产品等不了解,难以制定相应的监管政策,而金融科技创新企业则不了解相关金融监管规则,不知如何获得相关业务许可,付出了较大合规成本。为了有效解决这一矛盾，金融行为监管局在 2014 年 10 月推出了"项目革新"（Project Innovate）计划，指导初创企业适应英国金融监管环境以及相关规章制度，主要由孵化器和创新中心两部分构成。具体而言，孵化器主要帮助企业获得金融行为监管局的许可，金融科技初创企业可以借助孵化器来获得政策咨询，从而提交符合金融行为监管局要求的商业计划书，获得金融行为监管局的许可；创新中心则帮助企业了解监管框架和提出合规建议，创新中心会组织专家团队与企业探讨创新想法。一方面，帮助企业了解相应的责任和义务；另一方面，创业中心也能够了解企业的具体商业模式，及时对现行监管制度不尽合理或不全面之处提出修订意见等。这一计划加强了监管机构与科技创新企业的互联互通，也明确了"非正式引导"原则，既让金融行为监管局切实了解了企业的商业模式和具体业务，加强了对企业风险的了解，为政策制定做准备，也使企业了解了相关金融监管规则，减少了合规成本。自孵化器和创新中心成立 1 年，一共收到 413 份支持请求，其中超过一半请求得到了支持。

（三）设立"监管沙盒"

为了平衡金融科技创新和金融风险防范，英国首创"监管沙盒"机制，通过在真实市场环境中设置一个"缩小版"的安全空间，给予金融创新产品和服务测试机会，在金融风险得到防范和监管的前提下鼓励金融创新。金融行为监管局在 2015 年发布了《监管沙盒》报告，首次提出"监管沙盒"概念，即采用一个缩小的真实市场作为一个安全空间，并提供一个宽松的监管环境，使沙盒内的企业能享受到一定的监管豁免权。被批准进入的企业将在"监管沙盒"内对商业模式、交付机制、服务及产品等进行短期测试，最后根据测试结果决定是否能进入市场。

1. 测试流程

测试流程包括申请、测试和退出三个阶段，具体可分成 7 个步骤。第一步，金融创新企业提出申请。在申请阶段，当金融创新企业具有符合监管准则规定的方案，便可向金融行为监管局提出测试申请，说明拟测试的内容和合规情况。第二步，金融行为监管局评估。提出申请后，金融行为监管局将从 5 个维度评估企业是否适用"监管沙盒"：一是用于测试的创新服务或产品应当支持金融行业的发展；二是用于测试的服务或产品相比于现有服务或产品有明显创新；三是其创新能直接为投资者创造价值；四是具有明确的测试目标,且必须通过"监管沙盒"来测试;五是企业具有很强的创新意识和合规意愿。第三步,确定测试方案。如果申请通过,申请企业需要与金融行为监管局协商测试方案,制定具体的测试方案,包括测试要求、适用范围和审核方式等。每个企业会被分配一个专门负责设计测试计划的工作人员,帮助企业调整计划以符合监管框架,确保服务或产品能建立风控措施。第四步,在获得金融行为监管局的有限授权后,正式进入"监管沙盒"开展测试。第五步,金融行为监管局全程对测试过程进行监管。企业应该按照此前协商一致的方案进行测试,每周向金融行为监管局汇报重要事项,测试过程中可以根据实际情况协商改进方案,如果在测试过程中出现巨大风险或事故,金融行为监管局有权终止测试。第六步,如果最终测试完成,企业需要提交一份全面的总结报告,报告测试成果以及下一阶段计划。第七步,金融行为监管局会对报告进行审核,决定该企业是否能进入市场。

2. 测试要求

金融行为监管局主导的"监管沙盒"的一般性测试通常具有测试时间、客户数量、客户选择、利益保障、信息披露和测试计划6项测试要求。其中测试时间一般为3~6个月;客户数量主要为了满足测试所需,在客户数量足以获得试验数据后,金融行为监管局便会对后续规模进行严格控制,以防止风险扩散;客户选择指企业要负责寻找测试的产品市场以及承购承担风险的客户;客户利益保障指企业需要详细告知消费者,并为消费者制定详细的保护方案,以保证消费者的利益;信息披露指企业需要定期向金融行为监管局披露关键信息和事项,并在测试结束后提供报告;测试计划指企业需要明确测试时间、关键事项、风险评估和预案措施等内容。

3. 激励措施

为了鼓励企业通过"监管沙盒"测试创新产品和业务,金融行为监管局提出了多项激励措施。首先,金融行为监管局会为测试企业发放限制性许可授权。金融行为监管局会根据其拟测试的产品和服务,简化授权流程并发放限制性金融牌照,以便于企业在沙盒之内测试产品和服务。其次,金融行为监管局会为测试企业提供单独的指导意见。测试企业可以通过申请的方式得到金融行为监管局的指导,以了解相关规定和金融科技创新有关规则。再次,给予测试企业一定的豁免权。在测试过程中,产品和服务可能会具有超出预期外的状况，存在着违反监管法规的可能，金融行为监管局可以提供某些豁免规定，以方便企业临时性突破规定开展测试。最后，金融行为监管局会为测试企业开立不强制性的函。在测试期间，在测试方案不违反此前协商方案的情况下，金融行为监管局承诺不会采取强制性措施，不会对测试企业提出强制要求，仅保留了终止试验的权利。

4. 开展情况

从 2015 年提出"监管沙盒"机制以来，英国目前已经成功开展 5 批测试，参加测试项目的企业近百家。第一批测试开始于 2016 年 7 月，一共有 18 家企业参与测试，主要包括智能投顾、数字身份认证、保险、支付清算等业务。第二批有 24 家企业参与，涵盖了更多的地域范围和行业，其中有保险类、支付类、机构业务类等。第三批有 18 家企业参与，测试技术包括监管科技、AML 控制、生物识别数字、区块链支付服务等。第四批有 29 家企业，涉及信贷、保险、加密资产等领域，测试技术包括分布式账本技术、人工智能技术、地理定位技术等。第五批共 29 家企业参与，具有更多样化的地域分布和业务类型。

三、新加坡的金融科技监管协调经验

（一）拥有独立的金融科技监管机构

新加坡政府十分注重金融科技发展，希望通过发展金融科技将国家建设成为世界智能科技大国和智能金融中心。近年来，新加坡金融管理局出台了一系列富有创新性的监管举措，试图建立一套兼顾"安全"和"创新"的金融科技生态体系，在保障金融稳定的基础上估计金融科技创新。2015 年 6 月，为了从金融层面响应新加坡政府推出的"智慧国家 2025"计划，新加坡金融管理局启动了"智慧金融中心"创建计划，鼓励金融业将先进技术融入金融发展中，创新现有产品和服务，提高行业效率。同年，新加坡金融管理局在内部设立了金融技术和创新小组，并下设支付与技术方案、技术创新实验室和技术基础建设 3 个专门办公室，统筹金融科技创新事务，负责制定金融科技创新方面的政策和战略，为相关企业提供一站式服务，鼓励企业积极参加金融创新项目。

除此以外，鉴于金融科技发展离不开新加坡政府机构的支持，因此新加坡创新机构与新加坡金融管理局在 2016 年 5 月联合成立了金融机构办公室，由新加坡金融管理局首席金融科技官员和创新机构首席执行官共同领导，引导金融科技发展。同年8月，新加坡金融管理局还开放了创新实验室，为金融科技企业提供了一个交流和协作平台，这一平台允许新加坡金融管理局、金融机构、初创企业和技术供应商测试金融科技，并为金融科技的合规问题提供咨询服务，降低初创企业的合规成本。

（二）设立"监管沙盒"

2016年6月，新加坡金融管理局发布了《金融科技"监管沙盒"指南》，希望通过推出沙盒制度为金融科技发展提供一块"试验田"，让金融机构和科技企业在"安全区域"内试验创新模式、服务和产品。在沙盒内，新加坡金融管理局会适当放宽约束和管制，甚至会在必要时适度修改现行法律法规，给予科技公司更大的试验空间，并根据试验结果中的实际影响改进未来监管。沙盒的建立一方面能够让金融机构和科技企业大胆创新，勇于突破现有的监管条框进行尝试；另一方面，新加坡金融管理局又将试验风险限制在可控范围内，即便试验失败也不会危害到金融平稳运行。

如果金融机构或科技企业具有需要测试的项目，需要提前向金融监管局提出申请，主要提供公司组织情况、待试验的项目、测试方案以及在试验过程中所需要的放宽的监管条件，并提供在退出沙盒后达到合规标准的方案，而后等待金融监管局的审核。"监管沙盒"具有一套严格的评估标准：该项目属于新兴技术，是对原有技术的创新性应用；能够为消费者以及行业带来益处；测试结束后有意愿和能力推广所试验的项目；具有清晰的测试情景和预期及结果、合适的试验边界；具有可被接受的推出和过渡战略等。如果测试过程得到了预期的试验结果，则可应用到市场上。

新加坡的"监管沙盒"与英国的"监管沙盒"大体上相似，但在具体设置中存在一些差异。在"监管沙盒"适用范围方面，英国允许与金融相关的所有业务申请测试，而新加坡的范围较小，仅限于金融科技领域的项目申请测试。在许可证申请方面，英国除了正常程序外，还制定了沙盒伞机制，允许行业成立一个非营利公司作为沙盒伞，允许未获授权的已制定项目在保护伞下提供服务，以通过便捷途径获得许可；而新加坡未设置便捷途径，仅能通过正常程序获得许可。在沙盒政策灵活性方面，新加坡的"监管沙盒"灵活度更高，这主要是因为新加坡的"监管沙盒"由新加坡金融监管局负责,即新加坡的中央银行,是唯一一所金融监管机构,权限较大;而英国"监管沙盒"由英国金融行为监管局管理,此机构属于财政部负责管理的非政府组织,能够授权范围有限,而且还受到欧盟法律的约束,因此灵活度不如新加坡的"监管沙盒"。

◆思考讨论题◆

1. 金融科技现存风险的种类有哪些?具体表现特征是什么?

2. 在传统金融行业中,金融科技的具体风险表现是什么?在互联网金融中的具体表现是什么?

3. 中国当前对金融科技监管协调做了哪些工作?现状存在哪些不足?

第四编

未来中国金融监管协调体系建设的重点任务

第十章 未来中国金融监管协调体系建设的重点任务

第一节 坚持党的统一领导,加强统筹协调

一、坚持党对金融工作的领导,科学推进金融改革

坚持党对金融工作的集中统一领导,是实现党的金融理念,促使金融回归本源,健全金融体系,强化金融监管,走市场化金融改革发展道路的政治保障,也是有效防控系统性金融风险,保持金融安全、稳定、持续健康发展的根本经验。

自改革开放以来,我们党始终高度重视金融对经济发展的重要作用,重视对金融工作的领导,稳步推进金融体系现代化。1984年,中共中央十二届三中全会通过了《中共中央关于经济体制改革的决定》,开始对金融体制改革提出明确要求,中国金融体制改革随之展开。随后,中国人民银行贯彻落实党的十三大指示,提出金融体制改革要实现"建立以间接调控为主要特征的有力、灵活、分层次的金融控制和调节体系;建立以银行信用为主体,多种渠道、多种方式、多种信用工具筹集和融通资金的信用体系;建立以中央银行为领导、各类银行为主体、多种金融机构并存和分工协作的社会主义金融体系;建立金融机构现代化管理体系"这四大目标。之后,1994年,金融体制市场化改革开始在全国推行,先推进国有银行改革,再在此基础上成立资产管理公司,处理四大国有银行的不良资产,推进银行进行股份制改造。经过多年发展,中国基本上建成了现代化金融体系,主要体现在四个方面:第一,具有由包括银行、证券、保险、基金等机构和业务组成的多元化金融机构体系;第二,拥有相对完善的金融市场体系,其中包括同行拆借市场、外汇市场、票据市场等;第三,金融法治建设初显成效,其中包括《中华人民共和国中央银行法》《中华人

民共和国商业银行法》和《中华人民共和国证券法》等核心基本法律制度；第四，金融行业开放程度不断提高，对外资金融机构等提高开放程度，取消了一系列非审慎性限制。

在推进金融市场化的同时，党和国家也没有忽视对金融风险的预防与控制，中国的金融监管体系也逐步建立起来，以保证中国金融环境的健康与稳定。党中央、国务院高度重视开放经济条件下国家金融稳定与安全问题，始终把加强金融监管、防范金融风险作为金融工作的重中之重。1997年亚洲金融危机爆发后，中国严抓金融安全问题、推进金融市场体系和金融调控监管体系的建立，中国金融无序发展的局面有了质的改变。从1997年开始，中国先将证券经营机构划分给证监会进行统一监管，随后先后成立了保监会和银监会，确立金融分业经营、分业监管的运行体制，形成了"一行三会"监管体系。随着金融机构逐渐往混业经营模式发展，分业监管开始呈现不足，尤其是对金融市场的整体风险缺乏宏观调控性。为了补齐监管短板、明确监管主体，党和政府着手改革金融监管体系。2018年3月13日，国务院提请人大的议案提出将原有"一行三会"监管机制，转变为"一委一行两会"监管机制，即将原有的银监会和保监会合并为银保监会，中国监管机制转变为国务院金融稳定发展委员会、中国人民银行、中国银行保险监督管理委员会和中国证监会。该措施可以更好地迎接混业经营模式的挑战，适应了当前金融领域发展趋势。

改革开放以来，中国金融业改革已经取得了耀眼成就，这极大程度上展示了中国特色社会主义制度的优越性，证明了党对金融工作领导的必要性和重要性。这也如习近平总书记所指出的那样："坚持党的领导，是党和国家的根本所在、命脉所在，是全国各族人民的利益所系、幸福所系。"党的领导对维护金融平稳运行、促进经济持续发展具有决定性的作用，具体而言可以总结为两个原因。

一是因为中国共产党与资产阶级政党有着根本性的区别。中国共产党是无产阶级政党，它的执政理念和历史使命均与人民利益紧密联系，始终"坚持以人为本、人民至上，坚持立党为公、执政为民"的执政理念。这种执政理念决定了其在金融改革和金融发展过程中，不会盲目追求金融资本的积累和扩大，而是坚守金融服务于实体经济的本质，坚持把维护金融稳定发展同维护人民利益、实现人民幸福紧密联系在一起，并将其作为推进金融体系改革与建设的出发点和落脚点。

第十章 未来中国金融监管协调体系建设的重点任务

二是因为中国共产党具有世界上任何其他政党所不具有的执政能力。中国共产党历来十分重视自身建设，不断以担当精神考验自己，不断提高自己的执政能力。经过长期的革命、建设和改革开放的考验，中国共产党已经成为具有丰富斗争经验和执政经验的执政党，其领导能力、动员能力、组织能力、决策能力、执行能力都是强大无比的。而且中国共产党可以充分运用和"发挥社会主义制度能够集中力量办大事的优势"，在处理错综复杂的经济问题和其他社会矛盾时积极作为。

中国共产党领导下的金融发展史，是党领导中国人民建立新中国、实现国家繁荣富强的重要篇章。这部波澜壮阔的历史记录了中国共产党领导的金融事业从无到有、由强到弱、从封闭到开放的过程，揭示了坚持党对金融工作的领导、坚持走中国特色社会主义金融事业发展道路的历史必然性。

二、加强统筹协调，完善金融监管

早在第五次全国金融工作会议上，习近平总书记就指出，要加强金融监管协调、补齐监管短板，并决定设立国务院金融稳定发展委员会，为各监管部门之间进一步的信息协调与共享创造了条件。之后，党的十九大报告指出，要"健全金融监管体系，守住不发生系统性金融风险的底线"。2018年的《政府工作报告》更是将"防范化解重大风险"，特别是防控金融风险作为决胜全面建设小康社会的三大攻坚战之首。2019年，金融业严监管持续加码，在"标本兼治"的一系列措施中，金融领域的"野蛮乱象"得到有效遏制，监管空白不断被填补。2020年1月8日，国务院金融委办公室印发《关于建立地方协调机制的意见》，厘清了金融监管地方协调机制关于"为什么、缺什么、干什么"的三大问题，进一步提升央地监管协调的有效性。

与传统的存、贷、汇的金融相比，现代金融不仅包括货币市场，还包括资本市场，而且资本市场在金融市场的重要地位日益凸显。与传统资本市场主要经营股票、债券等金融工具不同，现代金融市场经营范围极度扩张，出现了衍生品市场、影子银行、民间金融、互联网金融、混业经营、控股公司等新的经营形式。资本市场主体的多元化、金融工具的丰富和多样化、金融业务的复杂化，改变了过去以信用风险为主的较为单一的风险表现形式。现代金融风险不再是单一的形式，信用风险、市场风险都会发生,可以肯定地说,市场风险发生概率比以往任何时候都高,金融风险形式的变化,使传统监管理念、监管模式面临着许多新的考验和挑战。由于出现银行业、保险业、证券业的混合经营,并产生了控股公司、互联网金融等新生事物,银行、保险、证券的界限被彻底打破了,金融体系内部复杂性问题或同质化问题凸显出来,促使金融监管架构必然发生变化,国家必须对银行业、证券业、保险业的分业监管进行调整。加之,当前全球经济形势变化快速,国内进入经济新常态,供给侧改革逐步深入,金融体系市场化改革不断推进,使得金融系统已存在的风险逐步暴露,给中国的金融监管协调带来了重重困难。

要解决当前面临的金融监管难题,就必须加强金融监管方面的统筹协调,加强宏观审慎监管。在金融各个领域实现"穿透式"监管,逐步实现"十三五"发展规划提出的"加强统筹协调,改革并完善适应现代金融市场发展的金融监管框架"的总体要求,建立统一、高效的监管架构,制定具有共性的监管规则和标准,避免各自为政,实行协调监管,提升监管效能。

第二节 正确处理监管和创新关系,兼顾安全和效率

金融创新与金融监管创新有着直接的逻辑关系,前者是后者的诱因、影响,甚至决定后者。金融创新是金融监管创新的重要推动力,也是科技进步和实体经济发展的推动力;金融监管创新可以规范、保障和促进金融创新,二者相互补充并达到同一目标。而如果金融监管创新跟不上金融创新,就会在二者之间出现脱节和矛盾,所以需要不断协调二者之间的关系,使它们保持大体平衡。

经过40多年的改革开放实践,中国特色社会主义金融体系基本形成,金融创新飞速发展。无论国际金融形势如何变化,中国金融体系基本保持稳定,金融监管体系发挥了应有的作用,在推动金融业基本保持健康发展态势的同时,也基本有效地防范了金融风险。但是,中国金融改革发展过程也经历了循环式发展,即推动某些金融创新,就会出现大量新的问题,然后再强化监管;一旦加强监管,发展就会降速,而后又会加大改革力

度，刺激发展。通过这种循环式发展，中国金融体系逐步得以完善和壮大，金融产品不断增多，而问题或潜在的风险又逐步积累起来。每经历一次这样的循环，都要付出很大的代价。可以说，金融业的改革发展，是用很大的代价换来的。

另外，与改革预期不完全相同的是，在减少经济体系内的信息不对称性和道德风险方面，各种金融创新很少发挥积极效应。在改革实践中，建立多层次资本市场、发展多种金融工具，所得到的结果往往是发挥了它们的融资功能，正像人们所见到的那样，不少金融机构开展所谓新业务基本是通道业务，就是将表内资产转移到表外。所以，从本质上讲，目前中国金融体系还是一个不够健全和不够稳定的体系。这种不够健全、不够稳定，主要来源于它所依存的转型经济，来源于渐进性改革的制度安排。

因此，中国金融监管创新不能再走过去的老路，不是对金融行为和金融创新管得越多、越严、越细就越好，不能以高昂的代价换取金融稳定，而应该在金融创新发展与金融监管创新之间寻找理想的平衡点，使金融创新发展和金融监管二者之间的关系达到一种良性互动状态。而实现这一目标，需要以保障金融稳健发展为前提，并从四个方面创新金融监管。

一、推动监管法律创新

金融立法对于金融机构、金融市场行为、金融创新发展具有引领、规范、教育、保障、促进和惩戒功能，创新金融法律、完善金融法律体系，首先要注重金融法律规范的和谐与统一，解决不同层级、不同部门之间的立法冲突和缺陷问题，立法部门要具有先进的立法理念、立法知识和立法技术，促进金融立法更加科学、更加专业、更加全面和更加系统，为金融机构的金融活动和市场行为、为金融监管部门提供科学权威的行为依据和准则。

二、推动监管技术创新

科技金融把现代科学技术运用于金融业，以达到提升金融服务效率和规避风险的目的，不同技术与金融相融合必然创新出不同的商业模式与金融业态。在互联网金融方兴未艾，大数据、云计算、区块链、人工智能等新技术被引入金融领域，科技金融日益发展成为主要金融业态的背景下，新一轮科技革命已成为金融发展的重要驱动力。科技金融的发展对金融业务模式、流程、营销、监管等产生了广泛而深远的影响,随着技术不断发展与渗透,技术与金融的边界、金融和非金融的边界日益模糊。在这种发展趋势下,金融监管也必须引入现代科技,通过对关键技术的挖掘与分析,寻求监管手段和技术水平提升的新途径,促使监管技术提升与科技金融发展相适应。比如,在对科技金融的监管中,也应同步创新使用监管科技,不能因为出现数据盗用问题,就限制合法数据使用行为,而应采用创新的监管技术改进监管。

我国目前应继续借鉴"监管沙盒"理念,进一步缓解监管滞后问题。"监管沙盒"是由英国金融行为监管局提出来的,目的在于营造有利的监管环境,扶持新兴业态发展,使监管机构与市场上的公司保持良好关系。一方面,金融机构可以坦诚地向监管机构提出要求;另一方面,监管机构在满足监管方面需求的同时,也乐于对市场上的公司提供帮助。

三、推动监管制度创新

推进监管制度创新,应该以完善现有法律制度为基础,以建立统一的监管制度体系为目标。需要对分业经营和监管的法律法规进行全面清理,如有必要,可以考虑重新确定监管制度改革路线图和时间表;同时,根据混业经营现状和发展趋势,修订现有金融监管机构正在施用的法律法规中的不适宜条款,加紧研讨和制定适应混业经营要求的金融监管法律;进而根据混业经营发展进程,对原有法律框架适时进行系统改革,制定科学完备的监管法律规范体系。还要深化金融监管体制改革,建立功能齐全、高效统一的监管组织体系,实行以功能监管和行为监管为主、以机构监管和业务监管为辅的监管模式。监管组织内部设不同功能模块,优化组合银行业、证券业、保险业的监管资源,制定统一的监管政策,解决多层次监管、重复监管、交叉监管、机构监管等所产生的资源浪费问题,补齐监管漏洞。建立统一、畅通的金融监管信息系统,促使各部门监管信息系统处于统一、高效、真实状态,增加金融信息透明度,以便于客观评价金融业发展状况和质量,推动科学决策、正确决策,防范系统性金融风险发生。

四、推动监管治理创新

对监管者和监管行为进行严格规范治理,是提高金融监管实效性的客观需要。监管治理创新需兼顾金融发展实际、企业治理要求和监管机构自身建设。监管治理既要适应现代金融企业治理结构要求和公司发展实际，又须遵循金融监管治理规律，做到以理性的监管治理与理想的金融创新良性互动。在中国语境下，实现这一目标的关键在于：在坚持党中央对金融工作集中统一领导的同时，也要加强党对金融监管治理的领导，保障监管机构自身建设状况与其承担的责任和使命相适应。加强党对金融监管机构的领导，有效发挥金融机构党委统揽全局的作用，既要促使监管机构监管到位，依法作为，又要避免其懒政或滥用职权，防止监管过度而阻碍金融业乃至经济正常发展。因此，在推动理想的金融创新、完善金融企业公司法人治理结构的同时，也应该通过制定规矩，建立激励约束机制，进行常态化的监管治理，实现金融发展与金融监管良性互动的局面。

第三节 优化体系架构，完善法治体制

一、优化"一委一行两会"的监管框架

首先是健全金融监管框架配套措施，要修改完善金融监管相关法律法规，推动金融基础设施建设，促进中国人民银行与银保监会之间监管政策的沟通和协调，避免监管政策冲突；其次是完善金融稳定委员会（简称"金融委"）的监管职能，更好发挥金融委在防范系统性金融风险作用，赋予其指导与建议的实质性权力；再次，金融委与人民银行共同成立系统性金融风险研究部门，有效提高对系统性金融风险的识别、监控能力；最后是监管部门应该防范化解当前重大金融风险，例如抑制企业和居民高杠杆率，规范金融控股公司、复杂金融产品和影子银行等。

二、完善金融监管协调法律体系

（一）完善当前的金融监管法律体系

一是要梳理现有的法律法规，修订或废除相互矛盾、冲突的条款；二是要明确各个监管主体的权责关系，明确银保监会和证监会的职责范围，找到现有法律规定不明或空白的领域；三是要建立协调、规范的金融监管立法程序，保证制定金融监管法律法规职权的集中。从具体流程来说，由金融委发挥统筹协调的作用，中国人民银行主管立法工作，由金融委对新

出的法律法规进行审议，最终由中国人民银行发布相关法律法规。

（二）制定金融监管协调的法律体系

中国需要构建统一的金融监管协调法律体系，明确各监管机构的职权，做好监管机构间的监督权力制衡，构建好监管协调工作机制，搭好畅通的信息共享平台，对各监管机构的各方各面做出全面、系统、规范、明晰的要求，从而加强统筹协调，提高监管效率。具体来说，需设定对风险的预警处理机制以检测金融机构风险暴露情况。对于已经面临高风险的金融机构，应采取相应应急处理措施，降低其现实损失的同时保证整个金融系统不被传染；将联合行动机制制度化，更加全面、及时地检测金融机构风险的来源，提高金融业务的透明度，更好地应对紧急情况以及突发事件，加强部门间的沟通行动效率；要构建监管信息共享机制，整合中国人民银行和各监管部门的相关信息，由中国人民银行统一协调，保证监管部门间可以相互提供数据支持以及信息反馈，便于中国人民银行更好地制定及实施货币政策，同时更好地维系监管机构间的权利平衡，做到监管的公平与公正。

三、完善金融监管协调工作机制

金融监管协调工作机制要求对协调工作的各个环节进行全面的、科学化的规范，继续维护和完善协调工作机制，主要体现在三个方面。

（一）完善金融监管协调联席会议制度

第一，要加强金融监管协调联席会议的权威性和机制化，国务院应定期组织召开会议，并明确会议的组织制度、议事程序等；会议成员包括中国人民银行、证监会、银保监会的各部门代表，各代表轮流担任会议主席，会议中达成的共识要做到公开透明，并告知各监管部门。第二，提高联席会议的专业性，每次联席会议就有关金融监管、经济稳定等问题进行交流和磋商，同时通报相关政策执行情况以及未来监管的发展方向，各方就该重大金融问题深入讨论，沟通协调，加强局部的信息交流，最大限度发挥协调监管的渗透作用。

（二）建立完善监管主体间的监督机制

第一，可以建立监管主体高层的互相参与制度，让各监管部门的高层领导相互在其他监管部门担任重要位置，以方便各方及时、准确了解其他监管部门的职责范围、业务流程以及相关决策，同时还有利于信息的有效沟通，便于搭建部门间的权责网络，同时还可以在高层间建立良好的私人关系，便于缓解在监管协调实操过程中的阻力。第二，可以建立民间自律性组织与官方监管机构的相互监督机制，这样可以最大化发挥双方的优势，既做到了熟悉金融市场、保持与监管对象的密切联系，又保证了监管当局在监管中的权威性，两者互相合作、互相监督，有助于提高整体监管协调度。

（三）完善备忘录制度

要完善备忘录机制，将金融委敲定的重大问题的解决方案记录在备忘录中，随后及时推进相关问题的立法程序。金融委要对金融创新进行宏观层面的监控，首先防范类似互联网金融事件中监管真空下的风险爆发，同时展开金融创新产物的监管权责问题的讨论，协商结果记录在备忘录上；随后交割金融创新产物的监管权则，进入正常监管程序。同时，联席会议制度也要以备忘录的形式确定下来，会议内容做到公开透明，作为各监管部门相互沟通、协调工作的基础。

第四节　强化监管协调，发挥监管合力

一、强化纵向上的金融监管协调

（一）强化央行在协调中的核心地位，重视中央部门间政策和人事的协调

随着1992年证监会成立，1998年保监会成立，以及2003年银监会成立，中国形成了"一行三会"的以机构监管为特征、以合规监管为重点的分业监管体制。虽然分业监管在一段时间内为金融平稳运行发挥了重要作用，但随着金融机构逐渐往混业经营模式发展，分业监管开始呈现不足，尤其是对金融市场的整体风险缺乏宏观调控性。为了补齐监管短板、明确监管主体，2018年3月13日，国务院提请人大的议案中，将原有"一行三会"监管机制，转变为"一委一行两会"，即国务院金融稳定发展委员会、中国人民银行、中国银行保险监督管理委员会和中国证监会。然而，

相比于国外央行处于绝对核心地位，中国央行在宏观审慎监督的地位仍然不够核心。此外，国外央行与其他监管机构之间的协调机制十分完善，而中国监管协调机制仍然处于初级阶段，如何建立一套符合中国国情的协调配合体系，需要进一步摸索与探讨。

"一委一行两会"的监管机制，一方面，要尽快弥补传统监管体制上的空白，尤其是央行作为协调宏观审慎监管和货币政策行为主体的职责；另一方面，要加强虚拟经济对实体经济的服务作用，尤其是加强对小微企业的贷款扶持力度，促进实体经济的回暖，从根本上促进宏观经济的平稳过渡和发展。

（二）发挥金融委的协调作用

第一，发挥金融委在宏微观之间及部门间的"上下级垂直协调"作用，为各监管部门间的信息沟通提供畅通的渠道，提高部门间监管协调效率。第二，金融委是国务院统筹协调金融稳定和改革发展重大问题的议事协调机构，应设立下属相关委员会，分别负责协调落实、统筹决策与信息整合，发挥其在促进监管机构间的协调、防范系统性风险、加强监管的统筹协调上应有的作用。

（三）厘清中央和地方之间的协调监管

中国现行金融监管模式为以中央为主、地方为辅的双层监管模式，在中央严格分业式垂直监管体制下，中国金融市场同时存在着行政过度干预与干预不足的问题，地方政府的金融监管参与很好地解决了这个问题。基于此，中国应主要从两个方面入手理顺中央与地方之间的监管协调。

第一，中央把握好大方向，发挥好在地方的监管协调作用，地方政府对中央的垂直监管起到补充作用。一方面，中央应建立健全地方金融监管相关制度，同时监督地方相关监管部门落实到位；另一方面，可利用央行在各地级市（县）机构健全、人员稳定的优势，延伸央行分支机构的职能，在纵向上承接中央监管部门的工作，在横向上牵头地方金融监管协调，配合地方政府的金融监管工作。同时，对于变化快速、日益创新的金融市场，中央应发挥好统筹协调作用，掌握总体步调，对金融科技带来的潜在风险提高警惕，避免局部危机爆发带来的系统风险传导。

第二，明确中央和地方之间的监管责任划分，建立健全地方层面的金融监管协调机制。首先，协调中央和地方金融监管权责。一方面，从规则制定出发,地方金融监管部门应在中央制定的统一规则下按规程承担职责,同时将本地经济发展以及金融监管的相关情况如实、按期向中央进行汇报。另一方面,从监管范围出发,地方监管部门应对跨行业、跨市场、交叉性等金融业务给予足够重视,就相对不成熟且极易发生市场调节不够的地方金融市场提供及时的行政干预,尤其是中央难以细致管辖到的诸如限定业务范围、不吸收公众资金及风险外溢性较小的金融业务;与此同时,地方金融监督管理局要着重关注当地的非储蓄金融机构,监督规范其相关行为,从而最大程度保护投资者及消费者的利益。其次,要明确地方监管机构的监管目标和定位,要认清政府与市场的边界,规范政府出资人决策及金融国有资产出资人制度。最后,要强化地方属地风险的处置责任,完善协调的问责机制和激励机制,明确地方各金融监管部门对非传统金融业态的定位,加强当地金融机构的风险防范处置,维护当地的金融稳定。

二、统筹横向上的金融监管协调

(一) 推动跨部门的统筹协调

一方面,应加强中央跨部门的统筹协调,加强央行、各类金融监管机构、地方监管机构以及财政部等相关部门的协调配合,打通部门之间的联系,建立完善多元化、多层次的金融监管协调体系。另一方面,应加强地方跨部门的统筹协调,从整体利益出发统筹各方资源,让地方金融管理部门发挥统筹协调优势,建立并完善地方跨部门监管联席会议机制,让地方财政、发展改革、工商、中小企业管理等主体有效参与其中,形成良好的地方金融管理生态。

(二) 统筹协调金融业综合统计

信息资源的充分有效交流可以使金融监管达到事半功倍的效果,提高金融信息资源的整合效率也是加强金融监管协调的重点。为避免"信息孤岛"堵塞信息传输的通道、影响跨部门工作协调、降低金融监管效率,2018年,国务院发布了《关于全面推进金融业综合统计工作的意见》(以下简称《意见》),提出要建立"统一标准、同步采集、集中校验、汇总共享"的工作机制,明确了需要重点落实的任务,厘清了建设金融基础数据库的步骤,旨在提高信息资源的充分有效沟通,降低金融系统风险。然而，对于涉及的部门间的协调规则与相关细节，《意见》并未提及，所以在具体实施上还存在诸多争议与困难。

对于具体实施细节，本书认为应从两个方面出发。第一，应提高信息整合的质量。一方面由金融委主导，制定包括数据的性质、统计口径、内容规范在内的金融业综合统计规则，使信息和数据的统计交流更加统一、规范、易懂，减少以往部门间沟通信息模糊、协调效率低下的问题。另一方面，规定各部门间共享信息的权限，同时建立座谈和会议制度，定期和不定期对各部门进行意见征集。第二，应扩大信息整合的范围，实现部门与行业间的信息协调。当前收集的信息还只包括宏观经济数据、行业信息、交叉性金融产品、互联网金融信息、跨境交易信息和跨市场金融创新等方面，对于如征信数据、支付结算业务数据、企业外债和结售汇等风险监测的相关数据，也应被如税务、工商等相关部门纳入金融业综合统计的规则之中。

◆思考讨论题◆

1. 简述中国自改革开放以来的金融改革历程，并阐述为什么要坚持党对金融工作的领导。
2. 如何处理监管与创新之间的关系？如何在监管中兼顾安全和效率？
3. 中国目前在金融监管体系架构方面，还有哪些优化空间？
4. 在纵向和横向层面，应当如何加强监管协调工作，形成监管合力？

参考文献

[1] 安辉. 金融监管、金融创新与金融危机的动态演化机制研究 [M]. 北京：中国人民大学出版社，2016.

[2] 鲍忠铁. 金融行业大数据用户画像实践 [J]. 现代商业银行，2017 (19)：52-57.

[3] 北京率先开展金融科技创新监管试点 [C]//北京保险学会. 北京保险学会2019专题文集（下）. 北京：北京保险学会，2019：1.

[4] 曹凤岐. 金融国际化、金融危机与金融监管 [J]. 金融论坛，2012，17 (2)：10-15.

[5] 柴丽娜. 完善外汇非现场监管体系的探讨 [J]. 甘肃金融，2011 (9)：34-36.

[6] 常晓飞. 财政分权条件下地方政府债务治理问题研究 [D]. 长春：吉林大学，2017.

[7] 陈辉. 监管科技：框架与实践 [M]. 北京：中国经济出版社，2019.

[8] 陈辉，吴梦菲. 新三板资本市场质量评估与改革政策研究 [J]. 金融监管研究，2020 (2)：67-84.

[9] 陈盼. 央地金融监管协作：经验、回顾与展望 [J]. 西南金融，2020 (4)：22-33.

[10] 陈伟钢. 金融创新可为粤港澳大湾区插上翅膀 [J]. 当代金融家，2019 (6)：57-59.

[11] 陈云，朱强. QFII进入的风险与法律监管 [J]. 经济法论丛，2005 (2)：185-200.

[12] 程炜博. 日本金融监管制度及其改革分析 [D]. 吉林大学，2011.

[13] 邓绘梅. 大数据时代领导干部要心中有"数" [J]. 淮南职业技术学院学报，2020，20 (1)：141-143.

[14] 丁德圣. 次贷危机后国内外金融监管思路和模式研究 [D]. 沈阳：

辽宁大学，2013.

[15] 丁立贵. 金融混业趋势下政府金融监管问题研究［D］. 昆明：云南财经大学，2018.

[16] 杜佳佳. 金融领域穿透式监管探析：制度源起与适用前瞻［J］. 西南金融，2019（2）：65-73.

[17] 高冬，徐兆妍. 房地产泡沫的危害与防范措施［J］. 行政事业资产与财务，2012（2）：113-114.

[18] 高析. 日本重塑国际金融中心的战略［N］. 中国信息报，2012-05-04（008）.

[19] 葛新权. 在实体经济与虚拟经济相对平衡中把脉实体经济高质量发展［J］. 产业创新研究，2020（3）：15-24.

[20] 管同伟. 金融科技概论［M］. 北京：中国金融出版社，2020.

[21] 郭丹，黎晓道. 监管沙盒对金融监管的突破：兼谈其潜在的局限性［J］. 哈尔滨商业大学学报（社会科学版），2018（1）：122-128.

[22] 郭金良. 国务院金融稳定发展委员会的功能定位与法制化研究［J］. 经济法研究，2019，22（1）：140-159.

[23] 郭田勇. 金融监管改革影响深远兼顾提升效率与防范风险［N］. 金融时报，2018-04-17（002）.

[24] 郭田勇. 金融监管学［M］. 北京：中国金融出版社，2020.

[25] 郭同峰. 论我国金融业的创新与监管［J］. 理论探讨，2005（2）：50-52.

[26] 郭晔，赵静. 存款竞争、影子银行与银行系统风险：基于中国上市银行微观数据的实证研究［J］. 金融研究，2017（6）：81-94.

[27] 郭越鸣. 金融控股公司监管模式的法律规制［D］. 上海：华东政法大学，2008.

[28] 国务院办公厅. 关于加强金融消费者权益保护工作的指导意见［J］. 甘肃金融，2015（11）：5.

[29] 韩伟. 浅析金融国际化、金融危机与金融监管的关系与改革影响［J］. 中国集体经济，2017（32）：50-51.

[30] 何倩. 论我国金融科技沙盒监管法律制度构建［D］. 武汉：华中科技大学，2019.

[31] 黄飞. 国际金融监管的新趋势与启示［J］. 广东财经职业学院学报，

2004（2）：40–43.

[32] 黄飞，郝国政，李德生. 金融监管：国际新趋势与启示［J］. 计划与市场探索，2004（Z1）：51–53.

[33] 黄原伯. 商业银行固定资产贷款风险管理研究［D］. 石家庄：河北经贸大学，2020.

[34] 黄志凌. 防范化解系统性金融风险：保持金融监管对系统性风险的敏感性［J］. 国家治理，2019（39）：42–48.

[35] 贾楠. 中国互联网金融风险度量、监管博弈与监管效率研究［D］. 长春：吉林大学，2017.

[36] 焦莉莉，高飞，曹颖琦. 欧盟金融监管改革有效性的微观基础：监管架构与治理结构趋同性分析［J］. 上海金融，2010（11）：73–78.

[37] 况昕，高惺惟. 构建"双支柱"监管框架与金融风险防控［J］. 财经科学，2018（4）：29–38.

[38] 赖小民. 推动银保合作加强风险监管［J］. 中国金融，2005（13）：53–55.

[39] 李德. 我国系统性金融风险因素分析和防范对策［J］. 海南金融，2006（8）：4–8.

[40] 李卉. 存款保险法律制度国际比较研究［D］. 大连：大连海事大学，2011.

[41] 李金泽. 我国银行监管法制：存在的问题及其对策［J］. 南京大学法律评论，2000（2）：48–59.

[42] 李静. 从分业经营向混业经营过渡时期的金融监管［J］. 金融与经济，2004（10）：44–45.

[43] 李立. 中国金融监管协调运行研究［D］. 太原：山西财经大学，2006.

[44] 李琳. 中国银行业市场化与监管政策：从产业组织理论角度的分析［D］. 济南：山东大学，2005.

[45] 李鹏. 银监会周年［J］. 银行家，2004（4）：20–25，6.

[46] 李其成. 中央和地方金融监管权配置问题研究［D］. 南昌：江西财经大学，2019.

[47] 李昇. 美国多层次资本市场的结构及其借鉴作用［J］. 经济视角（下），2013（2）：81–83.

[48] 李仲林. 我国商业银行综合化经营监管制度研究 [D]. 重庆：西南政法大学，2018.

[49] 刘晶晶. "互联网+"背景下民间融资领域非法集资风险研究 [J]. 中国人民公安大学学报（社会科学版），2017，33（4）：92-99.

[50] 刘天姿. 全球金融治理中的软法问题研究 [D]. 武汉：武汉大学，2011.

[51] 刘向真. 金融监管法律探讨 [D]. 济南：山东大学，2009.

[52] 刘亚东. 美国证券交易委员会监管政策的演变 [D]. 北京：中国社会科学院研究生院，2013.

[53] 刘洋. 混业经营趋势下商业银行监管模式转换研究 [D]. 长春：东北师范大学，2008.

[54] 卢祖送. 金融危机和金融监管 [M]. 北京：经济日报出版社，2018.

[55] 陆宏广. 我国房地产泡沫与金融风险研究 [D]. 南昌：江西财经大学，2017.

[56] 吕琳，蓝佳林，韩雪. 大数据时代防范互联网金融风险的策略研究 [J]. 金融理论与教学，2020（1）：43-45.

[57] 罗嘉. 我国金融监管协同机制研究 [D]. 长沙：湖南大学，2010.

[58] 罗丽丽. 次贷危机后对金融监管的反思及对策研究 [D]. 沈阳：沈阳师范大学，2014.

[59] NGUYEN T，罗雪筠，厉克奥博. 金融风险防控是否提高了科技金融效率?：基于北大法宝网的政策文本分析 [J]. 广西大学学报（哲学社会科学版），2020，42（2）：95-104.

[60] 骆婉琦，周春应. 新型金融监管体系、监管问题及监管协调研究 [J]. 经济研究导刊，2018（31）：88-90，101.

[61] 马敏周，王远洲. 金融审计在金融监管体系中的目标和功能定位研究 [J]. 财务与会计，2013（8）：13-14.

[62] 麦强盛. 基于宏观审慎监管的银行业系统性风险研究 [D]. 广州：暨南大学，2011.

[63] 孟维. 中国金融监管协同机制研究 [D]. 沈阳：辽宁大学，2011.

[64] 南方日报评论员. 准确把握大湾区建设的总体要求 [N]. 南方日报，2019-02-21（A01）.

[65] 南日平. 把粤港澳大湾区建设抓紧抓实办好 [J]. 珠江水运，2019

(4): 16-40.

[66] 牛凯龙. 基于历史视角的（货币）经济区研究[D]. 天津：天津财经大学，2009.

[67] 牛晓东. 后金融危机时代中国银行业监管问题研究[D]. 大连：东北财经大学，2011.

[68] 彭远汉，王志民. 创新建立金融地方协调机制[N]. 中国银行保险报，2020-01-22（008）.

[69] 濮轩理. 坚决筑牢金融风险防控堤坝[N]. 濮阳日报，2020-06-08（001）.

[70] 齐芳. 政策要揽[J]. 国际融资，2020（3）：61-62.

[71] 齐亚莉，伍军. 功能性金融监管：现代金融业发展的必然选择[J]. 河南金融管理干部学院学报，2005（3）：54-57.

[72] 秦芳菊. 绿色金融的法律规制研究[D]. 长春：吉林大学，2020.

[73] 秦锐. 维护金融安全是治国理政的一件大事[J]. 科技智囊，2017（6）：52-56.

[74] 秦文宏. 风险场域的建构：2003年以来中国房地产领域的相关行动和事实[D]. 上海：上海大学，2013.

[75] 人民银行银保监会证监会外汇局关于金融支持粤港澳大湾区建设的意见[J]. 中华人民共和国国务院公报，2020（20）：73-77.

[76] 任怡多. 资管计划穿透式监管法律问题研究[D]. 沈阳：辽宁大学，2019.

[77] 三大金融监管机构首次召开联席会议金融监管协调机制建立[J]. 中国金融家，2003（10）：10.

[78] 尚亚楠. 欧盟金融监管改革研究[D]. 长春：吉林大学，2015.

[79] 沈伟杰. 论金融机构的穿透式监管[J]. 山东行政学院学报，2019（1）：62-66.

[80] 宋文涛. 咨询工程公司PPP项目融资策略研究[D]. 武汉：华中科技大学，2018.

[81] 宋湘燕，姚艳. 美国金融科技监管框架[J]. 中国金融，2017（18）：24-25.

[82] 宿营. 后危机时代国际金融监管理念的变革[D]. 武汉：武汉大学，2011.

[83] 孙国峰. 金融科技时代的地方金融监管 [M]. 北京：中国金融出版社，2019.

[84] 孙国峰. 金融科技时代的地方金融监管 [M]. 北京：中国金融出版社，2019.

[85] 孙国峰. 中国监管科技发展报告（2019）[M]. 北京：社会科学文献出版社，2019.

[86] 孙国茂，李猛. 宏观审慎监管下的证券公司系统重要性评价体系研究 [J]. 山东大学学报（哲学社会科学版），2020（5）：131-143.

[87] 孙念韶. 商业银行从事影子银行业务的主要模式和风险 [D]. 北京：对外经济贸易大学，2016.

[88] 孙若丹，李梦茹，孟潇，等. "科创板"与中国科技创新产业发展研究 [C]//北京科学技术情报学会. 创新发展与情报服务. 北京：北京科学技术情报学会，2019：11.

[89] 孙艳芳. 运用收益成本方法对我国金融监管问题进行探讨 [D]. 成都：西南财经大学，2006.

[90] 覃振杰. 关于构建地方金融监管新体系的实践和建议：以广东省地方金融风险监测防控中心为例 [J]. 科技与金融，2019（6）：26-30.

[91] 汤柳. 欧盟金融监管一体化的演变与发展：兼评危机后欧盟监管改革 [J]. 上海金融，2010（3）：56-59.

[92] 汤柳，尹振涛. 欧盟的金融监管改革 [J]. 中国金融，2009（17）：20-22.

[93] 陶秀宝. 有效金融宏观审慎监管的法治保障研究 [D]. 南宁：广西大学，2019.

[94] 陶娅洁. 银监会保监会合并开启"一行两会"时代 [J]. 新产经，2018（4）：60-62.

[95] 万方. 全球金融危机前后中国银行业金融监管的应对及改革探究 [D]. 苏州：苏州大学，2010.

[96] 万晓莉，郑棣，郑建华，等. 中国影子银行监管套利演变路径及动因研究 [J]. 经济学家，2016（8）：38-45.

[97] 王爱俭，牛凯龙. 次贷危机与日本金融监管改革：实践与启示 [J]. 国际金融研究，2010（1）：68-73.

[98] 王朝才，樊轶侠. 关于PPP项下资产与支出责任管控的若干问题

[J]. 财政科学, 2017 (4): 39-45.

[99] 王晨姝. 我国宏观审慎监管问题研究 [D]. 大连: 东北财经大学, 2013.

[100] 王光宇. 全球金融危机后国际金融监管改革的实践与启示: 以欧美金融监管改革为例 [J]. 中央财经大学学报, 2011 (3): 38-43.

[101] 王立锋. 我国金融监管框架优化路径研究 [D]. 北京: 中共中央党校, 2018.

[102] 王茂霖. 我国影子银行监管法律问题研究 [D]. 重庆: 西南政法大学, 2019.

[103] 王民. 金融控股公司监管法律研究 [D]. 北京: 中国政法大学, 2004.

[104] 王双林. 试谈中国特色社会主义产权交易之"源"(三)[J]. 产权导刊, 2018 (3): 34-41.

[105] 王玮琦. 青海省农村信用社风险管理研究 [D]. 西宁: 青海大学, 2019.

[106] 王文. 加大金融对外开放布局金融强国战略 [J]. 金融世界, 2020 (1): 58-61.

[107] 王毅. 金融混业经营理论与实践探讨 [D]. 南宁: 广西大学, 2007.

[108] 魏勤. A 银行信用风险管理对策研究 [D]. 南昌: 南昌大学, 2019.

[109] 温丽. 开放条件下我国金融监管法制的完善 [J]. 金融理论与实践, 2003 (1): 49-50.

[110] 吴成坤. 中韩金融消费者权益保护法律制度比较研究 [D]. 上海: 华东政法大学, 2018.

[111] 吴健. 三泰控股巨额并购商誉减值问题探析 [D]. 南昌: 江西财经大学, 2019.

[112] 吴启金. 深入贯彻习近平金融思想推动金融工作创新发展 [J]. 新产经, 2018 (8): 14-22.

[113] 夏仕龙. 我国货币政策和宏观审慎政策双支柱调控框架研究 [J]. 区域金融研究, 2020 (1): 5-16.

[114] 仙慧. 混业经营趋势下金融监管协调机制研究 [M]. 北京: 法律

出版社，2017.

[115] 谢保鹏. 基于土地财政的地方政府债务研究：规模、风险及其传导 [D]. 北京：中国农业大学，2017.

[116] 谢洁华，姜珊，李成青，等. 商业银行有效支持粤港澳大湾区发展研究：从经济特区到粤港澳大湾区 [J]. 国际金融，2020（8）：32－38.

[117] 熊慕蓉. 我国金融监管体制创新法律问题研究 [D]. 长沙：湖南大学，2012.

[118] 许多奇. 英美金融监管制度改革及我国之借鉴 [J]. 法学，2004（5）：102－109.

[119] 杨东，安琪，张百吉. 后金融危机背景下欧盟金融监管改革的新发展 [J]. 证券法苑，2010，3（2）：356－371.

[120] 杨婷婷. 我国地方政府债务风险管理研究 [D]. 北京：中共中央党校，2019.

[121] 杨伟中. 北京探索金融科技创新监管试点显成效 [N]. 经济参考报，2020－06－18（007）.

[122] 杨雅琴. 我国地方政府债务管理制度的演进及改革 [J]. 现代经济探讨，2013（8）：56－60.

[123] 叶海波. "天使投资"、示范立法与风险管控："双区"语境下深圳特区立法的逻辑与使命 [J]. 地方立法研究，2020，5（3）：41－60.

[124] 叶晓晖. 欧盟银行业一体化的监管缺失 [D]. 北京：外交学院，2013.

[125] 佚名. 金融行业大数据用户画像实践 [N]. 中国信息化周报，2017－07－17（12）.

[126] 尹建兵. 地方金融监管权配置研究 [D]. 保定：河北大学，2020.

[127] 余乐. 论我国混业经营形势下监管协调机制的完善 [D]. 上海：华东政法大学，2011.

[128] 曾睿. 论穿透式监管在金融市场的应用及完善 [D]. 重庆：西南政法大学，2019.

[129] 战永洁. 地方政府隐性债务监管的问题与对策研究 [J]. 商业经济，2020（8）：148－149，181.

[130] 战永洁. 地方政府隐性债务监管的问题与对策研究 [J]. 商业经

济，2020（8）：148-149，181.

[131] 张兵. 中国企业海外并购动因与绩效研究［D］. 新乡：河南师范大学，2012.

[132] 张大凯. 东北亚金融监管的区域性协调与合作问题研究［D］. 大连：东北财经大学，2012.

[133] 张大荣. 日本金融厅及其金融监管现状［J］. 国际金融研究，2001（5）：34-37.

[134] 张岱. 党的十八大以来中国健全现代金融体系的理论与实践探索［D］. 石家庄：河北师范大学，2018.

[135] 张金霞. 浅析我国房地产泡沫的形成原因及防范措施［J］. 科技信息，2013（12）：107-108.

[136] 张攀红. 湖北省房地产泡沫测度及影响因素分析［J］. 湖北经济学院学报，2020，18（5）：96-108.

[137] 张斯琪. "一委一行两会"格局下中国金融监管协调框架探析［J］. 中国行政管理，2020（3）：117-122.

[138] 张万里. 浅论跨境金融监管及其对策［J］. 法制与社会，2011（12）：85-86.

[139] 张小溪，葛桦桦. 中国上市公司科创价值研究［J］. 商展经济，2020（6）：27-31.

[140] 张昱. 西方政府债务理论的演进研究［D］. 长春：吉林大学，2019.

[141] 张元霞，齐亚莉. 论现代金融业的发展与功能性金融监管［J］. 青海金融，2005（8）：3-5.

[142] 赵君，胡斌，潘强. 基于大数据推进海关智慧稽查建设的框架设想［J］. 中国口岸科学技术，2020（4）：76-80.

[143] 赵一林. 宏观审慎监管与银行风险研究［D］. 北京：对外经济贸易大学，2018.

[144] 中国互联网金融协会金融科技发展与研究专业委员会，瞭望智库. 全球视野下中国金融科技应用与发展［M］. 北京：中国金融出版社，2020.

[145] 中国人民银行党委宣传部. 坚持党对金融工作的领导走中国特色金融改革发展之路［N］. 金融时报，2011-07-01（002）.

[146] 周阳. 基于 LSTM 模型的上证综指价格预测研究 [D]. 南京：南京邮电大学，2019.

[147] 祝继高，胡诗阳，陆正飞. 商业银行从事影子银行业务的影响因素与经济后果：基于影子银行体系资金融出方的实证研究 [J]. 金融研究，2016（1）：66-82.

[148] 庄涵. 房产税税率变化对于不同发展水平城市的影响 [D]. 长春：吉林财经大学，2019.

[149] 庄涵. 我国房地产行业发展历程 [J]. 广西质量监督导报，2019（3）：46-47.

后 记

金融是国家重要的核心竞争力。大国崛起离不开金融部门强有力的支撑。当前，我国正从金融大国向金融强国坚定迈进，而从大国到强国，离不开有效的金融监管的保驾护航。随着金融深化水平的不断发展，金融创新产品不断出现，原来被经济高速增长所掩盖的一些结构性矛盾和体制性问题逐渐暴露出来。可以说，我国金融业的发展正面临着越来越严峻的金融监管挑战。建立金融协调监管体系，从根本上纠正金融的不良发展方式，减少重复监管以及监管空白，是当前我国深化金融体制改革的核心任务。

本书注重前瞻性、全面性、系统性、动态性和实践导向性，从国家金融监管协调的视角，系统梳理了金融监管协调的理论和实践情况，探明了新时代各类典型风险案例的核心风险点、爆发后的影响范围及协调监管需求，为我国构建金融监管协调体系提供了可行方向。本书是笔者主持的"研究阐释党的十九大精神"国家社科基金专项"健全金融协调监管体系研究：基于系统性金融风险防范的视角"项目（18VSJ072）的研究成果。课题在研究过程中得到了陈云贤教授、荆林波教授、李杰教授、李善民教授、李涛教授、汪寿阳教授、汪建成副教授、肖远企先生、熊熊教授、徐忠先生、张俊生教授、郑红亮研究员的宝贵建议，本书的写作也得到众多学术界和业界专家的指导和帮助，在此致以诚挚的感谢！

在本书的写作过程中，中山大学管理学院的同事和同学们积极参与了本书的编写工作。贾凡胜教授、朱佳青博士、叶敏健博士，王子越、刘新恒、丁辉同学为本书的写作提供了重要的帮助。李光华和吴于蓝两位博士生作为本书的合作作者，与笔者一起完成了总体书稿的写作工作。

本书结合"十九大"精神与国外相关经验指导实践，在金融协调监管的关键理论问题方面和机制设计方面进行了一些有益的探讨，有助于我国更好地防范金融风险、保障金融安全。对于国家金融监管协调各项建议的具体落地以及后续改进，还有许多问题有待解决。鉴于此，我们将不断探索创新，尝试建立并应用新理论、新方法、新手段来考虑健全金融协调监管问题，坚决守住不发生系统性金融风险底线，从容应对波谲云诡的国际金融形势变幻。

如果本书涉及专家的原创成果引用缺失或者引用不够准确的情况，敬请直接联系笔者，我们将在再版中一并引用、修正并致谢。

联系邮箱：liguangzhong@mail.sysu.edu.cn。